务实创新话驾培

2016—2017机动车驾驶培训行业文集

本书编写组　编

人民交通出版社股份有限公司
China Communications Press Co.,Ltd.

内 容 提 要

本文集为2017年度驾培行业征文活动优秀文章集锦，内容包括：驾培行业未来发展趋势；新时期驾校的素质教育；新形势下驾校的生存和发展；新形势下驾校教练员管理的新思路；驾校是否面临着转型升级；新时期驾校的营销与管理；新技术在驾驶培训中的应用等。

图书在版编目（CIP）数据

务实创新话驾培 : 机动车驾驶培训行业文集 : 2016—2017 /《务实创新话驾培 – 机动车驾驶培训行业文集（2016—2017）》编写组编 . — 北京 : 人民交通出版社股份有限公司 , 2017.11

ISBN 978-7-114-14327-4

Ⅰ . ①务… Ⅱ . ①务… Ⅲ . ①汽车驾驶员—培训—文集 Ⅳ . ① U471.3-53

中国版本图书馆 CIP 数据核字 (2017) 第 274877 号

Wushi Chuangxin Hua Jiapei

书 名：务实创新话驾培 2016—2017机动车驾驶培训行业文集

著 作 者：本书编写组

责任编辑：范 坤 范才彬 张宇威

出版发行：人民交通出版社股份有限公司

地 址：（100011）北京市朝阳区安定门外外馆斜街3号

网 址：http://www.ccpress.com.cn

销售电话：（010）65290010 65290008

总 经 销：人民交通出版社股份有限公司

经 销：各地新华书店

印 刷：北京市凯鑫彩色印刷有限公司

开 本：787 × 980 1/16

印 张：1.75

字 数：9千

版 次：2017年11月 第1版

印 次：2017年11月 第1次印刷

书 号：ISBN 978-7-114-14327-4

定 价：

（有印刷、装订质量问题的图书由本公司负责调换）

前言

以"献言驾培　共享发展"为主题的《务实创新话驾培》第二集与大家见面了。这是继第一集之后，在共同搭建的行业平台下，汇聚行业智慧，共商发展大计的又一次优秀作品的展示。

汽车社会的发展和人们生活的需求，推动着驾驶培训与考试制度改革进入深水区，一些行业内的问题和社会矛盾都纷纷暴露了出来，现在已经遇到了瓶颈。人们日益增长的美好生活需要和行业不平衡、不充分的发展之间的矛盾还会长期存在，驾培机构的经营面临着市场的考验。如何寻找生存、发展之路，让行业健康、有序地发展下去，需要业界同仁探讨、研究、总结。

新的形势、新的面貌，驾培行业需要不断地相互交流、相互学习、取长补短、共同发展。同时，还应通过多种途径挖掘、展示和传播行业好的文化、经验和理念，树立行业的典型，宣传行业正能量。《务实创新话驾培》这个行业交流平台，一定会起到这样的作用。

希望大家认真阅读这本来自基层驾培人撰写的文集，从中汲取经验和知识，取人之长补己之短，共同推动驾培行业有序、健康、和谐发展。为社会培养安全、文明、高素质的驾驶人，永远是驾培人的话题。

目录

驾驶培训 O2O 发展报告

中国道路运输协会汽车驾驶员工作委员会

1. 驾培行业现状和趋势

1.1 行业发展阶段

我国驾培行业发展是一个从政府包办到培训专业化,从严格管理到分工协作的发展过程;同时也是一个不断适应经济社会发展形式,顺应时代潮流的市场化过程,共经历了四个发展阶段,如图1所示。

1988年以前	驾驶员培训主要以“以师带徒”为主
1988—1993年	交警部门举办或者委托运输企业、技工学校办培训班
1993—2004年	两部门交叉管理驾校、培训班
2004—2013年	制度逐渐完善,驾校有序发展
2013年至今	驾校规范经营,行业趋于理性

图1　驾培行业发展阶段

1.2 行业市场规模

1.2.1 机动车驾驶人和汽车保有量

机动车驾驶人数量保持持续增长势头。

2016 年 1 - 10 月底,共有 2800 余万人报考机动车驾驶人培训,继续保持良好增长势头。并且机动车驾驶人增速超过了汽车保有量增速,如图 2 所示。

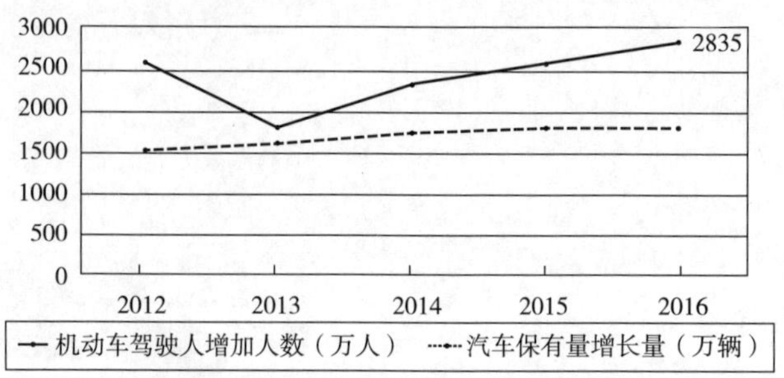

图2　新增机动车驾驶人数量和汽车保有量增长量

1.2.2　全国驾培机构规模及增长率

全国驾培机构数量持续增长。

据行业管理部门统计，从2006年起，全国驾培机构数量持续增加，其中2012年到2015年是高速增长期，如图3所示。

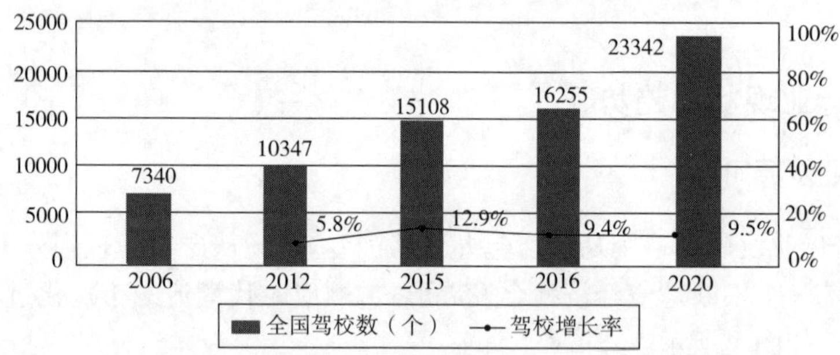

图3　全国驾培机构数和增长率

1.2.3　全国教练员和教练车规模

教练员和教练车持续增长，教练员增幅高于教练车。

从2006年到2015年的十年间，教练员和教练车的规模都呈高速增长态势。2006年，教练员和教练车基本保持在1∶1的比例；而2015年这一比例变为1∶0.78。2006年到2015年教练员增加了47.43万人，增长率为224%，教练车增加了31.9万台，增长率为148%，如图4所示。

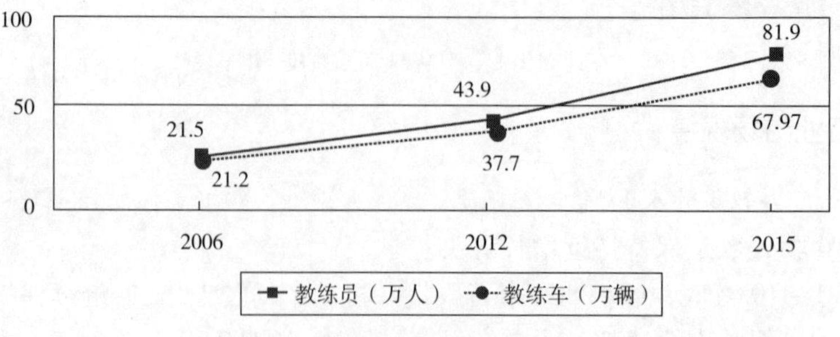

图4　全国教练员和教练车数量

1.2.4　市场千亿规模

驾培市场规模在 2017 年将达到 1800 亿元。

2012 年到 2016 年驾培市场规模稳步增长，如图 5 所示，截至 2016 年 10 月份超过 1400 亿元，2017 年将达到 1800 亿元，预计 2019 年超过 2000 亿元。

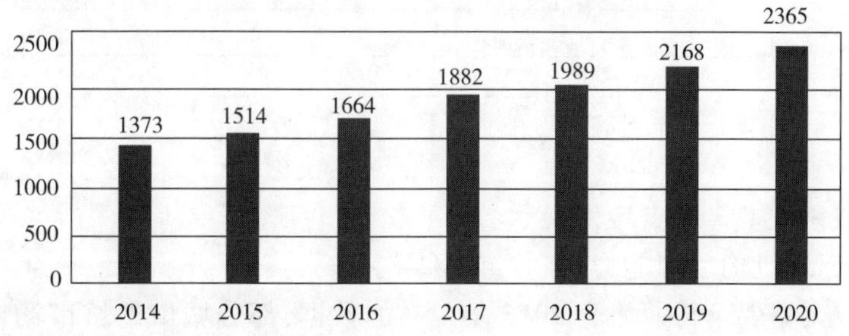

图 5　驾培市场规模及预测（单位：亿元）

1.3　行业现状和格局

1.3.1　驾培机构数排名和招生量

驾培机构数量多的城市，校均学员数普遍较低。

如图 6 所示，驾培机构数排名前 20 的城市中有 9 个城市校均招生数低于全国校均招生数，剩下的城市也基本与全国校均招生数持平或略高。上海、重庆、郑州等大城市也位列其中。

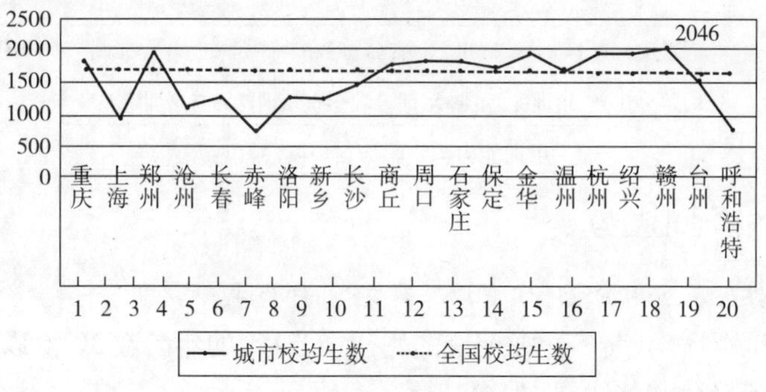

图 6　城市驾培机构 Top20

1.3.2　市场供求关系改变

2006 到 2015 年教练员人均生（学员）数和教练车车均生（学员）数持续降低。

从全国情况来看，如图 7 所示，2006 年到 2015 年教练员人均生（学员）数和教练车车均生（学员）数分别下降了 54% 和 42%。驾培市场供给方简单逐利，盲目投资开设驾培机构，使得供大于求势头越发显现。因此，驾培行业亟待对资源进行整合优化。

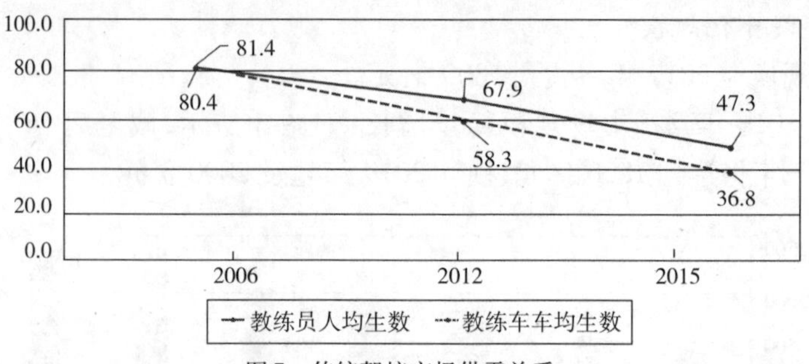

图7　传统驾培市场供需关系

1.3.3　部分城市驾培市场供大于求

部分城市驾培机构培训能力远超过市场需求。

如图8所示，据驾培行业协会2015年发布的数据，部分城市驾培市场出现供需不平衡，培训能力远大于市场需求。重庆传统驾培机构培训能力比市场需求多出59.6万人，其次为上海，其传统驾培机构培训能力比市场需求多出47.67万人。

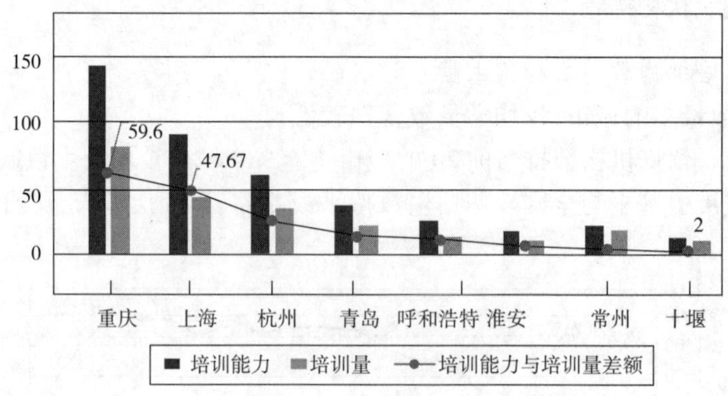

图8　培训能力与实际培训规模(单位：万人)

1.4　用户的移动化趋势

1.4.1　移动互联网用户以30岁以下年轻用户为主

通过移动互联网学习汽车驾驶理论的用户中，71%的年龄在30岁以下，其中24岁及以下占到32%，年轻化趋势明显，如图9所示。

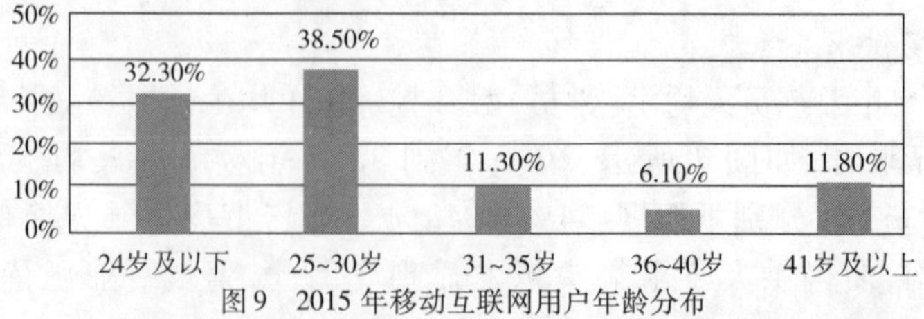

图9　2015年移动互联网用户年龄分布

数据来源：《2016年(上半年)中国移动互联用户分析报告》

1.4.2　80 后和 90 后成为学习驾驶的主流群体

如图 10 所示，2015 年取得驾驶证的人员中，35 岁及以下的 80、90 后学员占到了 41%，成为考驾照主流群体。这一群体对移动互联网的接受度和使用度高，是驾驶培训 O2O 平台的潜在用户。

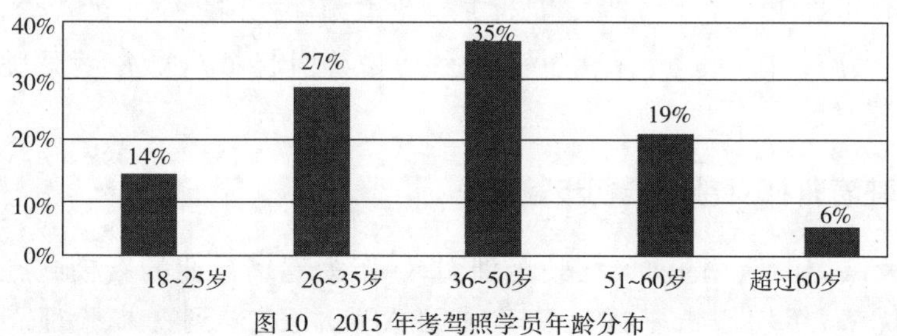

图 10　2015 年考驾照学员年龄分布

2. 驾驶培训 O2O 新格局

2.1　驾培行业产业链

驾驶培训 O2O 打通驾培机构和用户两个关键节点。

目前驾培市场的产业链图，如图 11 所示，可以大致描述为：

上游是驾培机构，其中包含国营大型驾培机构、私营驾培机构，还包括一些挂靠的无资质个体培训。

中游是中介的部分，分为三种类型：O2O 培训、信息平台、答题工具。下游是用户。但是根据模式性质的不同，上、中、下游到达用户的广度和深度皆不同，因此吸引学驾人群的能力和承载用户需求的能力也有很大差异。

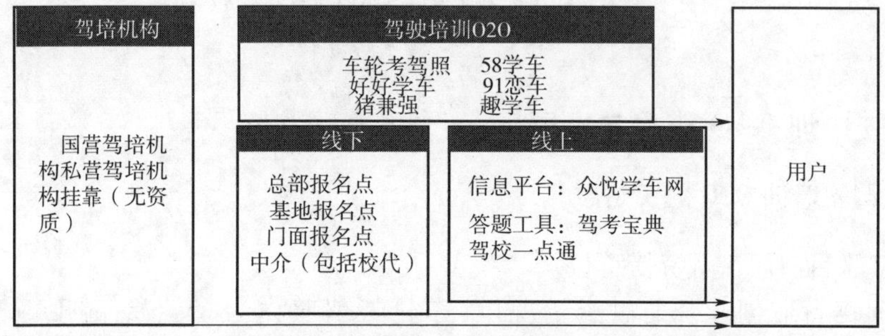

图 11　驾培行业产业链图

2.2　驾驶培训 O2O 定义

驾驶培训 O2O，是互联网在驾培行业中的新应用，是传统驾培机构与互联网企业联手利用互联网技术平台，以互联网为载体实现在线报名、预约练车、预约考试一站式学车服务的新型驾培业务模式。驾驶培训 O2O 具有品牌统一、费用透明、培训标准、服务优质等特点，可有效解决学车周期长、乱收费、服务参差不齐以及驾培机构一味价格战、品牌匮乏、管理成本高、盈利单一、教练员收入低等问题。

2016 年 4 月 1 日，《关于修改 <机动车驾照申领和使用规定> 的决定(公安部令第 139 号)》正式实施，自主报考、自学直考、预约考试等引起业界关注，为驾驶培训 O2O 发展提供了良好契机。

2.3 驾驶培训 O2O 新模式初步验证

驾驶证考试类的应用里面，驾驶培训 O2O 作为驾培行业的新模式在移动端具有很好的增长优势，年均增长率远超学车辅助 APP，模式得到初步验证。这从另一方面也反映了学习驾驶的人员对完整服务能力的看重，简单的流量入口模式受到巨大挑战，如图 12 所示。但驾驶培训 O2O 作为新兴事物，其长期竞争力需要从更多维度进行考量。

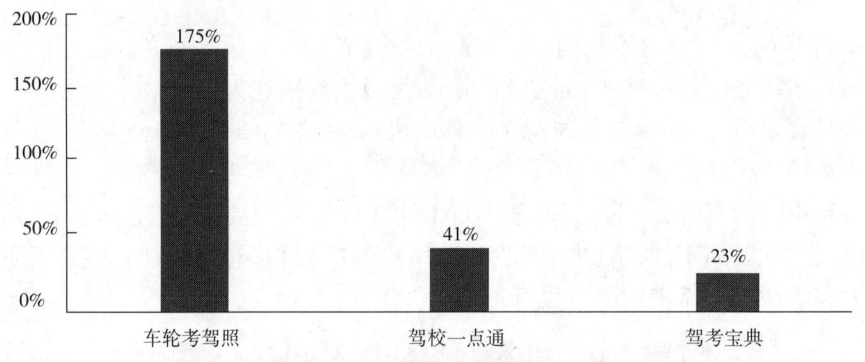

图 12　2014—2016 年驾照考试应用移动端年均增长率

数据来源：QuestMobile 移动监测数据

3. 驾驶培训 O2O 模式与发展

3.1 驾驶培训 O2O 融资进展

车轮互联目前居于融资榜首位。

当前驾培行业创业公司融资情况中，车轮考驾照作为车轮旗下明星产品，是目前市场上唯一一家进行到 C + 轮融资的驾驶培训 O2O 平台，市场份额和融资金额独占鳌头，成为“驾培机构 + 互联网”行业独角兽。此外还有 1 家种子轮、7 家天使轮、5 家 A 轮企业，如图 13 所示。

企业名称	融资时间	融资轮次	融资金额
车轮互联	2016.12	B+C	近7亿元
好好学车	2016.11	A	数千万元
猪兼强	2016.3	A	数千万元
喱喱学车	2016.3	A	数千万元
趣学车	2016.1	A	数千万元
58学车	2015年初	A	数千万元
小本学车	2015.9	天使	数千万元
91恋车	2015.9	天使	2000万元
起步学车	2016.6	天使	1000万元
释享学车	2016.4	天使	1000万元
四个轮子	2016.1	天使	450万元
易驾考	2015.4	天使	300万元
轻松学车	2016.6	种子	200万元
快来学车	2016.2	天使	数百万元

图 13 驾驶培训 O2O 融资进展

3.2 驾驶培训 O2O 企业情况

主要驾驶培训 O2O 企业,如图 14 所示。

品牌	成立时间	商业模式	简介
车轮考驾照	2012	直营/导流	直营模式与驾培机构深度合作，对教练员和驾培机构管理者进行培训。为驾照学员提供标准化教学培训；设置教学主任为学员提供售前售后服务；导流模式设置学车顾问保护学员权益
58学车	2015	挂靠	租借培训场志和教练车，自营教练员，购买指标名额，可实现不同驾培机构间资源自由调配
好好学车	2015	挂靠	租借培训场志和教练车，自营教练员，购买指标名额，可实现不同驾培机构间资源自由调配
猪兼强	2015	挂靠/购买驾培机构	挂靠模式与58到家、好好学车相同，但购买部分驾培机构
趣学车	2015	挂靠/导流	挂靠模式与58到家、好好学车类似，同时为驾培机构导流生源
91恋车	2015	教练员平台	一个教练员平台，直接与学员建立联系

图 14 主要驾驶培训 O2O 企业

3.3 驾驶培训 O2O 竞争力模型

3.3.1 驾驶培训 O2O 竞争力金字塔分析模型

如图 15 所示,为驾驶培训机构 O2O 竞争力金字塔分析模型,其主要包括以下几个部分。

(1)资源控制。资源控制是驾驶培训 O2O 必须具备的基本能力,包括覆盖区域、合作驾培机构数以及与驾培机构的合作深度,是驾驶培训 O2O 提供服务能力的基础。

(2)渠道能力。渠道能力是驾驶培训O2O独具的优势,包括线上和线下用户获取专业知识,用户规模和订单规模,是驾驶培训O2O发展的根基。

(3)服务能力。服务能力体现了驾驶培训O2O将资源价值整合传递给用户的能力和理念,包括为用户提供标准化的服务和稳定的用户满意度,是驾驶培训O2O的核心竞争力。

(4)品牌效能。品牌效能集中体现了品牌对于用户决策的影响力和认可度,包括品牌渠道能力、知名度等因素,是资源控制、渠道能力和服务能力的综合体现。

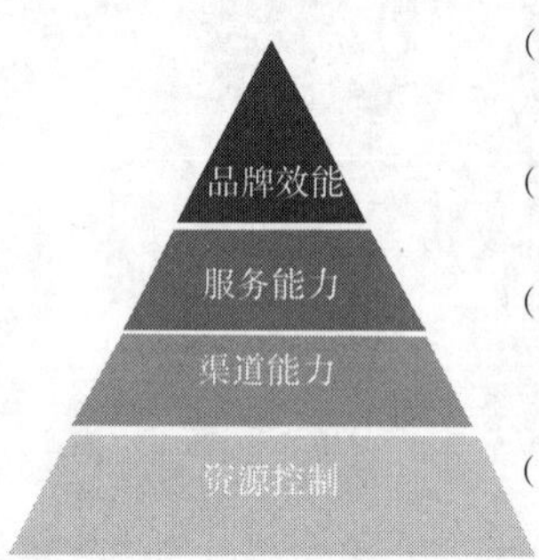

(1)资源控制:资源控制是驾驶培训O2O必须具备的基本能力·它包括覆盖区域、合作驾培机构数以及与驾培机构的合作深度·是驾驶培训O2O提供服务能力基础

(2)渠道能力:渠道能力是驾驶培训O2O独具的主要优势·它包括线上和线下用户获取能力·用户规模和订单规模是驾驶培训O2O发展的根基

(3)服务能力:服务能力体现了驾驶培训O2O将资源价值整合传递给用户的能力的理念·它包括为用户提供标准化的服务和稳定的用户满意度·是驾驶培训O2O的核心竞争力

(4)品牌效能:品牌效能集中体现了品牌对于用户决策的影响力和认可度·它包括品牌渠道能力知名度等因素是资源控制、渠道能力和服务能力的综合体现

图15　驾驶培训O2O竞争力金字塔分析模型

3.3.2　竞争力差异化——竞争象限模型

大部分企业根据资源优势进行差异化竞争,综合优势凸显,驾驶培训O2O(图中虚线框部分)的基本条件是同时拥有较强线上能力和线下能力。通过分析,从目前的情况看,车轮考驾照线上和线下竞争力优势突出,是其中典型的代表,如图16所示。

传统驾培机构虽然线下资源非常雄厚,但是缺乏有力的线上渠道,容易在消费移动化的浪潮中丢失用户。另外一些驾考做题的APP虽然有一定移动端的用户,但在驾培机构资源上没有掌控力,只能沦为管道,商业化前景不高。

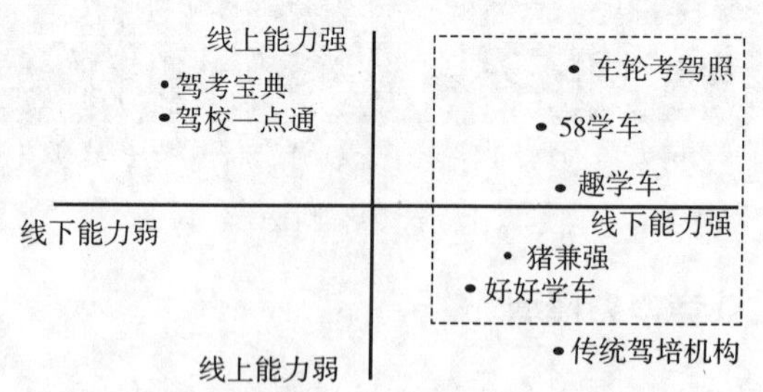

图16　驾驶培训O2O竞争力金字塔分析

3.3.3　驾驶培训O2O综合竞争力排名

运用"驾驶培训O2O象限分析模型"从资源控制、渠道能力、服务能力和品牌效能计算出主要驾驶培训O2O综合竞争力指数,可以看出车轮考驾照以2.55居于首位,其次是58学车,如图17所示。

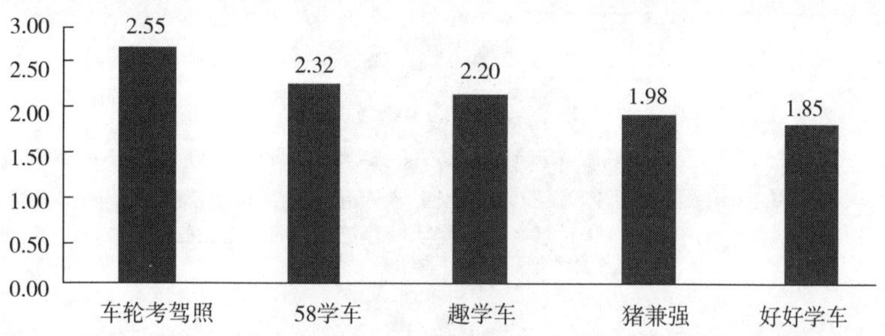

图 17 驾驶培训 O2O 综合竞争力排名

3.3.4 驾驶培训 O2O 规模

2016 年 1—10 月底，共有 2800 余万人报考机动车驾驶培训，其中通过主流驾驶培训 O2O 进行驾考的规模保守估算达到 58 万，占比接近 2%，表明驾驶培训 O2O 市场初具规模，增长空间巨大。

4. 驾驶培训 O2O 移动端用户研究

4.1 教练员研究

4.1.1 教练员对驾驶培训 O2O 的认识有待加深

整体来看，教练员知道驾驶培训 O2O 的比较多，占比为 82%，但是对驾驶培训 O2O 非常了解的占比为 32%，如图 18 所示。教练员作为驾驶培训 O2O 中关键的一环，如何引导他们认识并深入了解是行业发展关键环节，在这方面驾驶培训 O2O 还有待进一步开拓。

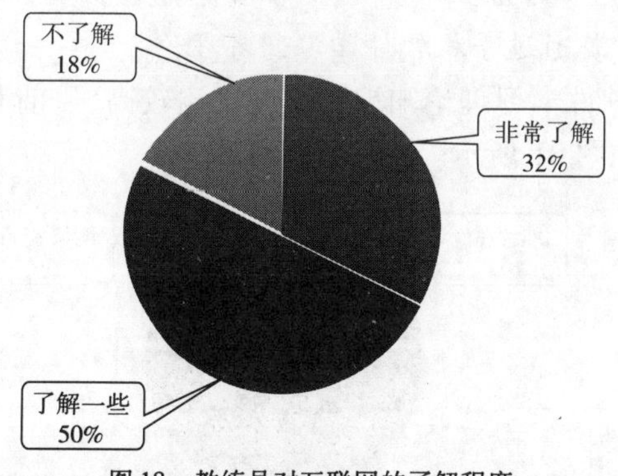

图 18 教练员对互联网的了解程度

4.1.2 超半教练员看好驾驶培训 O2O 前景

教练员对于驾驶培训 O2O 的前景整体上持乐观态度，53% 的教练员十分看好驾驶培训 O2O 发展，38% 的教练员持观望态度，如图 19 所示。如果驾驶培训 O2O 在行业整合中能充分考虑教练员的利益诉求，想必可以吸引更多教练员参与其中。

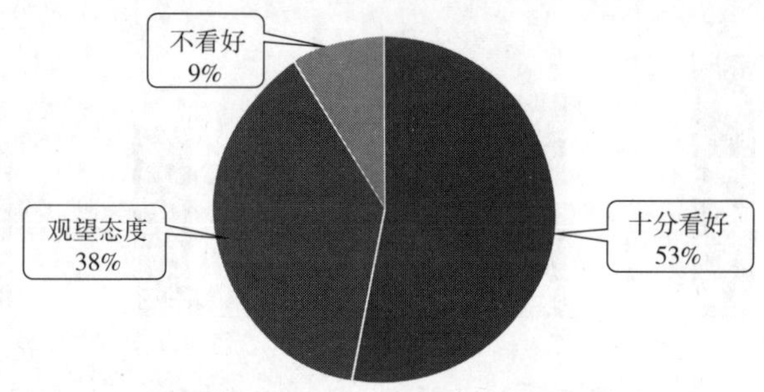

图 19　教练员是否看好互联网驾校

4.2　学员研究

4.2.1　教练员素质是学员最关心的因素

学员前期选择驾培机构的时候，最关心的因素是教练员的素质，其次是学费价格，占比分别是 31.32% 和 25.04%，如图 20 所示；随后是驾培机构的地理远近和学习周期，车辆设施是学员关注度最低的因素。

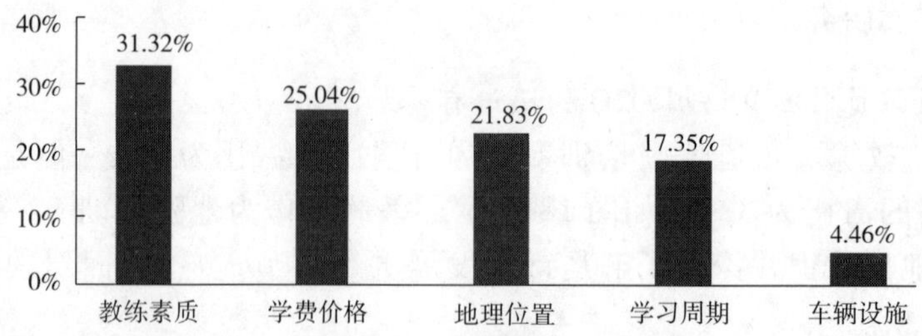

图 20　学员选择驾培机构需要考虑因素

4.2.2　超 80% 的学员通过手机软件学习驾考理论

学员对于通过手机软件学习理论知识接受度普遍较高，目前利用手机软件作为学习载体的占比超过 80%，如图 21 所示。

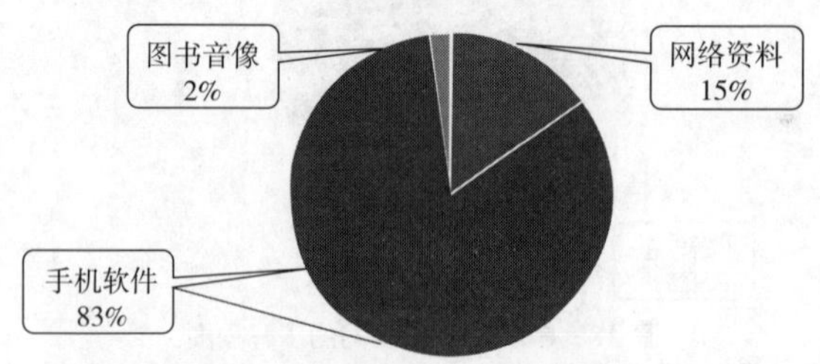

图 21　学员理论知识学习载体

4.2.3　超 60% 学员对驾驶培训 O2O 持观望态度

驾驶培训 O2O 作为行业资源的整合力量，目前仍处于探索期，65.52% 的学员对驾驶培训 O2O 持观望态度，如图 22 所示。对于驾驶培训 O2O 而言，赢取用户认可的关键在于是否能改善传统驾培机构服务差、约车难的困境。

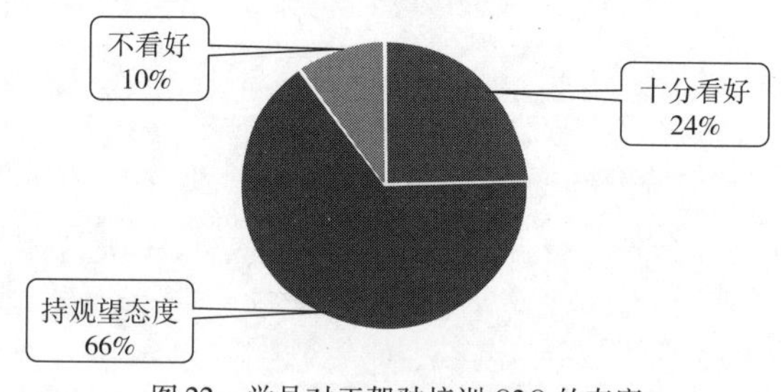

图 22 学员对于驾驶培训 O2O 的态度

5.2017 年展望

5.1 2016 驾驶培训 O2O 元年

自 2004 年起，驾培机构培训能力获得了极大的发展和提升，教练员数量和教练车数量目前都已满足每年新增的市场需求。但从驾培行业整体服务质量和用户满足度来看，却难以满足用户不断提升的服务需求。诸如约车难、态度差、服务差等问题传统驾培机构没有解决的动力和意识。同时，传统驾培机构办学以各自为战，资源配置利用率低，获客成本居高不下，教练员收入偏低并难以获得保障。

困境中的传统驾培机构面临着互联网时代迟来的机遇和挑战，在 2016 年迎来了驾驶培训 O2O 的元年。除了成立于 2012 年的车轮互联，2015 年 58 到家、好好学车、趣学车等驾驶培训 O2O 相继成立，2016 年又有多家驾驶培训 O2O 相继获得融资，驾驶培训 O2O 出现井喷式增长。

5.2 2017 分化与整合

驾培行业正在迎来新一轮改革，交通运输部以及各省市都在尝试新的驾培和考试模式以满足新形势下市场对于机动车驾驶培训的需求。新兴的互联网力量也正在不断尝试整合优化传统驾培资源，将驾培从线下搬到线上。驾培行业的市场化趋势正在凸显和加速。新兴力量和资本的注入改变了原有的产业生态，驾驶培训 O2O 对传统驾培资源整合的同时，也形成了线上和线下以及区域市场间的分化，市场竞争也日趋激烈。

但与此同时，进入驾培行业的驾驶培训 O2O 在资本实力、市场策略、区域布局和经营思维上也存在巨大的差异，哪种驾驶培训 O2O 模式能满足市场需求还需要市场检验。我们预计，2017 年驾驶培训 O2O 分化与整合会进一步加剧，在此基础上会迎来行业的重新整合。

改革形势下的驾培行业发展趋势研究

浙江省嘉兴市道路运输管理局　夏雪亭

［摘要］　在市场化背景下，传统驾培行业转型发展刻不容缓。该课题以经济学供求关系为主线，对驾培行业的发展进程及目前存在的短板进行了深入剖析，同时分析概括了行业改革政策产生的影响。通过建议开展驾培行业供给侧改革，对下一步行业创新提出探索。该课题成果也成功运用于我市2016年驾培改革实际，我市先培后付改革率先达到覆盖全部驾培机构全部车辆的双百分百，率先提出第三方监管的嘉兴模式，走在全国前列。同时，我市也不断完善驾培服务质量测评等工作，全力打造管理部门引导、行业协会引领、企业自主主动转型的驾培行业新姿态，创造新供给，满足新需求，实现行业发展跨越。

截至2017年3月底，全国机动车保有量突破3亿辆，其中汽车2亿辆，机动车驾驶人总量已超过3.64亿人，驾龄一年以内的驾驶人所占比例达8.88%。2015年12月10日《国务院办公厅转发公安部交通运输部关于推进机动车驾驶人培训考试制度改革意见的通知（国办发〔2015〕88号）》，先培后付、自主约考、异地考试、自学直考等举措叠加推行，驾驶培训及考试改革已势如破竹。在市场化背景下，传统驾培行业将何去何从？驾培机构如何转型才能屹立于市场？这些都是行业发展进程中亟须研究和探讨的问题。

一、供需结构发展进程

1.以师带徒职业化——市场需求产生阶段

自从第一辆汽车进入中国直至建国初期，我国基本没有专门培训驾驶员的场所。据统计，1949年中国的人均收入是66元人民币、全国公路通车里程只有8.09万公里、车辆保有量为5.09万辆，当时个人购置消费汽车可能性很低。从新中国成立初期到改革开

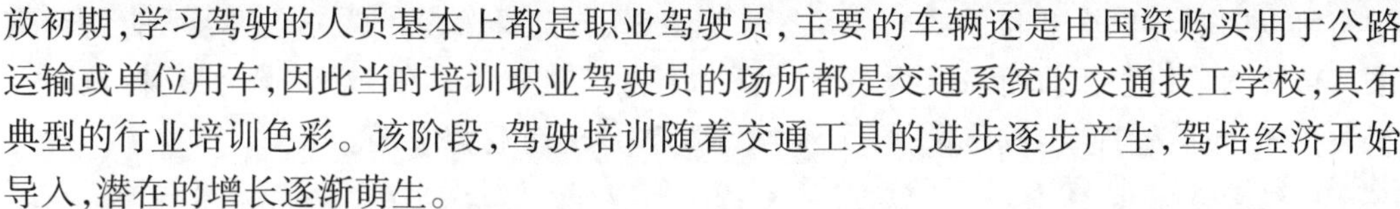

放初期,学习驾驶的人员基本上都是职业驾驶员,主要的车辆还是由国资购买用于公路运输或单位用车,因此当时培训职业驾驶员的场所都是交通系统的交通技工学校,具有典型的行业培训色彩。该阶段,驾驶培训随着交通工具的进步逐步产生,驾培经济开始导入,潜在的增长逐渐萌生。

2. 驾校始业初兴起——市场需求扩张阶段

1978 年 12 月,中共十一届三中全会的召开,市场经济起步,中国经济进入了全面振兴、快速发展的新时期,汽车数量急剧增多。1979 年我国汽车保有量只有 200 万辆,而 1985 年达到 350 万辆,到 1995 年底,我国的汽车保有量已超过了 1000 万辆。随着学习驾驶技能的人数的增多,投资建设驾校的人们热情开始高涨,一批人办起了驾校,迅速地挖取到人生的第一桶金。该阶段,学驾需求迅速被开发创造出来,供给与需求形成彼此关联与促进,驾培经济进入快速增长阶段。

3. 蜂拥而至办驾校——供不应求阶段

近十年是中国机动车保有量的井喷期,截止到“十二五”末,中国汽车保有量已经超过 1.72 亿辆,仅次于美国居于世界第二,其中私家车保有量 1.24 亿辆。与机动车保有量快速增长相适应,机动车驾驶人数量也呈现大幅增长趋势,同期汽车驾驶人超过 2.8 亿人,近五年年均增量达 2299 万人。随之而来的是一夜之间驾校如雨后春笋般的生长。仅嘉兴市而言,截至目前全市驾培业户 60 家,较十年前同期增长了 62.1%。驾培行业随之成为许多投资人眼里的“香饽饽”。该阶段,社会资源纷纷涌向驾培领域,驾培供给数量迅猛增加,随着近几年学驾需求的趋稳,驾培供给自动创造需求能力降低与驾培供给维持惯性增长逐渐成为矛盾,资源配置效率降低回落。

4. 萧规曹随遇寒冬——供大于求阶段

随着驾驶培训逐渐走向市场化道路,驾校遍地开花,但由于受到人口红利消失、经济增速放缓等因素影响,2015 年起,全国大部分的驾校招生量急剧萎缩,营业额收入大幅度的降低,驾培行业似乎进入了寒冬。根据第六次人口普查结果显示,80 后共有 2.28 亿人,90 后 1.75 亿人,00 后 1.46 亿人,00 后与 80 后相比减少 35.96%,作为学员主力军的年轻人呈现下降趋势;另外由于我国中西部地区的开发建设力度加强,流动人口比例在沿海地区也逐年下降。以嘉兴市为例,2016 年底全市驾培机构招生量为 14.67 万人,较 2015 年同期下降 13.3%,2017 年上半年招生人数为 9.83 万人,比 2016 年、2015 年同期分别下降 5.28% 和 5.82%。按照车辆数测算,我市年培训能力 22 万,培训能力已远远大于实际培训数量。该阶段,驾培行业过剩供给短期难以消化,过剩产业资本沉淀无法退出,学驾需求持续下降,驾培经济整体陷入了萧条期。

二、无法创造等量需求所缺乏的条件

新供给经济学认为供给在与需求的关系中是处于主导地位的,只有在一定条件下,供给可以创造与自身等量的需求,反之,不能创造与自身等量的需求,甚至不能创造需求。传统驾培行业目前面临供给老化,呈现“三低三粗放”,即低口碑、低价格、低盈利与粗放投入、粗放管理、粗放质量,行业活力下降,整体运行趋势下挫。

1. 经营体制落后

传统组织架构的驾校,最大的弊端是所有权与经营权的重叠,基本呈现两大现状:一是以挂靠经营为主的驾校,因教练员向驾校缴纳管理费,驾校生源、培训都由教练员主导,驾校负责企业经营资质的相关工作,该方式直接导致教练员管理难度大,驾校经营者经营处置权被抑制,驾校对生产经营不花心思、没有想法,按部就班的坐收管理费用,难以实现突破与发展;二是“大锅饭”式驾校,所有权基本归于国有或上层的企业组织,教练员队伍多干少干一个样,干好干坏一个样,由于教练员个体素质差异,易受利益驱动出现忽略社会责任的问题,培训质量没有保证,企业架构重组缺乏主动积极性,极大制约了行业发展。如出现的倡导联合经营管理的“贵州黔东南模式”以及“江西婺源模式”就是明显的市场反应体现,这充分说明了原本行业规模化、集约化程度不够,没有形成规模效益,以单个驾校之力已无力应对行业改革带来的合理竞争。

2. 管理方式松散

驾培市场早已告别了短缺经济,在学员报名学车选择较多的情况下,他们要的是消费带来的一种深刻的情感体验,不仅要拿到证,还要有尊重、有快乐。传统驾培行业近年来硬件力较强,设施设备标准很高,但基础管理、人才素质、诚信服务、品牌文化、创新能力等软实力仍然落后,这种状况影响了企业核心竞争力,不利于蓄积发展后劲。驾培机构的规章制度、档案管理、岗位职责划分等管理制度几乎都“写在纸上,挂在墙上,说在嘴上”,为减少成本,管理人员配备明显不足,普遍存在“重收轻教忽视管理”。一是安全管理制度流于形式,安全意识薄弱;二是收费不透明。教练员存在私自收费、额外收费问题,侵害了学员利益;三是义务执行不到位,驾培机构未履行将合同内容对学员尽告知的义务,甚至签订合同后不给学员,导致学员因不了解合同内容而无法维权。

3. 盈利模式单一

传统驾培行业的收入主要依靠培训费,以我市为例,90%以上驾校只经营C1、C2培训车型,提供的产品也局限于学车一口价。驾校盈利方式只能一靠学员量,二靠涨价。随着人力成本和燃油费的逐步走高,经营成本压力可见一斑,而招生量下降、市场竞争加剧又使行业雪上加霜,传统驾培行业从供给扩张时的一本万利逐渐转入供给成熟微利时代,甚至个别驾校已入不敷出,成本与利润已完全突破平衡点。

4. 教学理念落后

一是师资队伍,近年来,随着驾培经济的蓬勃发展,从业人员迅速增多,思想素质和技术素质参差不齐,尤其是教练员从业资格取消后,教练员主要来自社会驾驶员,对汽车构造、工作原理了解不多,教学指导能力不高,往往凭经验教学;二是教学组织中主要以应试为目标，教学内容大多重实操轻理论，忽视职业道德课程、安全预防思想教育、行车文化品质塑造，导致驾驶人在启蒙阶段的文化缺失，培训局限于“考什么教什么”，学员实际驾驶技能训练时间短，动手能力极差，较多学员获取驾驶证后，无法独立驾驶车辆；三是教学方式上，教练员大多以各自的经验进行教学，无教案、无课表，一个师傅一个样，教学未建立规范化体系，迫使学员为保持学驾进度，只能一个师傅跟到底。

5. 市场竞争无序

面临驾培行业市场化程度的加深，行业已经进入转型调整期，一方面僧多粥少，另一方面“互联网+”驾培渗入，许多驾校在慌了手脚同时不是通过品牌价值来赢得消费者，而是纷纷依靠打价格战吸引生源，今年较多地区出现的驾校不计成本的一味压低价格，导致在培训过程中不得不以缩短培训时间或者通过变相懈怠教学收取补考费等方式减少成本，培训质量无法保证，学员成为直接受害者，价格战的硝烟弥漫令整个行业陷入恶性竞争的循环当中。

三、驾培改革政策导向剖析

此次机动车驾驶培训改革，也吹响了驾培行业市场化全面推进的号角，改革坚持便民、利民、惠民的原则，旨在严格规范驾培机构经营行为，切实提升服务水平，充分保障了学员学驾的自主选择权、监督权。主要体现在：

1. 规范驾培机构行政许可

交通运输部门按照国家相关的法律法规和“先证后照”的规定，实施准入许可，取消法规之外设定的限制准入条件，取消以规划、听政等方式对驾培机构数量、类别和规模的管控，凡是符合驾培机构许可条件的申请者，都必须予以许可，不得以任何理由、任何形式限制符合许可条件的申请者进入驾培市场。随着准入条框限制的取消，驾培机构的数量又将大幅增加，原本整体产能过剩的行业竞争将愈演愈烈。

2. 保障驾培机构经营自主权

改革提出打破了原有的驾校的招生数量都与考试名额挂钩的机制，驾培机构可根据市场需要和培训能力，自主安排招生、培训，灵活确定招生的数量、开班计划等，在符合国家标准的基础上，根据需要自主决定增减和调整教练车，聘用和辞退教练员，按照国家规定，自行组织结业考核，按照统一样式自行制作、发放结业证书。驾培机构的经营自主性得到了提升。

3. 驾驶培训费用实行市场调节价

改革提出驾培机构自主合理确定收费标准，明码标价，在服务场所或互联网等媒体公开收费的项目和标准。该规定明确了政府将不再对驾培市场价格进行政府管制，引导驾培机构提供多层次、多样化服务，实现优质优价。这样有利于推动驾培机构专业化、品牌化发展，在培训过程、服务质量上动脑筋、想办法，不断创新服务模式，提升服务质量。

4. 学员权利得到保障

主要体现在“四自主一监督”：一是自主选择驾培机构。学员可以根据自身的情况和意愿选择质量高、服务好的驾培机构进行学习。同时，这次改革将开展分科目、跨驾培机构培训的试点，让学员可以便利、灵活学车。二是自主选择培训时间与教练员。学员根据驾培机构提供的多种预约培训的方式和教练员培训质量、诚信考核、学员评价、不同时段培训价格等信息自主预约培训时段与教练员。三是自主选择缴费方式。驾培机构改变一次性预收全部培训费用的单一模式，实行“按学时收费、先学车后付费”的收费模式，同时为学员提供多种支付方式。四是健全监督和评价体系。通过进一步完善驾培投诉处理制度，畅通电话、网络等渠道，建立以学员为主的教学服务质量监督评价体系，让学员真正参与到驾培监督管理过程中来。

四、驾培行业供给侧改革势在必行

“思所以危则安，思所以乱则治，思所以亡则存”。随着改革新政实施能量的不断释放，如“先培后付、自主约考、计时收费、质量评价”等管理政策向市场的推进，驾培行业已经面临洗牌大局。无论哪所驾校，无论驾校的历史根基多深，如果没有充分认识到当前整个行业所处的发展阶段与环境，对行业还存在“守株待兔”的幻想，也许失去的不仅仅是一条战线，而是整个战场。现代管理学大师德鲁克的观点是：“基于顾客，企业有且只有两项最基本的职能，一是营销，二是创新。”驾培行业要转型升级，发展方式要从依靠投资驱动的粗放型增长转向依靠创新驱动的集约增长转变，即行业“供给侧”结构性改革，从更新供给结构入手、以新供给来创造新需求，以新供给来满足现有需求。

1. 政府作用着力点：因势利导

(1)变规划为孵化。

政府营造市场化的经营机制和投资环境，不用政府之手或者计划之手直接指挥要素的流动方向，政府通过创造市场化的环境，使得劳动、资本、土地等生产要素能够在新财富价值和消费者效用满足的作用下，完成正常的投入产出和再投资，引导新供给的形成，进而创造新需求。优化驾培市场资本要素的重要标志就是开放市场，让市场这个“看不见的手”作用完成生产要素从投入到收入的过程，管理部门以改革为契机，按照“开放有序、公平竞争、服务优质、管理规范”的原则，进一步转变职能，积极推进驾驶培训市场体系建设。以新政理顺管理部门和驾校之间、驾校和考生之间的关系，培育竞争充分的驾培市场，促进市场在要素转移中发挥主导。

(2)变传统为新供给。

就国内市场的现有需求而言，消费需求已经普遍升级，如在高铁建设之前，人们对交通的需求多停留在可达性阶段，但高铁的出现大大催生了人们对速度及舒适度的需求，在乘客感受到高速带来的便利性之后，便很难从普速列车或公路客运中得到充分的满足。从我国城市化进程的不断发展与汽车市场刚性需求来看，目前呈现的驾培市场产能过剩其实并不是全面产能过剩，而是落后产能过剩。因此废除低端产能，发挥创新引擎，挖掘驾培市场隐性需求，已显得尤为重要。一方面，引导行业在供给成熟的基础上附加软价值，帮助驾培行业展现新业态、新产品、新供给，如先学后付、计时收费、VIP 训练班等；另一方面，引导驾培机构将沉淀的生产要素流动起来，向新供给形成和供给扩张领域转移，如在管理要素方面，引导互联网背景的驾培行业切入汽车后市场，以学员需求为导向，架构学员与汽车市场的环形链路，提供新供给，在满足民生的基础上提高产品本身价值，从而实现多方共赢。

2. 驾培机构发力点：创新驱动

(1)理念创新推进体制改革。

驾培行业要树立以学员为中心，摒弃以往的以量取胜的观念，改变企业旧的组织架构，实现流程再造，转变培训模式，以适应新的消费需求，用创新的思维方式来应对新问题、新挑战。传统企业在发展过程中，设置层层管理考核，此类架构看似稳固，但存在效率低下及成本过高的弊端，驾培企业要及时调整管理架构，根据市场调整相应业务模块，简洁高效的提升效率，将金字塔型为扁平式管理架构。作为市场的主体，各驾培机构更要对现行的经营体制进行深入剖析，找出发展过程的短板，制定长远性、全局性的发展方向、任务和目标，适度调整改变自我独立经营的行为，适度分离或集中经营管理与服务的经营模式，通过科学、规范的组织机构，开展高效运作，提高驾校的决策和管理能力，实现可持续发展。

(2)制度创新规范企业管理。

驾培机构一方面对内要以现代经营观念为指导建立驾校管理制度，内部条件和外部环境相结合，经营战略与具体方法相结合，在夯实"规定动作"的基础上，补充完善"自选动作"，根据新形势制定配套的新制度，如计时培训教学管理方法、驾校质量考核管理办法、计时信息系统的规范管理办法等，形成多位一体的管理体系。另一方面，驾培行业亟须完善市场诚信体系。目前驾培行业烽火弥漫的价格战其实就是博弈论在市场竞争中"囚徒困境模型"的典型体现，该模型解释了个人理性与集体理性的冲突，如果每个人都按自己最优策略选择，最后的结果将是非合作性，即劣于每个人都选择非最优策略时的合作结果。由于驾驶培训是低频的一次性消费，在微利时代必须要统筹长远利益与总体利益，利用强制性的协议及行业自律等外部力量，以重复博弈生成行业均衡合作的局面。

(3)教学创新打造特色品牌。

驾培行业要切实从应试教学向素质教学转变，将传递安全驾驶理念，将驾驶技能、安全意识、社会责任始终贯穿于教学培训过程。一方面是在培训服务上，围绕安全驾驶去构建校园文化、设置课程、实施教学，通过规范教练员、车辆、场地，为学员提供精细的教学服务，推行教练员顾问式、朋友式教学，通过完善自身软硬件、服务质量与管理水平，不断提升客户体验，塑造驾校良好口碑。在课程设置上，融入实际运用的训练项目，如小型车培训也可增加雨雾天体验、定点停车取卡缴费、模拟高速体验等，对学员在学习中的每一个节点，实行动态实时的监控管理，也可在在教学体验上引入科技手段进行大数据分析，反馈学员操作是否规范、是否达到教学标准，并及时纠正驾驶错误；另一方面是在培训模式上，在全部开展先培后付的基础上，注重学员质量评价，并进一步根据学员需求拓展班型，对学员以个人或团队制定个性化定制教学方案，用品牌化发展赢得更大的市场份额，建立有效壁垒。

(4)营销创新聚合优势资源。

今年9月，国内知名驾培品牌"猪兼强"迅速崛起，成为国内驾培领域的超级黑马，我们剖析其简历来看，"猪兼强"自2015年起进入市场以来，不断围绕学员需求持续创新，如推出盛夏学车全程空调服务、五次不过，零费用重新再学一次、百分百全真模拟考场练车、零首付分期学车、专门针对寒冬或雨天构建的室内练车场等多项学车内容，但与此同时，支撑以上创新服务的另一特点就是跨界创新，"猪兼强"合作伙伴包括有建设银行、中国人保、京东金融、国美电器、兴业银行等国内一流的知名企业，即当驾培行业的生存环境发生了变化，客户群体需求也发生了相应变化，倒逼传统驾校必须调整经营策略目标。同样，驾培机构负责人更要顺势而为，快速接受移动互联思维，在线上对线下的驾培服务流程进行标准化重构，借助大数据、互联网从粗放型管理走向精细化管理，融合互联网给学员提供更具黏度的服务，增设官网推广、微营销、APP、团购、线上支付等新式营销手段，分享互联网、大数据时代给驾培行业带来的红利。

"凡益之道，与时偕行"。新政策和新形势带给我们的挑战和考验同时也给行业带来了机遇和希望，我国的人口基数很大，驾驶技能也已经成为生活技能而存在，国民生产总值、城镇化率、汽车产销量的三大增长趋势性因素不变，整个驾培行业的发展依然空间很大，作为驾培机构应该始终本着坚定的信心，不忘初心，围绕培训质量提升、培训服务提升、社会形象提升与时俱进，驾培市场在经历短期的波动调整后，依然会朝着好的方向延续发展。

简介

夏雪亭，女，1983年5月出生，本科学历，管理学学士，2004年8月参加工作，2010年1月任嘉兴市道路运输管理局中层副职。入职以来，先后从事客货运、行业安全、公交客运、驾驶培训等具体业务工作，参与完成了市区公交运营体制改革、十二五、十三五公交行业规划制定、公交站场建设民生工程以及驾培行业改革等多项重要工作，其中统筹城乡公交发展、驾培模式改革工作走在全国前列。列入省运管局、省驾培协会全省道路客运及驾培行业管理专家库名单序列。

机动车驾驶教练员管理改革的思考

湖南省道路运输管理局驾培办　邓智勇

[摘要]　作者以详实数据说明驾培行业的飞速发展及行业管理取得的成绩,分析市场存在供过于求、过度竞争等主要问题,在国家"放、管、服"改革新形势下,提出教练员改革的思路:落实县级运管机构管理职责,教练员继续教育多样化;实行教练员备案制,积极推进教练员职业技能鉴定工作,教练员教学质量信誉考核内容增加驾培机构评价、学员评价和职业技能等级等方面的内容,每季度考核一次;制定行业发展规划;利用"互联网+"建立"网络群工";每半年发布一次市场供求变化信息,引导行业走向适度竞争、有序竞争、良性发展的轨道。

一、加强机动车驾驶教练员管理的重要性

机动车驾驶教练员是指利用机动车辆及辅助教学设备,采用多种教学手段,向培训对象传授道路交通安全知识和安全驾驶技能的人员。

机动车驾驶教练员是传授道路交通安全知识和安全驾驶技能的具体实施者,是保障机动车驾驶培训质量和道路交通安全的核心要素。加强机动车驾驶教练员的管理,对于规范教练员的职业行为、扩大就业、提高驾驶人的安全意识和驾驶技能、保证道路交通安全、促进和谐社会建设都具有重要意义。

二、发展现状

1. 主要成绩

近十年,随着国民经济发展和人民群众生活水平的提高,汽车保有量以每年两位数

的速度递增。据公安部交管局统计，截至 2016 年底，全国机动车保有量达 2.9 亿辆；其中汽车 1.94 亿辆，学习机动车驾驶技能越来越成为人们物质生活不可或缺的需求。自 2006 年交通部门对机动车驾驶培训行业实施行业管理以来，湖南省驾培行业取得了飞速发展，特别是 2012 年至 2015 年期间更是呈现井喷式发展。截至 2017 年 8 月，湖南省共有驾校 849 所，比 2012 年的 609 所增加 240 所，增长 39.4%；教练车 39906 辆，比 2012 年的 12750 辆增加 27156 辆，增长 213%；教练员 73433 人，比 2012 年的 3 万人增加 43433 人，增长 145%，其中上岗 37066 人，占教练员总数的 50%。

各级交通主管部门和运管机构以可持续发展理念为宗旨，建立健全法规体系，严格从业准入和退出制度，落实诚信考核，加强继续教育，优化从业环境，开展评优等文明创建活动，取得了显著成绩。

(1)建立健全法规体系。

2004 年 4 月国务院发布《道路运输条例》，2006 年先后发布第 2 号令《机动车驾驶员培训管理规定》和第 9 号令《道路运输从业人员管理规定》；2009 年 9 月湖南省人民政府发布了《湖南省道路运输条例》；湖南省道路运输管理局于 2006 年 4 月印发了《湖南省机动车驾驶培训教练员管理办法》，2010 年印发了《湖南省机动车驾驶培训教练员教学质量信誉考核办法》和《湖南省驾驶培训机构质量信誉考核办法》等配套规范性文件，这些规范性文件适合我省实际情况，适应我省驾培行业发展的需要，为驾培行业健康发展提供了法治保障。

(2)规范从业准入。

省级道路运输管理机构按照交通运输部 9 号令，自 2006 年起，依法对教练员从业资格申请人进行严格资质条件审核，经考试合格后，核发教练员证，严把教练员准入关。截至 2016 年初，湖南省共有 6 万余人通过考试取得教练员证，满足了驾培市场的需要，保证了教练员素质。

(3)严格退出机制。

湖南省依据交通运输部 9 号令和《湖南省机动车驾驶培训教练员管理办法》，对教练员实行退出制度，对向学员“索、拿、卡、要”情节严重、违反机动车驾驶人考试管理规定等影响恶劣的教练员，由发证机关注销其教练员证。截至 2016 年初，全省共有 135 名教练员因严重违规被依法注销教练员证。从严处罚违规教练员，对驾培从业人员起到了警示作用，这一制度有力促进了驾培行业的健康发展，得到社会广泛认同。

(4)创建精神文明。

近年来，通过深入开展教练员比武、评选全国和省级优秀教练员等活动，树立教练员队伍的先进典型，组织“爱心送考”、“抗洪救灾”等公益活动，培育出一批具有较强影响力的服务品牌，涌现出大量先进个人，在驾培行业营造出崇尚劳动技能、服务社会的行业氛围，增强了教练员的职业荣誉感和行业归属感，提升了教练员的社会地位和社会现象。

2. 主要问题

近几年，驾培行业迅猛发展，教练员数量成倍增长，尽管教练员管理取得了一定成绩，但道路交通安全形势依然严峻，重特大道路交通事故时有发生，教练员素质水平还不能完全适应社会经济快速发展和道路交通安全的需要；同时道路运输管理机构对教练员的管理和服务工作也滞后于驾培行业快速发展，有的政策脱离实际，给驾培行业发展带来负面影响，主要表现在：

(1)教练员物质和精神满足感呈下降趋势。

近些年，驾培行业飞速扩张，培训能力、教练员数量成倍增长，远大于市场需求，恶性竞争，驾培机构利润锐减，甚至亏损，导致教练员收入减少；日益激烈的市场竞争，使得教练员不得不延长工作时间，下班后还要四处招生，加上长期在户外环境下工作，造成教练员身心承受的压力俱增。

(2)教练员队伍结构不能适应驾培行业发展的需要。

教练员队伍结构问题主要表现在教练员整体文化素质偏低，具有大中专以上文化程度以及近期高中毕业的年轻人少。由于文化基础较薄弱，学习能力不强，限制了培训能力和服务能力的提高。

(3)部分政策不适应驾培行业发展需要。

自2006年交通部门依法对驾培行业实施行业管理以来，交通部门建立了一整套行业管理法规、规章，这些法规、规章对驾培行业的健康发展，无疑起到了积极作用。但也有起到消极作用的方面，主要表现在：一是交通、公安两部门出台的政策前后缺乏衔接，不配套，公安驾考政策变化频繁，给驾驶培训带来困扰，使驾培行业难以有序发展；二是2013年12月31日国家质检总局和标准化管理委员会发布的《机动车驾驶员培训机构资格条件》(GB/T 30340－2013)、《机动车驾驶员培训教练场技术要求》，初衷是提高驾培机构的技术门槛，利用技术手段对驾培行业重新整合，控制驾培行业的非理性扩张，然而实际效果却是助长了驾培行业的盲目扩张，使得培训能力成倍增长，大大超出了市场需要，致使驾培市场过度竞争，增加了驾培机构的开办成本和经营成本，违背了驾培行业的发展规律；三是2016年2月国务院取消了教练员从业资格认定，交通部门没有及时出台相应的政策，致使对教练员的管理无所适从，茫然不知所措；四是教练员教学质量信誉考核办法落后，一年一度的考核周期缺乏时效性，考核内容不能反映市场需要，使得诚信考核达不到实际效果。

(4)服务滞后于发展。

近几年，驾培行业管理部门忙于应付供给侧量的需求，工作重心放在驾培机构许可、教练员考试发证上，对于如何规范、维护驾培市场的公平竞争，形成驾培行业的良性循环发展，要么无暇顾及，要么服务意识不强。主要表现在：一是对于不适应行业发展新形势的政策，没有主动作为，及时予以调整；二是有的地方对教练员培训考试能力远不能满足市场发展需要的状况视而不见，对要求提高教练员培训考试能力的呼声充耳不闻，致使供需矛盾激化；三是忙于事务性工作，没有建立向社会定期发布驾培市场供求信息的制度。

三、教练员管理改革的思路

党的十八大以来，党中央、国务院深化行政管理体制改革，转变政府职能，"放管服"改革不断向纵深推进。2016 年 2 月国务院取消教练员从业资格认定，降低了就业门槛，减少了从业人员的就业成本，提高了管理工作效率，但相应的"管"的制度和"服"的水平要迎头赶上。

1."放"要有的放矢

"放"要从行业管理工作实际需要出发，注重实际效果，达到简化管理程序，提高工作效率，降低服务对象成本，激发行业活力的目的。

（1）落实驾培机构教练场验收、行政许可由县级运管机构负责。县级运管机构将许可信息向市级运管机构报备，省、市级运管机构不以任何形式参与事前审批，简化审批程序，方便经营者，节约时间和成本，提高审批效率。

（2）落实教练员管理由县级运管机构具体负责实施。教练员队伍人数众多，教练员管理更多的是现场管理，工作量大，时效性强，市级运管机构没有精力完成这个工作，教练员教学质量信誉考核应由县级运管机构具体负责实施。

（3）教练员继续教育形式多样化。教练员继续教育有的地方已经开展，但没有全面开展。教练员从业资格认定取消以后，教练员继续教育工作愈发显得重要。方便教练员和注重实效两个要素都要兼顾，要吸取客货运驾驶员继续教育的经验，网络教育和集中授课两种形式相结合。网络教育最大的优点就是方便，但相对而言学习效果要差些，而且课件更新跟不上形势的发展变化；集中授课的优缺点正好相反，所以两种方式要结合起来。继续教育期限以每年度 16 个学时为宜，其中集中授课至少 2 至 4 个学时，其余为远程教育学时；继续教育年度应以自然年度计算为宜，方便管理；教练员的工作、生活一般在城市及其周边，有条件集中授课，驾培机构可以委托专业培训机构进行集中授课，有师资力量的驾培机构也可以自行组织自己的教练员进行线下授课；远程教育平台应经管理部门审核通过，课件应每年更新。

2."管"的制度要健全

（1）教练员管理实行备案制。过去多年来实行的一整套完善、规范的教练员管理制度，为驾培行业的健康有序发展提供了重要保障，得到经营者、教练员、学员、交通及公安、保险等社会各界的普遍认同。虽然国务院取消教练员从业资格认定，但过去那些行之有效的管理办法应该借鉴，教练员管理实行备案制，取代教练员证制度。驾培机构聘用教练员、教练员离职及服务单位变更，均应在县级运管机构备案，市级运管机构负责城区教练员的备案；跨行政区域变更服务单位，只需到转出地和转入地县级运管机构备案，无须逐级报两地上级运管机构。教练员备案制可以结合驾驶培训计时计程系统 IC 卡的发放与使用，通过网络实现备案；上级运管机构履行监管职责，具有纠正下级运管机构错误做法的实责。

（2）积极推进教练员职业技能鉴定工作。教练员职业技能鉴定是提高教练员素质的重要途径，是新形势下教练员管理的发展方向，应积极推进这一工作。当前，要解决好以下四个方面的问题：

一是明确教练员职业技能鉴定属于教练员管理的范畴。有的省市已经开展教练员职业技能鉴定工作，有的尚没有开展，目前来看，这项工作的进展并不理想。究其原因，重要的一点就是职责不清，交通主管部门及其职业资格中心、运管机构、鉴定站相互之间职责不清。不管国家行政管理体制如何改革，都应明确教练员职业技能鉴定属于教练员管理的范畴，都应在现行法规、规章的框架下开展教练员职业技能鉴定工作，教练员管理由哪个部门具体负责实施，就应由哪个部门对教练员职业技能鉴定工作实施管理。

二是规范鉴定工作，保证含金量。可以参考道路运输从业资格考试的成功经验，健全一整套工作制度；鉴定内容应与驾驶员区别，不仅在“驾驶”技能上，更重在“教练”技能上；鉴定方法上减少人为因素，鉴定过程可录制视频、音频，不便实操的项目可采用模拟场景考试系统。

三是考试无纸化，鉴定日常化。一旦教练员职业技能鉴定工作相关的制度健全以后，这方面的需求是可观的，现行的纸质考试和统一鉴定方式是不能满足需要的，应尽早改为无纸化考试和日常鉴定。

（3）修订教练员教学质量信誉考核办法。为使考核具备时效性和实效性的特点，考核应每季度一次；考核内容增加驾培机构评价、学员评价和职业技能等级等方面的内容；利用网络技术和手机客户端进行考核；每次考核结果在网络考核系统中向社会发布；考核不合格的列入“黑名单”，情节不严重的，经继续教育合格后方可重新上岗；对于情节严重的，实行行业禁入，驾培机构不得聘用。

3.“服”的水平要提高

（1）目前，当务之急是要建立健全教练员管理相关制度，规范市场行为，这是搞好服务的根本，也是管理部门的职责所在。

（2）改变驾培行业管理信息化落后的现状，利用“互联网＋”建立“网络群工”。即通过“互联网＋政务”，开展教练员网络继续教育、网上备案、网上信誉考核，方便从业人员；通过“互联网＋服务”，与经营者、教练员、学员互动，网听民声、网察民意、网纳民智，为服务对象排忧解难，及时化解矛盾。

（3）定期发布市场供求信息。驾培行业这些年的盲目扩张，供求信息缺失是一个重要的外部因素,行业管理部门每半年应发布一次市场供求变化信息,引导行业走向适度竞争、良性循环的发展轨道。

简介

邓智勇,现就职于湖南省道路运输管理局驾培办。

1991年2月至今,在湖南省运管局先后从事机动车维修行业管理、机动车驾培行业管理、从业人员(包括教练员)管理工作。

1994年主持制定《湖南省危险货物运输车辆维修企业开业条件》。

1997年9月至1999年8月创办并经营湖南省运输总公司印刷厂。

2011年主持制定《湖南省机动车驾驶教练员教学质量考核办法》。

2012年至今,主持健全湖南省道路运输从业资格考试各项规章制度,如:考试流程、考试纪律、候考纪律、考点管理办法、考核员守则等;主持举办数期教练员、考核员培训班,并担任授课老师。

2016年主持湖南省道路运输从业资格考试督查活动,制定督查方案。

新形势下驾校的生存和发展

——关于驾驶员培训工作的思考

甘肃新陆港资产运营有限公司　杨联国

2015 年 11 月,《国务院办公厅转发公安部交通运输部关于推进机动车驾驶人培训考试制度改革意见的通知》(国办发〔2015〕88 号)《公安部、交通运输部关于做好机动车驾驶人培训考试制度改革工作的通知》(公交管〔2016〕50 号)相关驾培文件的相继下发,开启了新一轮驾培改革的大幕。全国范围内一轮接一轮的新版《机动车驾驶培训教学与考试大纲》宣贯工作开展得热热闹闹。此前各地考核发放的"机动车驾驶教练员从业资格证"已经不能适应当前社会的发展和我国"国标"国际化通用的需要,取而代之的水平评价类职业资格等级证书,将教练员按水平、能力细分为中级工(四级)、高级工(三级)、技师(二级)、高级技师(一级)四个等级,驾培行业反响巨大。

一、严峻的交通安全形势

我国交通安全形势异常严峻,根据公安部交管局统计的数字显示,我国道路交通事故死亡人数 2015 年 7 万人,受伤 30 万人,直接经济损失 10 亿元。世界卫生组织的统计显示 46% 的交通事故发生在参与交通行为的弱势群体中,如行人、自行车、电动车。我国的道路安全法律、法规明确要求电动车除驾驶员外只能乘坐一名 12 岁以下儿童,自行车必须 12 岁以上才能骑行,电动车必须 16 岁以上方可驾驶、行车时严禁饮酒、严禁接打手机、机动车主动礼让行人、机动车通过斑马线必须减速等,但现实情况是开车接打手机屡禁不止,大量的机动车辆通过斑马线时非但不减速反而加速通过,这些违法违章现象普遍存在,严重恶化了我们的交通环境。制定的交通法律法规不可谓不细,规定不可谓不严,但交通事故发生率一直远远高于世界其他国家。

货车超载、超限屡禁不止，电动车超标，代步车、助力车违法违规使用蔓延大街小巷。各类车辆违法挂靠现象严重，经营单位只收钱不管理、管理不到位。

以农村公路为例：农村公路危险路段约160万公里，占农村公路总里程的40%以上，近十年35%的重特大交通事故发生在农村公路，基础设施建设配套问题是一方面原因，更主要的还是驾驶员安全意识和驾驶技能不过关造成的。

2015年底全国机动车数量为2.79亿辆、驾驶员3.2亿人，新增驾驶员以每年2500万人的数量增长。如此庞大的新增驾驶员数量，管理、安全第一、文明礼让意识的缺失，导致我国交通事故发生率居高不下。行业管理定位交错，出现要么乱管，要么不管的混乱局面。驾校经营理念模糊，一味追求经济利益，漠视法律法规要求、学时造假、伪造学时，更有甚者竟然出现了利用学员迅速考取驾照的心理，置安全与生命于不顾，承诺学员“三十天、四十天拿到驾照”，此类现象普遍存在。在利益的驱动下，这些荒唐的做法堂而皇之在全国蔓延。使整个社会的交通安全形势受到了危害，杀鸡取卵的后果也给驾培行业造成混乱，驾培机构自己套上“一旦缴费，必须想尽办法帮学员拿到驾照”的桎梏。

二、驾培行业管理结构

提起驾培行业管理就得说到“考培分离”。运管部门管理驾校的教学学时、教学质量。公安车管部门负责新增驾驶员的考试和驾照发放。

制定“考培分离”的初衷是为了公正地评价驾驶员培训的教学质量和水平，使驾培考务工作具有权威性、严肃性和公正性，避免培训机构虚假宣传、非法培训、违规收费及考试过程中串通作弊、破坏秩序，达到非法赢利的目的。这个初衷是好的，但现实情况又怎样呢？交通运管部门的学时来自于驾培机构，经公安车管部门的确认录入后，学员才能考试。但有一段时期，某些地方的公安车管部门往往以驾校学员学时、计时计程造假，拒绝承认运管部门呈报的学时，而自行一套。某些地方的公安车管部门自行招考考评员（考官）组织考试时，招考考评员名义上不允许驾校教练员担任，实际上从各驾校教练员中选拔，选拔标准甚至低于教练员标准，如：驾龄三年以上，五大项必须合格等。甚至出现过有关系、有门路的驾培企业自己就可以直接上报学时。个别公安车管部门工作人员给驾培企业推销培训书籍，计时计程设备等，用手中的权力对原本不属于其管辖的业务范围进行利益渗透，随着国家驾培改革的深化，这些情况有了很大改观，但运管部门与公安车管部门的衔接沟通机制并不十分畅通，不利于整个驾培工作的良性运转。

现行的模拟教学与考试，使新增驾驶员考试合格率有一定的偶然性。所有科目和考试都是在教练场、考场完成，这种模拟，优点是相对安全、成本较小，便于主管部门操作；缺点在无法考量新增驾驶员的真实上路水平、安全意识、法律法规、预见性驾驶等综合能力。学员熟悉考场环境就考得好一点，反之就可能差一些。当前“社会化考场”的放开，在方便考生的同时，又带来驾培市场竞争的公平性问题，并极有可能将“社会化考场”内本驾校学员考试的过关偶然性问题突显出来。这些问题，单靠一个部门是无法解决的，随着改革的深入，新矛盾出现，新问题也随之而来，“祸患积于忽微”问题苗头出现，就立刻要制定预案、关注解决，等到亡羊补牢其实已经为时已晚。驾培改革还要深入、必将继续深入，新的教学考试模式，真正能检验新增驾驶员综合能力的“实战型”考试模式必将代替现有的“模拟考试制度”这一点毋庸置疑，公安车管部门应未雨绸缪提前开展行动，一手抓内部考试制度的完善，一手抓交通运管部门的协作。用前瞻性的视角审视自己和行业的发展，大张旗鼓地对社会宣传自己的工作业绩和权威性，以提高考核的实操能力作为驾培行业发展的契机。

交通运管部门对驾培行业业务的监管基本包含三个方面：

(1)目前绝大多数的驾校理论教学基本都处于停滞状态，不上理论课。学员报名成功后自行下载一个手机 APP 或网上题库，全靠学员自己背题库来进行科目一道路交通安全法律法规和相关知识的学习与考试。导致安全文明教育、驾驶员素质教育的第一个环节就形同虚设。基层运管部门管理时随机抽查，无法达到长期跟踪和有效监管教学质量的目的，《大纲》中提出“课堂教学与远程教学相结合，课堂教学不得低于 6 小时……”得不到有力的保障。

运管机构可以在学员报名后，加强对驾校进行理论授课的督导，科目一理论教学课堂学习阶段，科目三安全文明驾驶常识教学阶段，利用线上网络视频监控等技术，对驾校组织的学员课堂授课、学习，进行有效的实时监控、检查与指导。线下强化监督制度，随时对驾培机构、教练员和学员进行驾驶知识，文明驾驶、安全行车理念学习的抽查，并建立相关制度及电子档案跟踪机制。例如：学员在参加课堂学习阶段视频监控拍照存档，学习后随机跟踪调查等。对抽查不合格的驾培企业限期整改。

(2)加强运管部门主管业务的学习。从目前情况来看，运管部门管理驾校主要工作重心放在以下四个方面。第一，人员和车辆。人员即教练员的资质问题，目前水平评价类的职业资格等级证已经不属于准入类硬性指标，只是鼓励驾培企业聘用有资格证的教练员。企业用人选择上的灵活促使运管部门也要拿出与之相适应的考评、管理办法来保障培训质量和教学效果。第二，打卡。学员与教练员打卡的目的是为保障驾培教学规范、有序开展，但由于利益的驱使，指模、跑马机、驾校教练员学时造假等现象屡禁不止，层出不穷。第三，安全。抽查不能完全代替长效监督和实时监控机制，从各种媒体报道，社会反响看实际效果，并不令人满意。实际工作中监管与服务必须互相促进，缺一不可。第四，教学。驾培行业有其特殊性。驾校既有学校的功能又是以赢利为目的的企业。创造效益的前提是培养合格的驾驶员，而不仅仅是合法的驾驶员。驾培行业的教学效果，是全社会最关注的，因为它是安全交通保障最重要的一环。对行业管理者来说要求做到：一是管业务的，管教学的懂不懂教学？会不会写教案？如何指导教学，制定教案，检查教案;二是具备不具备对驾校、教练、学员管理的实际能力?懂不懂心理学、教育学?能不能有效的指导驾校、教练员工作以及学员的安全意识培养,使安全驾驶技能达标;三是如果前两项都没有做好,还有提升空间,管理者、驾校负责人、教练员学习吗?在学习吗?实际管理过程中驾校、教练员、社会反响如何?如果都做到了,那么本地区驾校规范不规范,新增学员与总体事故比例趋势是上升还是下降等问题,有没有跟踪和数据反馈。

以 C1 学时为例,2016 年《机动车驾驶培训教学与考试大纲》颁布后总学时已从原来的 78 个调整为 62 个,经了解公安车管部门依然在使用原来 78 个学时的计时系统,运管部门也在按老的学时,上报学员相关信息。两部门缺乏有效的联动沟通机制,各自经营培训管理与考试考核,即便为了某件工作勉强坐在一起,也只是就事论事,缺乏互信和相互了解,更谈不上业务的整体统筹规划。私下双方很多负责同志都觉得很有必要建立两个单位长效协作机制、但为什么没有做到呢?造成这种局面既有历史遗留问题,又有两个行业认识上的分歧,众所周知,我国的驾培经历了四个时期:第一个时期为 1988 年以前,交通主管部门负责驾驶员管理与考试;第二个时期为 1988 至 1993 年,改由公安交警部门负责管理与考试;第三个时期为 1993 至 2004 年,也是驾培行业最混乱的一段时间,交通部门负责驾培行业管理,公安部门负责考试、发放驾驶证;第四个时期为 2004 年至今驾培工作走向社会化、市场化,也是考培分离正式形成阶段。

其主要问题在四个时期管理权的归属和调整过程中,未达到双方思想统一。造成双方心理上的不情愿,甚至以为自己有身段、有身份,认为主动去进行工作上的沟通会"有失面子"是"示弱"的表现。条例条令看似一板一眼的执行,但不能代替面对面的交流与真诚的协作,从而导致整个培训考试不能有效统一。大家好像都在出力,但由于步调不一致、不协调,导致高发的事故率,新驾驶员取得驾照上路后的实际效果差强人意,这些问题在实际驾驶过程中都得到充分反映。以至于出事后互相推诿、扯皮,培训的说考试发证的,考试发证的诟病管理行业和培训的,无休止的车轱辘轰鸣,永远没有头绪,事故倒查制度很难落到实处,任何单方面的良好愿望、努力都只能是事倍功半。只有建立起行业管理部门、公安车管部门和驾培机构三方有效、透明、顺畅的协作机制,形成立体的综合管理体系,并使之运转起来,驾培、交通安全问题才可能得到提升。

(3)管理。"管"属于约束、规范的成分比较多;"理"属于引导,疏通服务的特点很清晰。目前国家提倡以服务促管理,提高行业管理部门的服务水平与服务意识,没有人能比管理者自己更清楚问题的症结所在和怎样去解决这些问题。以前那种上面下文件,怎样要求怎样做的模式已经极不适应当前社会发展和国家大政方针趋势的需要。为广大社会公众提供优质服务,首先就必须树立勇于担当,积极进取的思想和意识。当前国家强调减少行政干预,不断减少行政审批事项是为了约束权力,防止权力滥用,保障权利在法律的框架内正常运行,为广大社会公众提供优质、高效服务,推动改革持续深入。管理部门的同志应该意识到约束滥用的权力是为了更好地保障大多数人的合法合理的权利、是为了让公民和市场主体更自由，有利于激发市场活力和所有人的创造力，而不是不让管、不敢管、不能管，对照着文件机械的执行，看文件只看到满眼规定约束的红线，看不到条令条例约束的内涵是为了保障整个驾培行业发展的广阔空间。在这个问题上所有人都要突破长久以来四平八稳的“思维惯性”，重新审视新形势下的驾培发展之路。

“管”的同时怎样梳理、调理，促使驾培行业更好、更健康的运行，以适应新一轮改革的发展，这是时代发展的趋势和潮流。

社会上驾培行业里有一种声音说：取消运管对驾培行业的监管，驾培行业就有发展云云，这是极不成熟、极不正确的思想反映。行业的自觉很有限，一定程度上取决于全社会的法律、道德及发展水平，且必须经历长时间的规范过程，监管是必需的，即便取消了运管部门对驾培行业的监管，也不会任由企业无序发展。行政管理部门要在当下转换思维，将管理侧重点转移到“理”，即服务上来，转换服务管理模式，以服务带管理，以服务促管理，从提高服务意识开始，在服务上下功夫，从服务规范自身和行业行为开始，协调沟通社会群体、相关部门，促进行业效益提升和自身的转型才是关键。

三、驾培行业自我提升的困局

改革开放带来的经济高速增长使中国人口袋里有了钱，学车、开车、买车具备了充沛的物质基础。2003 年颁布的《中华人民共和国道路交通安全法》第二十条规定“机动车的驾驶培训实行社会化，由交通主管部门对驾驶培训学校、驾驶培训班实行资格管理。”2004 年 5 月 1 日正式启动驾驶员培训社会化以来，全国各地新增驾校发展迅猛，后来一度发展成了“巴掌大的地皮上，一台桑塔纳，戳两根杆杆，学车的人就爆棚”的局面。国家也对《大纲》前后做了五次大的修订适应驾培行业的发展和变化。

市场的良性竞争、优胜劣汰是提升驾培服务水平、引导行业规范发展的举措。我国地域广、民族众、人口多，每一个地区的人文环境、经济发展水平都不相同，正因其复杂性，国外一些学者认为我国是市场推广、营销操作最难预料的地域。

一方面随着市场化程度越来越高，改革越来越深入，人口红利逐渐消化，驾培行业的利润空间逐步回归正常。另一方面新增驾校随着国家政策的有序开放、社会上对驾培业以前由于利润较大产生的影响，很多原来的局外人都想打入这一市场，驾校间的竞争日趋激烈。绝大部分的驾校自觉不自觉的都在规范服务，逐步认识到苦练“内功”的必要性。从目前驾培行业的基本情况来看，驾培机构自身面临三大危局。

(1)有意向学车的新增驾驶员存量，随着时代发展遗留的人口红利绝大部分已消化，市场趋于平稳，驾培行业供大于求的情况日益突出。

虽然之前出于对社会、驾培行业和教学质量的保护，交通部 2 号令对驾校数量进行要求，且对各地人口和驾校的比例做了详尽的要求，但随着雨后春笋般出现的驾培机构，也随之出现了新增驾驶员人数多而场地、教练员数量不足的供需矛盾。“萝卜快了不洗泥”，驾校的激增，场地不足、教练员水平不高、驾培机构管理者的能力不足等诸多问题都掩盖在社会高速增长的学车需求和驾培高额的利润之下。随着国家改革的深入推进，广大学车人群的存量逐渐消化，学车群体从以前各个年龄段、社会各阶层的多样性逐渐过渡到现在以青年、学生、女性为主，供需矛盾逐渐缓和到现在供大于求。驾校的增加，学车群体存量的减少，招生量逐步下降的情况成为突出问题迅速显现。

(2)驾校管理水平较低，驾培资源不能得到合理的配置和运用。

随着需求的高速增长，驾校对场地、设备、车辆等硬件指标的升级相对容易量化，而对“软件”的配备与提升除了资金的投入和分配机制的相对公平以外，更多的是运用良好的经营管理理念去感化引导企业员工形成合力，树立正确积极的企业文化，需要驾校管理者、决策者首先自省、自觉地不断充电与实践。这一点恰恰是很多企业负责人所不具备的短板。在学习实践中只是从自身的喜恶出发，看到的是自己想看到的内容，做到的是对自己胃口的调整。与之相左的意见和建议，哪怕是看到了、听到了，也会视而不见、充耳不闻，结果收效甚微，最后决策者不断经营调整失利，对企业存在的问题依然不明就里，从而满腹委屈，只能将恶果和失败的原因归咎于行业管理、员工素质等外在因素。殊不知自身一直在“自我”的漩涡里转磨磨，“鬼打墙”般的自说自话，员工和外人看来企业内部的调整，只是形式上有所区别，实质并没有改变什么，期许的喝彩自然变成了“独角戏”，如此反复再三，不断的失败，最后也就麻木了，也就认命了，也就随波逐流了，怨天尤人了。其实症结只有一个：敢不敢先来一次触及自己灵魂深处的改变。如果不相信，我们可以看看包括驾培行业在内的很多企业，天天在喊“建设自己的企业文化，打造自己的企业品牌”，企业内部满墙满眼的各种宣传栏、各种锦旗奖状，看似红火。由于没有真正打动员工，工作人员各行其是，懒懒散散，对外来者视若无物成为普遍现象。作为成功的服务型企业，谁会这样对待外来办事的这些潜在客户呢？这种麻木现象背后的全部企业文化就是一潭死水，满墙的规章制度就是一堆废纸。

在此我们要搞清楚一个问题：法律法规是用来干什么的？这个问题我问过很多人，绝大多数人回答“是管理人的，是约束人”，于是我继续追问：请大家告诉我法律法规这么细、这么严，为什么还依然存在犯罪？管住犯罪分子了吗？交通法律法规这么细、这么严，为什么连闯红灯这样的小事都解决不了？很多人就瞠目结舌，坠入云里雾里了。实际上法律法规是所有社会参与者共同制定和遵守来保障绝大多数人权益的一种具有普遍性的“公约”，表面上它束缚了人们的某些行为，实际上是对整个社会正常运转一种最基本的保障，譬如说：我们通过十字路口，遵循红灯停、绿灯行的基本规范，而不能随心所欲的自由行事，在遵守法律法规的情况下所有的交通参与者此时都是相对安全的，反之我们可以设想一下法律法规不起作用、人人自行其是，会出现怎样的恐怖景象。因此法律法规、规章制度首先要得到全社会的认可和尊重，行业的法律法规、规章制度要得到全行业每个参与者的认可和尊重，企业的规章制度要得到企业内部每个职工的认可和尊重，在此基础上通过自觉与约束，才能保障它的权威和公正，反之就会成为笑柄。

企业要发展，管理要提升，是企业内外所有人的事情，企业管理中制定的规章制度如果能够得到管理者的自觉维护，全体员工的支持，企业上下一心的全力施行，才能说这个企业是有文化的，是有自己企业文化的，有长远规划，具有发展前景。

现实的情况是这样的企业少之又少。一些企业主认为绝对的权威是管理的要诀，不能平等地善待企业的每一位员工，内心深处只是将员工作为普通的"生产资料"对待。另一些做得"比较好"的企业管理者也主要是以在本地区相对高的工资、招生提成、过关率奖励作为企业的主要推手前进，看似经营不错的背后实际并没有什么后劲。

习近平总书记在首尔演讲时，曾引用了隋朝王通的一段话，"以利相交，利尽则散；以势相交，势败则倾；以权相交，权失则弃；以情相交，情断则伤；唯以心相交，方能成其久远。"经营企业也好，做人做事也好，都不能以大欺小，以势压人；应以善为念，以诚相待，以心相交。管理的最佳状态是激发与此相关的每一个人的善意。就目前的实际情况来看，我们驾培行业的管理还有很大的提升空间。

驾校是企业，除了具有一般企业的要素外还具有一般企业不具备的特殊性。追求企业效益无可厚非，但由于驾校的特殊性一味追求利益最大化，以牺牲安全为代价降低成本，恶性竞争引发的教学质量得不到保障，漠视驾校所肩负的社会责任。安全法律教育，行车文明礼仪教育，直接影响到整个社会的交通安全形势。老话讲驾驶是"手握生死盘，脚踏鬼门关"，以牺牲整个社会、驾培行业的利益与形象为代价，过度追求短期效益，在低价、低质的恶性竞争下，缩短培训时间，减少学习内容，低价欺生，学员报名后再以各种名义收费，无异于杀鸡取卵，谋财害命。

驾校整体经营理念普遍落后，很多是在赚快钱的思想指导下经营。大家说起来都是想教好学员的驾驶技术，安全意识、法律法规知识等，但不上安全文明、法律法规课，"三十天、四十天拿驾照"的路数比比皆是，不难看出很多驾校还是采用"招一个学员，挣一个钱"的经营思路。绝大部分驾校缺乏稳定或基本稳定的教练员队伍，难以唤起以教练员为主的驾培职工队伍的积极性，对企业的认同感和向心力，部分驾校管理者还有"是我给了他们一碗饭吃"的这种极端不正确的思想。认同感的缺位、工资待遇和同行相比并无明显优势，引发了教练员的强烈抵触和反感，直接导致有些教练员"身在曹营心在汉""这山望着那山高"。

企业的发展需要内部团结一心，形成向上的合力，人是第一要素，不收其心只用其力，只能导致企业无法实施长期战略，这样的企业也无法制定长期的发展战略，只能是被动地任由市场变化裹挟，随波逐流，自生自灭。结果不仅仅是驾培行业出现波动，学员的权益得不到保障，投诉纠纷也会增加，最后导致一连串的恶性循环，引发全社会对相关政策、行业管理部门、驾培行业、教练员的普遍不满、非议与责难，反过来又使从业人员陷入

消极退缩、破罐子破摔的恶性循环轮回里。

(3)教练员整体水平堪忧。

当前大多数驾校教练员流动、交替的速度过快,驾校留不住教练员,这也是服务水平得不到提升的重要原因之一。驾培行业要发展,驾校要发展必须要有一支高素质的队伍,虽然说学历不能完全代表能力,但学历太低是目前教练员队伍的最大问题之一。如在做教练员从业资格培训工作等相关驾培工作过程中发现,历年来取得当时的"教练员从业资格证"在册90%的教练员持有高中或相当于高中的"学历证明"。但相当多的教练员实际只有初中或初中以下学历,甚至有些文盲、半文盲也在从事教练员工作,学历造假严重,大专以上学历的不足1%,研究生学历的更是凤毛麟角。

整体年龄偏大。很多教练员年轻时从事体力劳动,如长途班线客货运驾驶员,下岗职工及其他社会人员,45岁以后随着身体机能的下降,除了开车没有其他的一技之长。前几年驾培市场的火爆,供需关系的严重不足,一面是社会、驾校急需大量的教练员,一面是教练员聘用管理相对混乱。对这些人员来说文化程度低、就业面窄、再就业难,门槛较低的驾校就成了不错的选择。进入驾培行业后,酷暑严寒,并不轻松的工作实际,合格率、招生率直接与收入挂钩,严重缺乏知识更新、继续教育,自身的素质能力不足等一系列问题,在驾培这个与社会中形形色色的人打交道的窗口行业不断发酵,带来整个驾培行业一直处在舆论批评的风口浪尖。

教练员一词来源于体育界,指的是具有专业理论知识、较高技术水平,掌握先进的教学训练方法,对运动员的思想、技术和道德品质等全面培训、引导与督促,促使其能力得到较快提高的教育者。从上面的表述中能清晰地看出驾驶培训教练员不但要有较高的专业理论、专业技术水平,具备教育学、心理学教学能力,熟悉政策法规、机械、电子等全方位知识和不断学习、充电、自我提升能力的专业人员,不是什么人都能胜任此项工作的。但稍微了解现实情况的人便会对驾培行业的现状大跌眼镜。教练员来源五花八门,鱼龙混杂,更要不得的是相当多的从业或准备从业者都是抱着"打工、打短工""临时过渡一下,待有更好的去处"的权宜之计进入这个行当,外来打工者、提前内退人员,社会无业人员等成分相当复杂,整体素质堪忧。这样的人员结构,何谈驾培行业的发展。

作为驾培行业的一线工作者,直接实施者,教练员的工作性质在一定程度上等同于教师,国家也在着力培养"双师型教练员",即教师、技师的目标。任何外因必须通过内因起作用,只有广大教练员真正能从自身找原因,不断提升自己的知识结构、教学水平、专业理论,综合教学能力,才能改变人们对教练员就是教会人开动车的这种认识,不去怨天尤人自身才会有所突破。改变来自于自觉,自觉有时候是残忍的,因为他要直面自己内心中最真实的那个"小我",但不如此就没有自我觉醒的可能。

换句话说不管驾培行业怎么发展,都需要高层次的人才,比如说当无人驾驶汽车出现，李彦宏驾驶无人汽车的消息刷爆新闻、微信圈的时候，悲观者早已开始哀鸣：驾培行业要消失了。这完全是杞人忧天，纵观历史的发展与进步，马车消失了汽车产生了，车夫挥舞的皮鞭不灵了，驾驶员自在地操控着转向盘踏上了历史的舞台；大街小巷的邮局、邮箱不见了，快递小哥随叫随到；最初手机的作用是通话，加上摄像头挤兑的专业照相机发展却越来越高端；无人驾驶出现了，两栖、三栖汽车也出现了，谁能说今后教练员只是消亡而没有发展。社会在进步在发展，孙中山先生说"天下大势浩浩荡荡，顺之者昌、逆之者亡"，每一个人只能在顺遂中求发展。打破固有思维，惯性生活，不轻松但是无法逆转，我们可以选择的只有主动改变和被动接受这一条路。

四、社会、学员对驾培行业的认识

社会舆论，社会导向引发的舆情变化影响社会公众对驾培行业总体认识和态度变化。这里有政策、法规的外在作用力，最主要的是驾培行业自身内在的主动选择。可以看到国家政策一直在积极引导我们这个行业不断进步，走向成熟。大纲的历次修订，自学直考、先学后付、计时计程的推广，驾校审批、教练员职业等级制度的出台无一不是如此。驾培行业就要沿着国家大政策、大方针的指引方向前进，学习、落实靠自身来实现。"天上落大饼，自己还要把脑袋伸出去"。我们主动实施先学后付，计时计程了没有；是否结合自己驾校实际情况，采用模拟器教学，并在运用过程中完善，效果不好改进了没有，有没有完善；驾校内部管理跟上了没有，学员和教练员教学过程是有章可循、令人满意的，还是连教学日志都没有等。一味地埋怨"大饼"没落到自己嘴里，于事无补。驾培行业内部调理好了，自然会影响社会的舆论，反之也会起作用，起反作用。当前有大量对驾培行业不文明现象，违法现象的新闻报道，我们每一位与驾培相关的同志应该静下心来想一想，都是别人的错吗？我们必须说驾培行业绝大多数人是想把工作做好的，都是在努力做好工作的，成效也是显著的。但问题也是成堆的，往往是"一颗老鼠屎害了一锅粥"，"吃、拿、卡、要"是好转了，但绝迹了没有；和学员的纠纷在所难免，但能不能得到圆满的处理呢。这些因果关系直接反映在社会对驾培行业的态度上，这些现象不能简单理解为社会上的恶意抹黑，确实也是驾培行业以往发展不规范的直接后果。"避寒无若重裘，止谤莫若自修"，舆情是一面镜子，每一位驾培行业的参与者只有长期踏实的"自正"，准确定位自己的角色，担负起驾校的社会责任，才能得到社会的真正认可，影响改变舆论回到良性的轨道上。

"人群中有左中右"，当今说驾培行业是社会窗口行业一点也不为过。听到很多教练员抱怨现在的学员难教、难管理，这里大约有两种情况：首先，"难缠"的学员有没有？肯定有，没有反而不正常，但是极少数。从一般的消费心理分析，学员初学驾驶，听了、看了一些社会上对驾校、教练员的负面新闻，存在不少的顾虑。驾校乱收费怎么办？教练不好好教怎么办？时间得不到保障怎么办？教练员要红包怎么办？等等，还有因为对驾驶不了解，自身学习方法不正确，教练员教学方法不当和教学双方生理、心理因素的不确定等问题产生紧张、焦虑，从而影响到学习效果。

和学员接触过的都知道，学员是消费者，他们到驾校来交学费购买服务。以传统驾培模式分析，一旦报名成功，双方签订合同形成一种购买服务的“合同关系”“契约关系”。学员从“预期消费者”“潜在消费者”转换为“消费者”，他们也从原来的服务选择者那种自由状态进入到期许得到合理服务的实际消费者状态，角色的转换心理反应也随之改变。即挑选服务时以学员为主，教授技能时以驾校、教练员为主。他们最想得到的其实很简单，就是合同上明确要求、报名前驾校承诺的内容。报名费缴过了，不会没人管了吧？教练员水平好不好、脾气好不好，骂人怎么办？说好的随时都可以练车，是真的吗？这样那样的问题，都是我们每一名社会参与者换位思考后能够理解的。教练员要摆正态度，摒弃不合时宜的“师徒”关系思想，做到平等对人，将心比心，按《大纲》要求制定详细的教学计划，并结合学员具体情况适时地加以调整，规范教学，保障学员权益不受侵害，这也是对驾培工作者的保护。

教练员和学员既不是“师徒”关系，也不存在“顾客是上帝”这种伪命题。前者大家已经明晰，具体教学中也在逐步改善。后者有些人就不那么清楚了。“顾客是上帝”作为一种经营理念被提出来时间久，影响面广，贻害也比较大。协作各方都不能有这种极不正常的思想，现代社会中人与人之间基本是一种相互平等尊重、分工协作的关系，单方面把协作者推到“上帝”的位置，是一种虚与委蛇，掩藏真实利益诉求的企图，既不真诚，也不合适。我们都知道如果上帝真实存在，那么他手里是掌握生杀予夺大权的，我们的消费者也好、学员也好不可能有这种权利，说句玩笑话；在某些维护个人正当权益无果的时候，谁见过这么窝囊的上帝？另一方面也应该引导消费者、我们的学员不能有这种思想，思想指导行为，面对颐指气使的顾客，服务者提供的服务也会变味。相信大家都见过餐厅里因一点不值当的小事对服务员斥责刁难的顾客，就是没有摆正相互尊重、分工协作、角色转换的关系，从而导致自身素质缺失的暴露，使形象受损。

那么究竟怎样才好呢？《大纲》是驾培行业开展教学工作的法律依据，驾培企业避免不必要的纠纷，最好的方法就是用遵章守法的行动、“依纲扣本”的教学、规范细致的操作、优质良好的服务、不卑不亢的态度、热情周到的服务，作为提升自己、预防矛盾，来解决问题，使自己立于不败之地的保障。

“君子求诸己，小人求诸人”，求人不如求己，驾培行业的发展与改革、驾校管理水平、教练员学历的提高，素质的提升，知识结构的更新没有人能够阻挡，没有人拽住谁不让他进步，只是自己愿不愿意和觉悟迟早的问题。套用莎翁在《哈姆雷特》中的一句台词“要么生存，要么死亡，这是个问题”，当然这里的“死亡”只是指因为自身的惰怠而被社会的发展、驾培行业的前进所淘汰，这种淘汰是自我的选择。

杨联国，国家交通职业督导员，甘肃省驾驶教练员讲师，2014 年至今主要负责甘肃省交通运输职业技能鉴定考务、培训工作。

基于实时动态人脸识别技术的杭州驾培服务管理系统应用研究

杭州市机动车服务管理局　王　剑

［摘要］　在信息化和"互联网+"迅速发展的时代,互联网技术及其网络产品已经被广泛应用到了社会各行业并产生了巨大的裂变效应,这种效应正在不断改写传统行业的习惯方式和思维模式,改写传统驾培行业的培训方式和发展结构,倒逼培训机构和教练员适应新常态。在此背景下,我们现有的驾培管理手段和服务方式也已经与驾培行业的品牌化发展、学驾人的品质化需求不相适应,这就要求我们运用互联网思维进行改革创新,探索实践。本文主要通过需求背景、技术研究应用实施以及实际成效四部分加以阐述。

时下,有关杭州学驾新旧模式博弈之战正酣,至于今后培训"刷脸"还是"刷卡"之论亦成为社会关注的焦点。透过这场传统与现代模式的较量,折射出互联网技术影响至深,并正在以前所未有的力量打破传统的固有模式和利益藩篱;反映出驾培行业的传统思维难以适应突如其来的互联网思维,而广大学驾者却呼唤新模式落地生根,维护自身权益,掌握过硬驾驶技能。那么究竟谁会是最后的赢家,显然代表时代发展趋势的新事物更具生命力,网约车等新事物的壮大就是最好的佐证。本文以杭州为例,通过需求分析、技术论证、调查研究、试点应用和专家鉴定等方式,引入人脸识别技术,推出了基于实时动态人脸识别技术的驾培服务管理系统,以期从根本上解决制约行业发展的具体问题。

一、需求背景

1. 形势倒逼改革

(1)庞大发展体量需要精准管理。近年来,杭州驾培行业无论是从驾培机构发展规模上还是从培训量上，都发展较快，从不足百所驾驶培训机构发展到今天 125 所，教练员 8931 人，教练车 7625 辆，教练场地面积 344.62 万 m^2，同比 2015 年净增了 60.59 万 m^2。学车年培训量基本维持在 30 余万人，2014 年达到 39.8 万人，为近年来最高峰值。然而，发展的背后难免泥沙俱下，不规范、不作为、乱作为等违法违规行为充斥驾培市场，使得依靠单兵作战的传统管理方式难以适应新形势，管理力量难以有效覆盖全行业。

（2）叠加因素抑制行业转型。在行业发展过程中，培训软硬件问题依然突出，比如在软件方面存在着计时造假、吃拿卡要、教学离岗、恶意竞价、投诉纠纷以及内部管理混乱等问题，特别是"跑马机"学时造假、"串卡"培训等不按教学大纲培训的问题异常严重，投诉纠纷案件逐年递增，内部管理混乱。这些突出问题已经严重制约了行业的健康发展。此外，还存在 GPS 数据造假、破解电子围栏技术、贴有防拆电子标签的车载终端从车辆上拆除等问题。

（3）身份认证方式存有弊端。现有的培训身份认证方式主要采取 IC 卡与指纹技术相结合，但是在具体培训过程中识别教练员或者学员的身份真实性时存在明显弊端。一是无法杜绝"假指纹膜"的身份造假行为；二是指纹识别技术能做到对教练员和学员在培训签到、签退时进行身份认证，但是无法做到培训过程中实时动态指纹认证，滋生了"串卡"培训、使用"跑马机"计时等问题；三是培训过程中学员身份不匹配问题，影响了培训过程的安全性，进而导致了学驾投诉纠纷案件比例攀升。

2. 政策驱动改革

2015 年国务院办公厅转发公安部交通运输部《关于推进机动车驾驶人培训考试制度改革意见的通知》（国办发〔2015〕88 号），明确要严格按照培训大纲规定的学时和内容进行培训，确保培训质量。2016 年公安部、交通运输部下发《关于做好机动车驾驶人培训考试制度改革工作的通知》（公交管〔2016〕50 号），明确要严格按照培训大纲规定的培训学时、内容进行培训，建设和使用全国统一标准的计时培训系统，加强对计时培训系统的管理，严厉打击学时造假行为。同年，浙江省运管局下发了《浙江省深化机动车驾驶员培训改革实施方案》（浙运〔2016〕17 号），明确驾驶培训机构要严格按照培训大纲规定的学时和内容进行培训。杭州市公安局、杭州市交通运输局下发了《杭州市机动车驾驶人培训考试制度改革工作要点》（杭公交〔2016〕34 号），明确各驾培机构要严格按照国家培训大纲规定的学时和内容进行培训，强化培训过程管理，严查计时造假行为，维护计时培训设施设备，确保培训质量。

无论是从国家层面还是从省市部门层面，均明确了驾培行业改革的路径和重点，突出了对培训教学大纲的严格贯彻执行，确保培训质量。基于这些改革政策的要求和指导，杭州市以国家《机动车驾驶员计时培训系统平台技术规范》和《机动车驾驶员计时培训系统计时终端技术规范》为标准，紧扣《机动车驾驶培训教学与考试大纲》规定，对现有的机动车驾驶培训计时系统平台及设备进行了全面升级，全面启用了动态人脸识别技术系统，规范培训过程，防止计时造假，确保培训质量和安全。

3. 可行性分析

基于上述驾培行业的发展现状和实际需求，我们需要一种全新的生物识别技术，能有效提高培训身份认证效率,实现实时动态监管培训,进而解决培训中暴露出的各类计时造假问题。而时下正被社会各领域认同并引入应用的人脸识别技术,符合了驾培行业服务与监管的需求。

所谓人脸识别技术,是指基于人的脸部特征,对输入的人脸图像或者视频流,首先判断其是否存在人脸,如果存在人脸,则进一步地给出每个脸的位置、大小和各个主要面部器官的位置信息。依据这些信息,进一步提取每个人脸中所蕴含的身份特征,并将其与已知的人脸进行对比,从而识别每个人脸的身份。主要包含人脸检查、人脸跟踪和人脸比对三部分原理。从全国范围看,因人脸识别技术门槛较高,使用范围相对较小,并未得到广泛应用。但是人脸识别作为生物识别的一种,具有明显的优势:一是系统在无声无息中进行人脸匹配,无须人为刻意配合;二是识别距离远,非接触式识别方式;三是人脸数据模型建立、大数据存储分析,节省了大量的人力、物力。

二、技术研究

1.技术应用

2014 年杭州驾培行业启用了全新的升级版计时培训管理系统,系统示意图如图 1 所示,实现教练带学员练车的全过程视频管理,并具备训练过程中 GPS 定位、电子围栏约束、在线视频监控、图像抓拍及 3G 数据传输等功能。为杜绝学员身份造假、教练离岗、GPS 数据造假,以及私自拆除计时培训管理系统车载终端、调整摄像头朝向或者遮挡摄像头等行为,此次技术应用,主要基于国家《机动车驾驶员计时培训系统平台技术规范》、《机动车驾驶员计时培训系统计时终端技术规范》以及《机动车驾驶培训教学与考试大纲》要求,新增集成了人脸识别技术、加速度传感器和方向传感器技术、视频采集、编码和传输技术、第三代移动通信技术、卫星定位(GPS)技术、GIS 技术、云计算技术等先进技术。

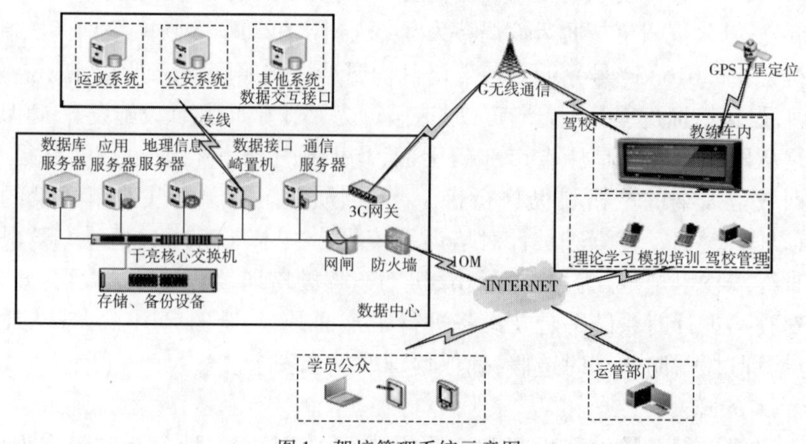

图 1　驾培管理系统示意图

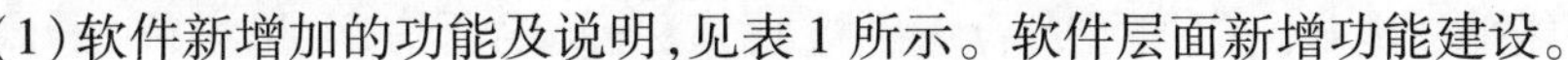

(1)软件新增加的功能及说明,见表1所示。软件层面新增功能建设。

软件新增功能名称及说明 表1

功能模块名称	功能点及说明
人脸识别	
人脸模板采集审核	(1)学员初次模板采集后,上传平台,无需审核; (2)教练员初次模板采集后,上传平台需审核:一是平台集成了人脸识别算法,先进行机器对比审核;二是若机器识别失败,则需平台人工审核。
人脸模板变更审核	培训过程中若人脸模板发生变更的需经驾校和行业管理部门审核。
人脸模板审核状态查询	可查询某学员或教练员的当前审核状态
人脸识别	采集教练员初次模板时,通过人脸识别算法,进行机器自动比对,可达到判断可疑学时等用途。
数据分析	人脸识别技术助力大数据分析,可达到高效判断可疑学时等用途。
定位监控管理	
车辆定位监控	车辆定位、实时跟踪、行车状态、培训状态查询。
车辆轨迹回放	查询时间区间内车辆轨迹。
车辆电子围栏设置	以多边形、圆、点线等方式设置场地、路训围栏,可以按驾校、车辆发布电子围栏。
车辆报警统计	车辆超速、超出围栏报警。
视频监控管理	
实时视频监控	通过3G网络进行实时视音频监控。
历史视频调阅	通过3G网络获取指定时间段的视音频录像。
车辆实时拍照	参数设置实现关键节点拍照、随机拍照、实时拍照等功能。

(2)硬件层面新增技术设备建设。

主要由车载智能平板电脑、车载诊断系统(OBD)、人脸识别摄像机以及对应红外补光灯(1路学员、1路教练)。车内视频监控摄像头,集成在车载智能平板之上,车载硬件结构逻辑示意图如图2所示。

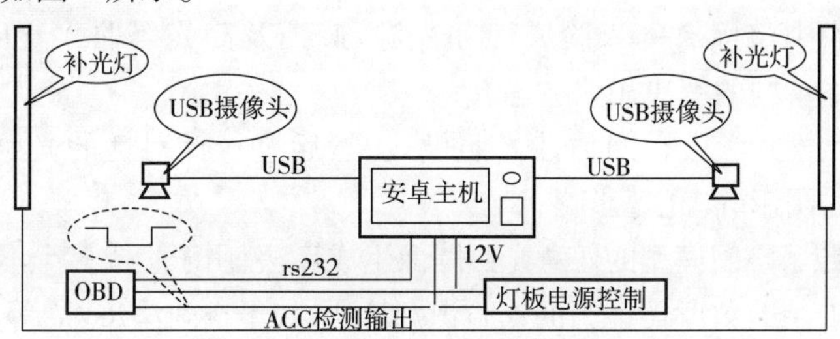

图2 车载硬件结构逻辑示意图

①车载智能平板电脑。集成了人脸识别核心算法、无线通信、卫星定位、摄像等功能，采用彩色液晶触摸屏，使用安卓操作系统，方便扩展第三方应用，具备 IC 卡插槽，支持非接触式 IC 卡读写、语音功能、计时计程计费等功能，其安装示意图如图 3 所示。

图3　车载平板电脑安装简要示意图

②车载诊断系统(OBD)。从 2005 年起我国所销售的车辆须配有 OBD 接口，通过标准的接口仪器可读取车辆相关信息。一是实时获取点火或熄火、转速、车速、里程等车辆状态信息；二是采用先进动态密钥体系，确保设备防拆防移；三是低功耗设计，保护车辆电瓶。

2. 人脸识别算法

(1)研究方法。采用“特征脸方法”，从统计的观点，寻找人脸图像分布的基本元素，即人脸图像样本集协方差矩阵的特征向量，以此近似地表征人脸图像。这些特征向量称为特征脸。特征脸反映了隐含在人脸样本集合内部的信息和人脸的结构关系。将眼睛、面颊、下颌的样本集协方差矩阵的特征向量称为特征眼、特征颌和特征唇，统称特征子脸。计算出测试图像窗口在子脸空间的投影距离，若窗口图像满足阈值比较条件，则判断其为人脸。

(2)关键问题。

①人脸识别中的光照问题。光照变化是影响人脸识别性能的最关键因素，重点研究如何在从人脸图像中将固有的人脸属性和光源、遮挡及高光等非人脸固有属性分离开来。具体考虑两种不同的解决思路：

——利用光照模式参数空间估计光照模式，然后进行针对性的光照补偿，消除非均匀正面光照造成的阴影、高光等影响；

—— 基于光照子空间模型的任意光照图像生成算法，用于生成多个不同光照条件的训练样本，然后利用具有良好学习能力的人脸识别算法，如子空间法，SVM 等方法进行识别。

②人脸识别中的姿态问题。姿态问题涉及头部在三维垂直坐标系中绕三个轴旋转造成的面部变化，其中垂直于图像平面的两个方向的深度旋转会造成面部信息的部分缺

失。有三种解决思路：

——学习并记忆多种姿态特征，其优点是算法与正面人脸识别统一，不需要额外的技术支持，其缺点是存储需求大，姿态泛化能力不能确定，不能用于基于单张照片的人脸识别算法中等。

——基于单张视图生成多角度视图，可以在只能获取用户单张照片的情况下合成该用户的多个学习样本，解决训练样本较少情况下的多姿态人脸识别问题，改善识别性能。

——基于姿态不变特征的方法，采用基于统计的视觉模型，将输入姿态图像校正为正面图像，在统一的姿态空间内作特征的提取和匹配。

三、应用实施

1. 采用红外补光技术，解决补光不足与设备安装不合理问题

采用肉眼不可见的红外补光灯，并与红外摄像头分别安装在车内后视镜及内后视镜支架上，使得红外摄像头与后视镜保持一定距离，从而做到内后视镜调整时，既不会影响安装好的红外摄像头角度，也解决了设备安装可能带来对车内驾驶视线影响的问题。同时，为避开车内安全气囊区域，通过定制支架将培训主机安装在车辆中控区域，达到既便捷又安全的效果，如图 4 所示。

图 4　红外补光设备安装示意图

2. 实时验证身份信息，动态监管培训过程，形成管理数据链

(1) 人脸数据采集存储。教练员在上岗执教前与学员培训前均要接受人脸采集并存储，两者只需在车载摄像头前接受五张照片采集，形成人脸模板，人脸模板采集成功并经驾培平台系统后台审核成功后，自动传输并保存到平台系统，为教练员执教和学员培训签到、签退以及培训过程实时身份验证提供标准模板，如图 5 所示为位置示意图。

图5　人脸数据采集设备安装位置示意图

(2)比对验证身份信息。在教学培训签到或签退时,人脸车载设备根据教练员和学员预留身份信息,从后台自动下载该教练员和学员的人脸模板,并与当前设备实时采集的人脸图像进行比对,比对通过后签到或签退成功,如图6所示。

图6　人脸模板采集示意图

(3)实时抓拍验证信息。在训练及过程中,车载设备实时抓拍教练员和学员的当前图像进行身份验证,验证成功后车载设备不做任何提示并继续计时,验证过程丝毫不干扰学员培训。如果身份无法通过验证的,车载计时设备将在一定时间内提醒并停止计时,如图7所示。

(4)规范摄像头使用。此次车载计时主机的全景摄像头增加了人脸检测功能,使得培训过程不能出现遮挡摄像头或改变摄像头朝向的行为。一旦出现遮挡等行为,计时设备将停止计时,从而保证了主机摄像头采集的培训现场图片和视频真实有效,为事中事后稽查和驾培机构自我管理提供了保障，如图8所示。

(5)车载OBD防拆计时设备。通过设置OBD动态密钥功能实现防拆,提供防拆自销毁功能,一旦拆除或损坏车载计时设备,培训将即刻停止计时,如图9所示。

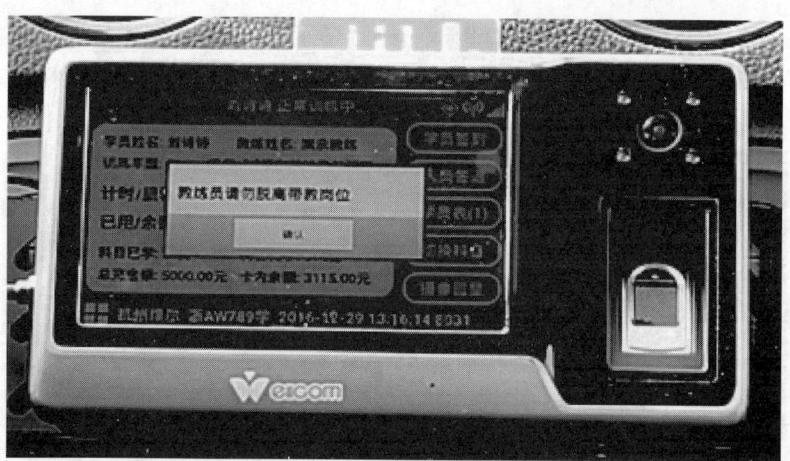

图 7　设备实时抓拍验证示意图

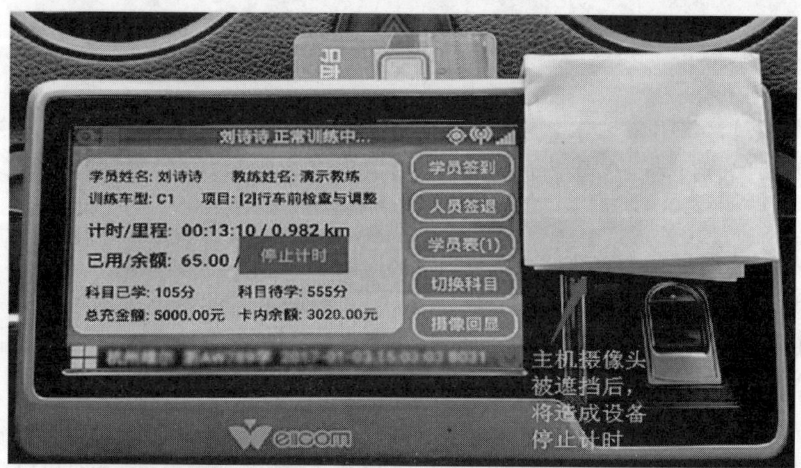

图 8　人脸检测功能示意图

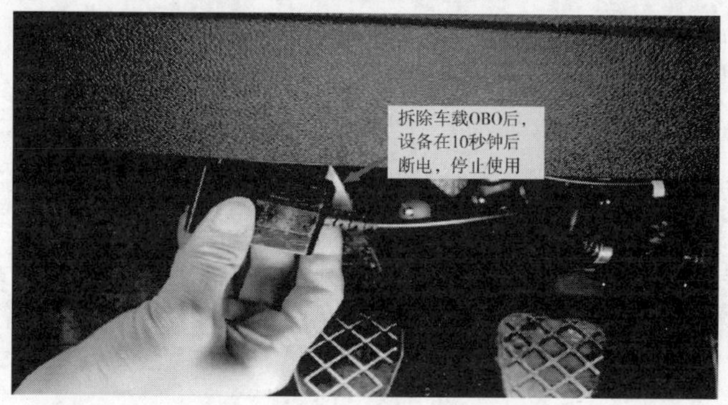

图 9　OBD 防拆计时设备示意图

(6)采用全内置GPS模块。针对伪造GPS数据而破解电子围栏技术的问题,此次采用了全内置GPS模块,提高了对伪造GPS系统数据进行跑马机攻击的防范能力,如图10所示。

图10 内置GPS模块示意图

四、实际成效

从浙江省科技厅专家鉴定意见看,人脸识别系统产品处于国内同类产品领先水平;从去年试点应用到目前全面实施情况看,人脸识别系统应用达到了预期效果,解决了"三大问题":

1. 从源头上解决违规培训问题

解决了"跑马机"计时造假、"串卡"培训、GPS数据造假冲破电子围栏技术、教练员离岗、矛盾纠纷等难点问题,为驾培机构加强自我管理提供了有效手段,确保了国家教学大纲执行到位。

2. 解决非现场执法取证难问题

从场内到场外、从上车到下车,全方位、全过程、全天候动态监控培训过程,迎合了非现场执法需要。

3. 为"先培训后付费"服务模式提供技术保障

为对于如何界定学员拒付费用的临界点提供了视频资料支持。

王剑,现任杭州市机动车服务管理局驾培处副处长,主要从事驾驶培训行业监督管理工作。

预约点单模式下差异化教学的尝试

江苏港城汽车运输集团有限公司机驾人员培训中心　倪盘红

[摘要]　随着驾校传统的学员已成为“消费者”，驾校的服务品质也就越来越受到学员的关注。本文试对预约点单模式下尝试开展差异化教学的探讨，阐述教练员如何发自内心、自觉地做好服务工作。

每一次创新，首先摆在面前的，不是预期的美好收益，而是无法估量的诸多风险。2011 年 11 月，港城驾校推出了阳光 e 驾预约点单驾培新模式，开启了智慧驾培的大门。在如今的驾培行业中，已然形成这样一种趋势，驾校成为驾培服务的提供者，而曾经的学员成了享受这些服务的“消费者”。“阳光 e 驾”是驾培新品牌，作为预约点单模式的领跑者，几经起落，数次面临生死危机，最终脱颖而出，获得巨大成功。这一切原因很简单：学员对智慧驾培优质服务的认可。而在预约点单模式的基础上，阳光 e 驾更是打造出首批金牌教练团队，实施差异化服务。

本文试对预约点单模式下尝试开展差异化教学的原因、意义、如何实施及相关难点进行简单探讨。

一、预约点单模式下尝试开展差异化教学的原因

1. 注重结果而忽视了过程

阳光 e 驾在 6 年的航行中，一直把工作重点放在了提高合格率和抓好规范化服务，但成效并不明显，特别是教练员在服务方面没有太大的改变，学员不满意情况仍会产生。为此，大家寻找问题的症结所在，服务质量没有提高的原因归结起来有两点：一是教练员将提高合格率作为工作的唯一标准，忽视了服务与合格率之间的内在联系；二是驾校的考评体系更加侧重结果，而对过程的控制相对较弱。

2. 企业与员工利益需要得到保障

2016年是“十三五”的初起之年，阳光e驾管理团队们感觉到所处的环境严峻，为了保证企业的利润，保证员工的收入，收费标准不能低。那么如何让学员觉得物有所值，就取决于我们提供的服务品质。所以我们认为，提升服务的关键在于增加教练员的自我提升动力。而将教练员分级，对应不同的收费标准，也就是实施差异化服务，来引导教练员正确处理好教学与服务的关系，促进教练员队伍综合素质不断提升。

在这两点主要原因的驱动下，金牌教练的差异化服务应运而生。

二、预约点单模式下尝试开展差异化教学的意义

我们主要针对驾校、学员与教练员三者，探讨预约点单模式下尝试开展差异化教学服务的意义。

1. 差异化教学对驾校的意义

第一，作为驾培服务的提供者，服务的种类与质量，成为驾校生存发展的重心。传统的驾培模式，提供的服务同质化严重，同时，放任许多教练员的一些不道德行为，导致学员产生诸多不满情绪。阳光e驾预约点单这一模式已优于同行的服务理念，再加上随后又推出的VIP贵宾班，更好地划分了优质服务的层次与价格区间。而打造出一批展现驾校综合服务能力的金牌教练团队，能更好地优化服务细节。第二，金牌教练团队能带来更好的品牌效应，便于今后更好地宣传推广“阳光e驾”这一品牌。一个优秀的知名品牌，会带来很好的口碑与更多的舆论关注，为驾校带来更多生源收益。第三，教练员分级后的差异化教学服务，在提升服务质量的同时，也提高了学时单价，这也为驾校的创收提供了更多的可能。

2. 差异化教学对学员的意义

作为消费者，拥有对不同服务的选择权与对劣质服务的拒绝权，是他们最为关心的事情。一所有较高品牌知名度的驾校，有着不同的服务类型，从低到高覆盖所有消费层次的价格，给予不同层次、不同需求的学员更多的选择机会，这远比只有一个选择更能吸引消费者。物质条件的不断提升，使得许多学员考驾照并不只是为了毕业后的那一张驾照。他们在乎自己是否学到了真正有实用价值的驾驶技能，避免拿证后不敢独自上路或成为马路杀手。他们更在意学习的过程是不是如美容按摩般轻松惬意，而不是像小时候在学校里一般，被老师呼来喝去，还得处处忍让巴结老师。还有人会为了追求拿证的速度、练车与考试排序的优先度，舍得花上比其他学员更多的学费，只为得到最优质的服务与体验。

3. 差异化教学对教练的意义

许多教练员已经从事这项职业许多年，随着驾校发展的起起落落，自己的事业与前

途，与驾校的利益早已密不可分。如何通过驾校，为自己招收更多的生源，获得更多的收入养家糊口，是教练员不变的话题。金牌教练这一制度是挑战与压力，更是教练员自我的提升与机遇。当学员确确实实因优质服务与教学能力而敬重自己时，得到的不只是一时的名誉，从多收取的学费中提取部分奖励教练员，体现优劳多得，这样能给教练员带来最直观的收入增加与更多的生源机会。差异化教学服务是大势所趋。传统驾培模式已很难平衡驾校、教练与学员之间的利益，这就需要有更新颖完善的驾培模式与更优异的差异化服务取而代之。

三、预约点单模式下尝试开展差异化教学的基本方法

1.金牌教练的产生

金牌教练培训收费的初期，我们将试行个人报名、班组推荐与每个分校确定的办法先行启动。目前阳光 e 驾共有 17 名教练加入金牌教练队伍，这些教练员的合格率、满意率与点单率在班组中都比较靠前的。

2.金牌教练的考核制度

采用检查、评分、回访的方式对参与人员进行考核，按照每周、每月对合格率、满意率评价、点单率都进行考核，采用优胜劣汰的方式进行评选。

3.金牌教练的形象打造

作为差异化教学服务的直接提供者，教练员的能力、素质与形象是重中之重。教练员自身拔尖的教学能力必不可少，而从师徒这样传统的思想观念转变为“给消费者提供服务”也是金牌教练培训的重点。教练员着装方面，统一要求西装、领带和手套。主动引导学员如何预约练车，陪同签到签退后缴付学时费，上车前为学员开车门，雨雪等天气时为学员打伞，保证学员练车没有后顾之忧。

4.金牌教练车的要求

在对人员形象提升的同时对车辆也作要求，要对提供差异化服务的教练车张贴醒目标志，能让大家一目了然看到；每一辆车上都会配备纯水，并放在能便于学员自取的地方；车内坐垫套每月要洗换；车辆必须要每日一洗等。

5.学员的学费差异化

目前我们新模式收取学时费只有 VIP 与普通班，以及 C1、C2 的价格区别，教练员的学时基础工资仍是一样的。教练员服务与教学能力的差异未能体现，造成了部分教练员随大流，满足现状，不求上进。在实施差异化服务后，学员所点到的教练如果是教学服务差异化的金牌教练，那么该学员支付的每小时学费将比其他学员多 10 元。多收的学费中，提取部分奖励教练员，体现优劳多得。

四、预约点单模式下尝试开展差异化教学的难点与解决方法

1. 部分教练对金牌教练的模式有所顾虑

担心更高的课时费用会影响生源与预约率,出现一部分优秀教练员主动放弃加入金牌教练队伍。差异化教学是一把双刃剑,给教练带来荣誉、预约率和收入的同时,也可能因为学时价格较高等原因,反而影响教练员的生源和收入。

解决方法:为金牌教练员提供额外的培训、专业化的包装,以及宣传的平台。我们尊重教练的每一个决定,将主动权交给教练员。

2. 学员一时无法接受更高的学车费用

许多学员的想法更现实,他们希望用最低的学费考到驾照,而差异化的服务对于他们可有可无。

解决方法:有针对性地引导学员尝试金牌教练的教学服务。安排金牌教练员带考,让学员有机会体验到金牌教练的服务;推出金牌教练员理论公开课,帮助教练员圈粉;推出考前强化课,由金牌教练员担任教练,满足学员的需求。

五、结语

目前阳光 e 驾参与差异化服务的金牌教练占教练员总数的 16%,至今累计点单学时 55755 个,占总点单学时的 20%;学员满意率 100%,可见初有成效。与此同时,为提供学员学车更多更优的选择,阳光 e 驾加快了品牌服务基础建设:一方面通过金牌教练综合素质培养,金牌教练竞选机制,带动整体教练教学服务水平提高,从而做好阳光 e 驾基础服务建设,提升品牌形象;另一方面通过差异化培训推广,满足个性化学员学车需求,从而在营收方面有所增长。

结论一:学员的需求存在差异。学员由于观念、经济基础、环境的影响,对于学车品质的标准是不一样的,需要驾校开发多种服务产品予以满足。

结论二:学员对于学车价格的抱怨,根源并不是价格高了,而是因为驾校提供的服务不是他所选择的,或者说不是他所需要的。

综上所述,差异化培训——金牌教练模式,能充分调动了优秀教练员工作积极性,从而实现提升教练员队伍整体服务意识,促进团队建设,满足学员个性化多样化需求、增加总体营收的目标。虽然我们取得了一些成效,但提升驾校教学质量、服务质量、严抓品牌建设、提高学员满意度、抵御市场竞争,仍是一项需长期坚持的战役,我们还存在许多不足之处,在下一步工作中仍需要下大力气进行探索和落实。下一步,阳光 e 驾将在现有金牌教练考核机制的基础上,优化机制、严格考核、从优挑选,进一步拉开金牌教练与普

通教练员的差距,从而切实提高教学质量,提升学员满意率,促进驾校工作的不断进步,为学员带来更优质的服务。

倪盘红,女,37 岁,大学本科学历,毕业于北京航空航天大学行政管理专业,2003 年至 2013 年,就职于张家港港城公交,2013 年至今,就职于江苏港城汽车运输集团有限公司机驾人员培训中心,任杨舍片区经理。

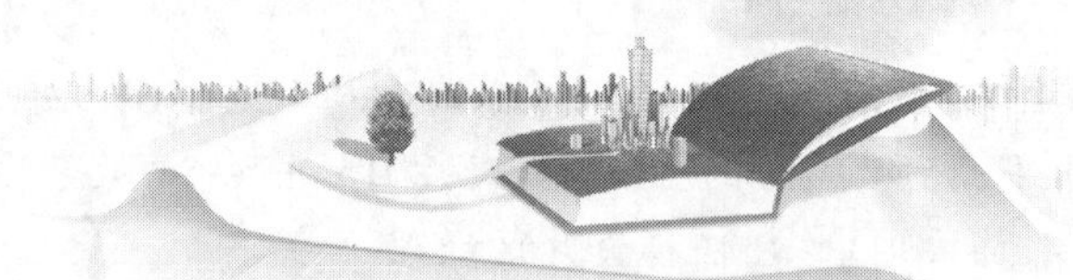

不忘初心　继续前行　牢记驾培使命

——对机动车驾驶员培训考试制度改革的思考

云南大学机动车驾驶员培训学校　高继红

《华严经》说："不忘初心，方得始终"，意思是做任何事情，只有不忘记自己的本心和信念，才能有始有终地完成梦想，获得持续成功。对机动车驾驶培训行业来说，特别是2017年的驾培改革，同样具有指导意义。因为有人说2017年是驾培行业竞争最惨烈、经营最悲催的一年，而我的理解是驾培经济平衡增长的大趋势没有变，培养学员安全意识、培训学员驾驶技能、筑牢道路交通安全防线的初衷没有变。诸如生源锐减、滥价招生、偷减学时，甚至联合、兼并、重组等，只是培训考试制度改革引发的阶段性阵痛，或者说是驾培经济增长的转型换挡，迈过这一门槛，就能打造出更多、更加优质高效的"变形金刚"来。所以，"心若在，梦就在"，相信驾培市场一定能够健康、有序、科学地发展。

一、对驾培市场的走势分析

1. 良好的经济环境

总的来看，驾培行业的发展与我国经济发展的趋势保持一致。经济形势越好，对机动车驾驶员培训行业的需求就越旺盛。党的十八大提出，国内生产总值和城乡居民收入2020年要比2010年翻一番，预见未来4年经济还要保持较高的增长，决定了驾培消费需求持续增长，驾培行业可持续发展。驾培市场在经历短期波动后，必将朝着回升向好的方向发展，2017年预测新增汽车驾驶人将近3000万人。

2. 庞大的学车群体

截至2015年底，全国机动车保有量达到2.79亿辆，其中汽车1.72亿辆；机动车驾驶人3.27亿人，其中汽车驾驶人超过2.8亿人。从目前德国、日本、美国等国家的驾驶证持证人口比例占到全民的70%来看,我国目前驾驶证持证人数只占到总人口的23%,仍有很大发展空间即还将有5亿人成为潜在的学车客户,则驾培行业生命周期至少在10年以上,我们可以做两个五年规划,特别要做好第一个五年规划。

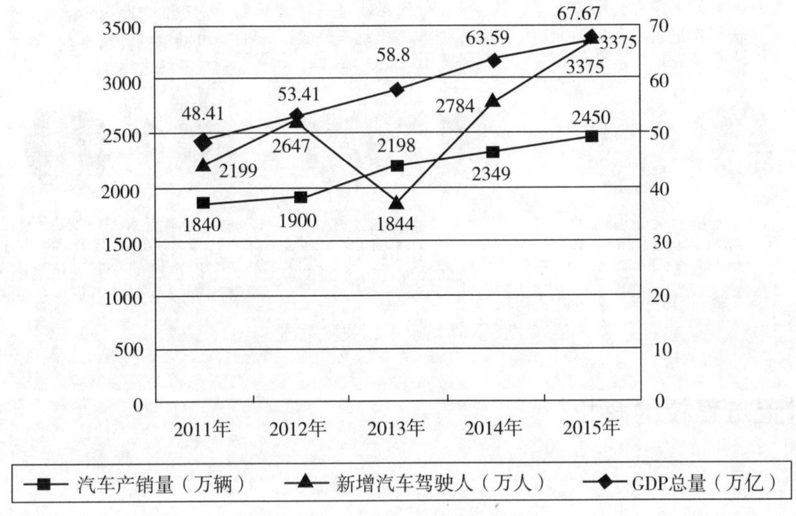

图1　学车链相关指标走势图

注:数据来源于《中国统计年鉴》和《中国交通年鉴》

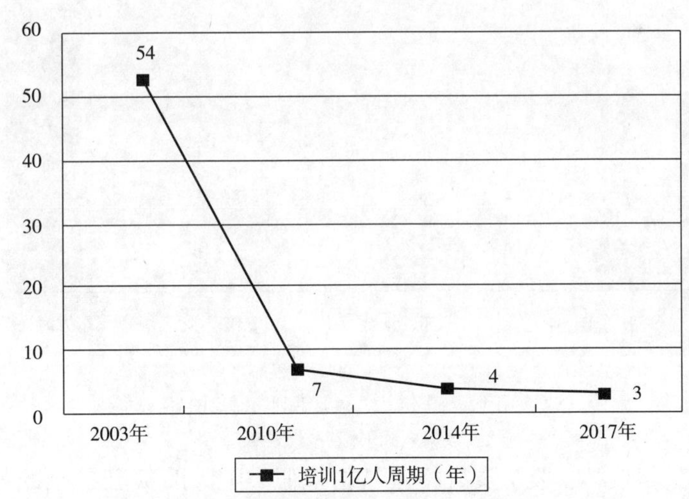

图2　新增1亿驾驶人周期对比图

注:数据来源于公安部交管局

3. 完善的考训新政

“两年一小变,五年一大变”是机动车驾驶培训考试制度改革的真实写照,特别是2015年11月国务院办公厅转发《关于推进机动车驾驶人培训考试制度改革的意见》后,公安部、交通运输部等相关部门出台了一系列驾驶人培训考试改革的新举措,可以说是政策配套了、任务明确了、形式多样了,但也意味着竞争激烈了。所以,明天很美好,后天更美好,但今天晚上注定是个不眠夜!

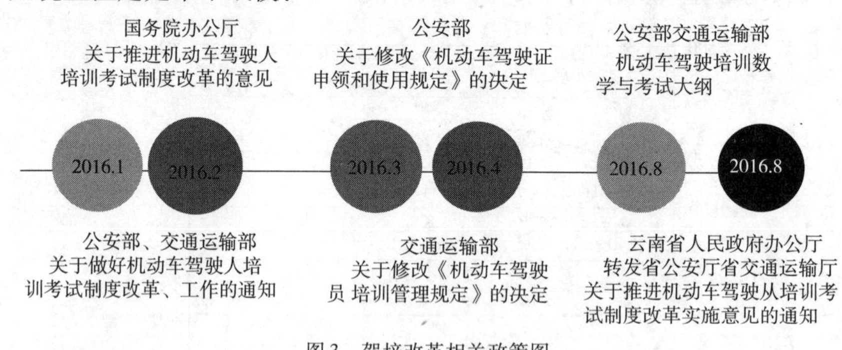

图3　驾培改革相关政策图

二、对上市驾校的解析

案例1:A股上市驾校——东方时尚(603377)

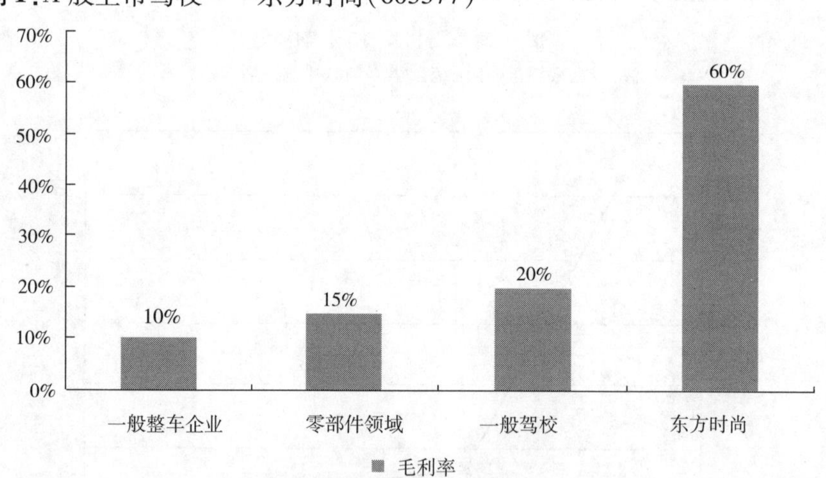

图4　汽车链相关企业毛利率对比图

注:数据来源于《驾校经营管理》

据媒体报道《驾校第一股学员合格率被指造假》中指出:疯狂扩张的背景下,训练场地有限、教学线路拥堵、交通事故频发、教练员工作严重超时等问题如影随形。可以说,在场地有限的条件下,学员扩张已达上限,主要依赖学员学费的利润增长已达瓶颈。随着驾培市场的不断变化和东方时尚战线的不断拉长及管理团队精力分散,规模优势已逐渐丧失,业绩下滑的拐点成为无法回避的现实问题。

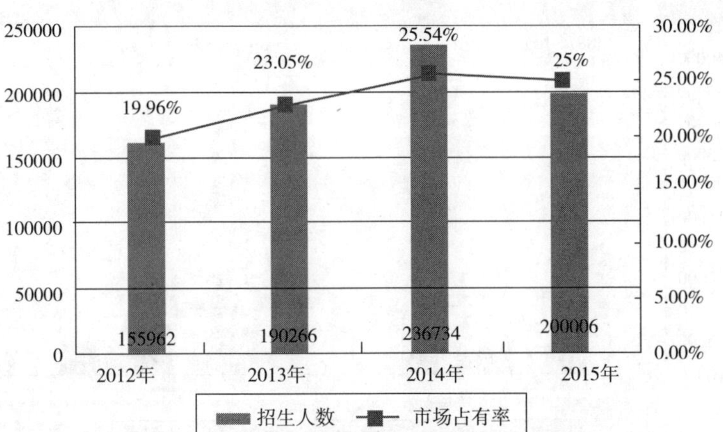

图5　东方时尚驾校培训情况

注：数据来源于东方时尚年报

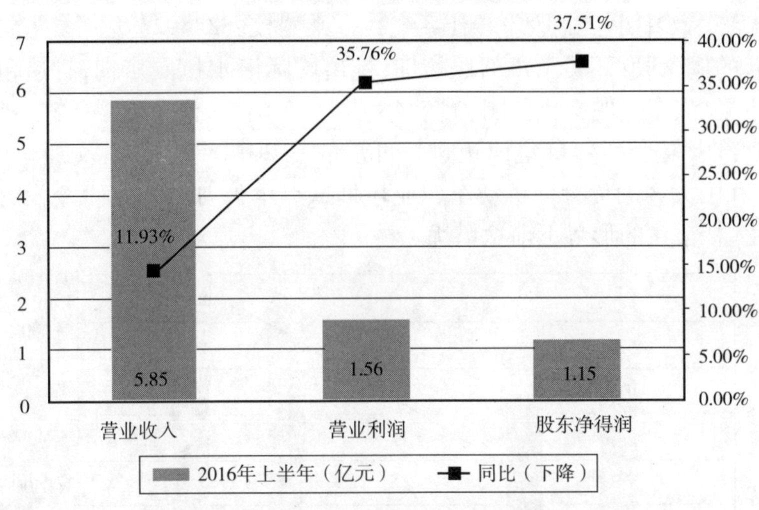

图6　东方时尚驾校经营情况

注：数据来源于东方时尚年报

为什么东方时尚在北京的模式是成功的，但走出去后，在昆明和石家庄的复制却遭遇“水土不服”现象？其实，2004 年《道路交通安全法》实施以来，北京和天津一直没有按归属权进行培训与考试分离，更没有任何约束政策，从交通管理部门的资格管理权属中，可以找到解释。这也就是当贵州教练车还在为安装公安和交通设备争得不亦乐乎，以及上海驾校因指标受限导致学费上万元的时候，而北京却生源满溢、日进万斗、一片和谐、繁荣景象。相信正在筹建中的湖北、重庆、江西等地的东方时尚建设也将任重而道远。

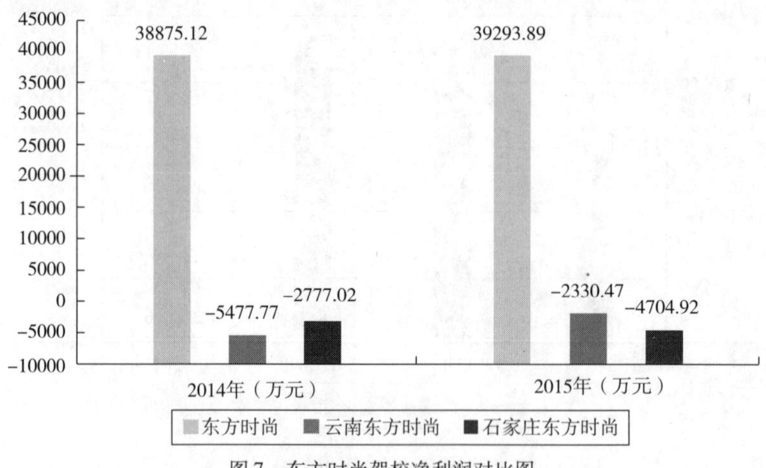

图 7　东方时尚驾校净利润对比图

注:数据来源于东方时尚年报

案例 2:新三板(中小企业股份转让系统):一乘驾校(834592)

风生水起的概念股:开展飞机驾照培训,推出国际潜水执照培训,打造包含赛车场、二手车交易市场、汽车主题文化公园、汽车 4S 店、汽车消费、汽车金融等在内的上下游产业链,朝着综合性、复合型驾培集团迈进。可惜的是 2012 年便拥有交通运输部授予的"中华人民共和国大客大货特种机动车职业培训试点单位"的牌子,至今没有启动,在小车培训同质化、社会化的形势下前途堪忧。

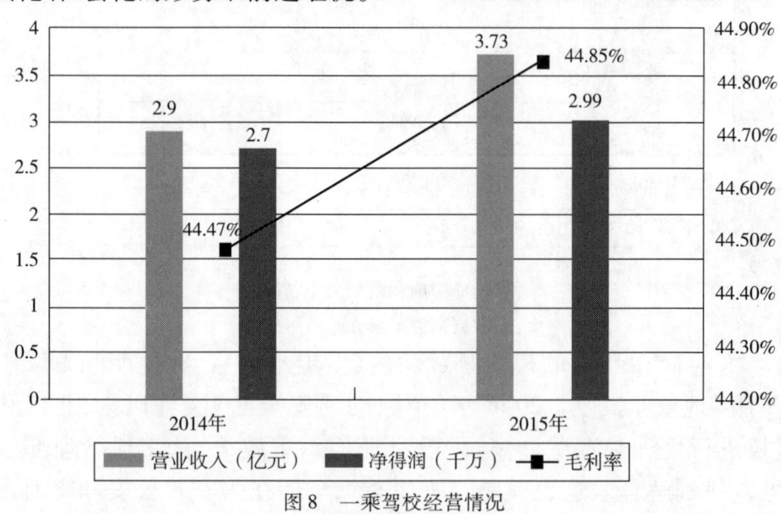

图 8　一乘驾校经营情况

注:数据来源于一乘驾校年报

农村包围城市的布局:一个基地加 18 个分校,用城市交通网和校车班线,形成点线结合的驾培网络,并有效地覆盖全市,方便学员就近就便学车。和云南交通职业技术学院开展校企合作,建实训基地;和昆明理工大学开展校企合作,建考训基地;和全省各地州国资驾校和考点强强合作，建分校分点等策略，应该说经营是成功的，但是，星星之火能否形成燎原之势，还有待时日。

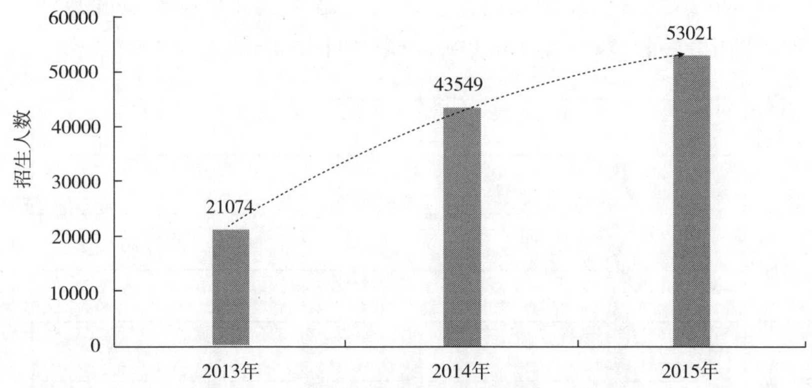

图9　一乘驾校招生情况

注：数据来源于一乘驾校年报

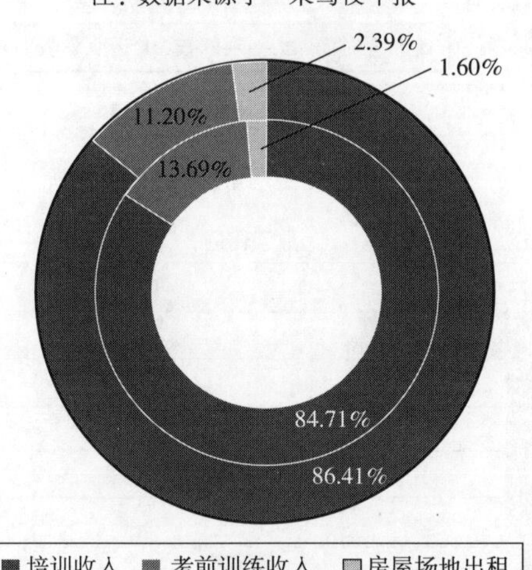

图10　一乘驾校收入情况

注：数据来源于一乘驾校年报

打造核心竞争力：符合国家标准的有资质的机动车驾驶培训机构属于资本密集型、土地密集型、人力密集型的重资产行业，要想轻装上阵，首先要提高单车的培训水准和利润水平，否则就已经输在起跑线了；其次要提高教学质量和教学水平，否则就是无水之鱼，再有政府支持和考场优势，也改变不了命运。所以，一乘驾校要想做到“云南最好，中国最优”的目标，还需加倍努力。

案例3：上海荣安驾校挂牌上海股权托管交易中心科技创新板（300035），在驾培过程中，采用多种高科技技术，如北斗星导航差分定位技术、生物虚拟仿真技术、多种物联网

感知技术等,下一步将围绕“云驾校”管理这一主业,综合延伸汽车消费服务的商业模式。

浏阳市工业驾校挂牌湖南股交所 Q 板(300318),走入资本市场,拟提升企业管理能力,加速企业规模化、规范化、品牌化运作。还有就是经遵义市国资委同意成立的遵义驾培集团,占地 1000 亩,拥有教练车 1500 辆,争取 5 年后上市。

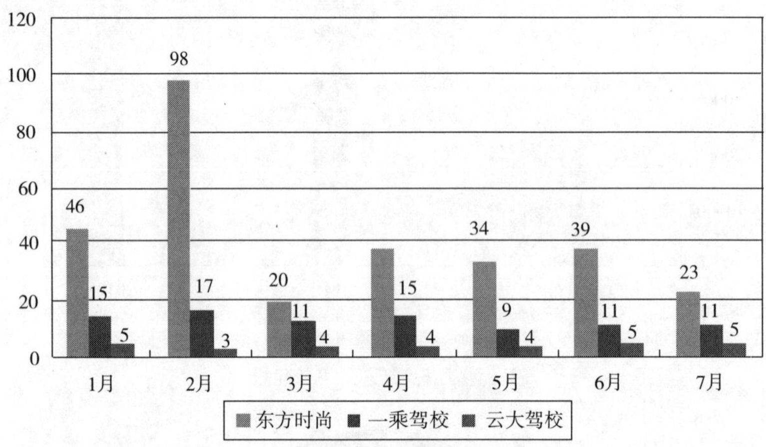

图 11　昆明部分驾校质量排行榜

注:数据来源于昆明市交警支队车管所

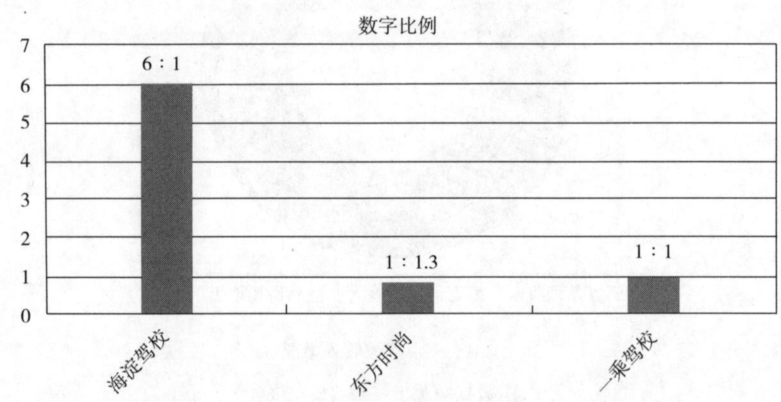

图 12　典型驾校面积与规模比对图

注:数据来源于驾校官网

衷心祝愿这些企业通过资本市场,在股票发行及上市后,能宣传先进经营理念,倡导优秀教学模式,实现跨越式发展,带动提高驾驶培训行业的整体品质,最终促进行业更加健康、有序发展,而不只是享受一场财富盛宴。

三、对“互联网＋驾校”的对行业的影响

(1)广州的猪兼强模式:通过收购、并购等方式把传统驾校收入囊中,即在控制驾校之后,再回购教练车,再聘请教练员,从而实现驾校、训练场、教练员、教练车四位一体的“非挂靠、全直营”模式。从法律意义来看,其不是驾校,但旗下却拥有很多驾校,加入其后,统一归其管控。在广州拥有16个训练场,总计18万平方米;在武汉拥有4个训练场,总计2万平方米。在广州市场投入超过1亿广告费用,建立了超过200人的地面营销推广队伍,在广州市场基本算是取得初步的成功。但有教练员成立了反猪大联盟,专门抵制猪兼强。

(2)杭州的1217驾驶学院:旨在倡导驾培行业标准、引领行业改革,主要为年轻人提供全新的快乐学车体验,获得著名风投基金战略投资。目前已落地全国20个城市,拥有258处标准化训练场和1365名教练。下一步将继续扩张各级城市,加大对教学资源、产品研发、业务创新和人才储备的投入力度,在线上和线下教学两个领域进一步扩大独特优势,发展方向是做互联网驾校品牌。

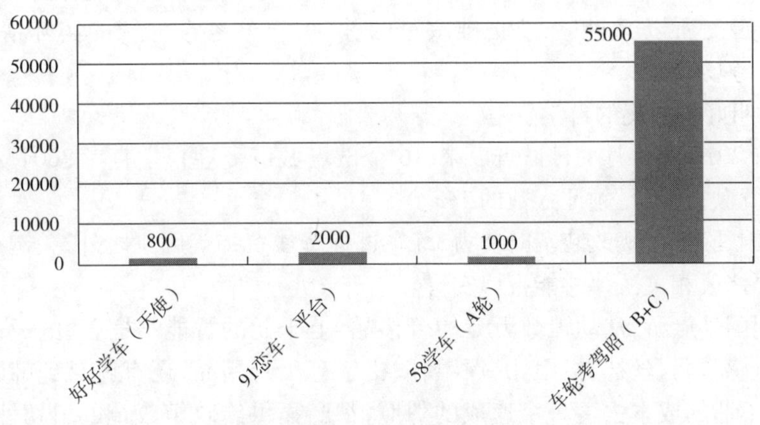

图13　部分互联网学车平台融资情况(万元)

注:数据来源于IT桔子

(3)深圳的91恋车模式:有点类似滴滴打车(通过平台发布需求,让教练抢单),设计了从开始的“一元试学”,到学车过程全程监管,再到引入考评机制等一套完备的服务链条,保证学员的利益,消除学车过程中的陷阱。在融资两千万后,拿出其中500万元来补贴学员,之后又在全国范围推广学车送礼活动等,可以说,目前基本上是在烧钱,但是,却拥有一批忠实用户,平台价值将不可估量。

(4)其他:北京的驾考宝典,是由雷军小米科技投资的APP,是互联网第一个做驾考的产品,目前用户规模达2.5亿。上海的车轮考驾照,覆盖102个城市,与974所驾校展

开合作,帮助超过5000万学员顺利拿到驾照,用户数近2亿。北京的58学车,全资收购驾考平台驾校一点通,着力完善围绕车主在汽车O2O全链条,高调进军8个城市的同时,却悄然退出天津、成都和重庆3个重要市场,退出原因尚不明确,但资本寒冬无疑正在对互联网驾校产生致命作用力。

四、大乱方有大治

乱象1:走向迷途的社会考场

案例:陕西省西安市的咸阳市有32家驾校,一千多家分校,都能学考驾照,私家车也能学,下线车也行,不用打卡,随时报考,40天就能毕业;更可怕的是,大小考场50家,满足各种学员需求考试,外地学员泛滥,学费低于1800元的大有人在。在全国,目前已新增社会考场438个,县级考点250个,专、兼职考试员5407人。

观点:从理论上讲,驾校办考场是一条龙服务,有利于资源整合,产生聚合效应;从结构上说,从报名、学车、考试到领证的一站式便民利民模式值得推广,只是希望考场建设不要像驾校一样"一管就死、一放就乱",毕竟,这些都是社会资源,决不允许浪费和损害。所以,驾校人要把准政策的脉搏,充分考虑地域的实际情况,不要盲目投资建设考场。

乱象2:叫好不叫座的自学直考

案例:自2016年4月1日试点以来,16个试点城市受理自学直考3604人,其中391人已考领了驾驶,还不足领证人数的1%。

究其原因,除了车辆改装费时费力、练车过程费钱费神等因素之外,关键是与现行法律相悖,需要修改相关法律才能推广实行。

观点:到国外旅游,从动辄数万元的奢侈品、上千元的智能马桶盖、电饭煲等高端耐用品,到儿童感冒药、丝袜、指甲钳、保温杯、铅笔等小日用品,还有就是到韩国、缅甸、西班牙等花费不菲的成本去学一个速成的驾照,都凸显供给政策改革的迫切性。所以说,到驾校学习驾驶仍然是不可取代的,是培训的主流,驾校要有信心,因为驾培市场不是全面产能过剩,而只是落后产能过剩。

乱象3:无所适从的驾培企业

从交通运输管理部门发布的机动车驾驶员培训市场预警公告称:该地培训能力充足而生源下降、整个市场供给过剩、驾校投资成本较高、投资回报率逐步降低的情况下,建议新办驾校和新增规模应谨慎评估,慎重决策,切忌盲目投资。所以说,全国驾培市场的差异化程度和行业管理部门的差别化水平都是很大的,发挥行业协会的作用无疑是一条必由之路。行业协会和驾校真应该保持清醒的头脑和良好的发展态势,免得拖了行业后腿。

乱象4:如何执行新教学大纲

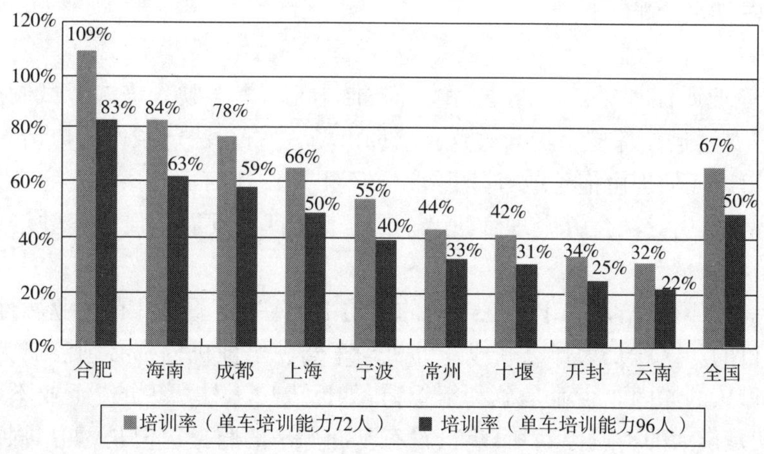

图14　部分城市培训率对比图

注:数据来源于中道协驾工委的驾培市场投资风险预警通告

案例:李某自制学时造假软件卖给江苏泰州、盐城两地共49家驾校,涉及15000余名学员。2015年4月22日,泰州医药高新区检察院以李某涉嫌破坏计算机信息系统罪向法院提起公诉,判处六年零六个月,并追缴违法所得77.3万元。李某不服上诉,泰州中级人民法院于2016年4月作出终审判决,驳回上诉,维持原判。

观点:由于培训和考试没有形成有效衔接,《大纲》是废纸,学时是累赘,培训记录和教学日志是麻烦,造成了不按《大纲》教学也能通过考试的事实。很多驾校为追求利益最大化进行应试教学,赤裸裸地进行学时造假,降低培训成本,在竞争中取得价格优势。而坚持按照《大纲》进行教学,培训成本高、培训周期长,不可避免地给学员造成"学费高、拿证慢"的印象。长此以往,驾校将不复存在。

乱象5:与改革不适的营改增问题

案例:今年以来,湖南省娄底市税务系统梳理涉税信息(和车管所、运管所比对驾校结业学员人数及具体信息),共清理驾校57所,核实发证数量147513个,核实应缴税款8643543.1元,当前已入库6788359.5元。而贵州省税务部门约谈18家驾校法人代表,通报了审计部门对驾培行业征补税的要求(按物价部门核定的每名学员3500元的收费价格补税,此前驾校实收挂靠费不足千元)。

观点:营改增前,驾培机构普遍按营业额3%缴税;营改增后,若按6%缴纳增值税,税负明显加大,显然违背了营改增改革减轻企业负担的这一基本要义。因为驾校的训练场地、教练车辆和教学设施设备几乎都是一次性投入完成,运营成本可抵扣的部分不多,会加大税负。目前山西、四川等地税务部门业已明确批复驾培机构按非学历教育服务3%征收率计税,而合肥等地的营收在500万元以下的中小驾校也有按3%缴纳增值税的成功先例。

五、不忘初心、继续前行

概念 1. 企业属性:在国务院办公厅《关于推进机动车驾驶人培训考试制度改革的意见》中,要求“交通运输部进一步开放驾驶培训市场,对符合法定条件的申请人,道路运输管理机构不得以任何理由拖延或者禁止准入,不得增设任何额外条件。定期发布驾驶培训市场供求信息,引导社会资金理性进入,推动市场良性发展。强化驾驶培训机构主体责任,确保培训质量”。

释义:机动车驾驶培训属于第三产业的流通部门,决定了其具有企业属性,简单说就是以盈利为目的。这就是为什么新成立的机动车驾驶培训机构都必须注册为公司,否则无法通过预审核的原因。企业是盈利组织,正如巨人史玉柱所说的“企业不盈利就是在危害社会,就是最大的不道德”,所以说,没有利润哪来的服务。但是,如果谋取的是暴利的话,对社会就会有百害而无一利。

概念 2. 教育属性:在国务院办公厅《关于推进机动车驾驶人培训考试制度改革的意见》中,要求“交通运输部、教育部、公安部、人力资源社会保障部负责实行驾驶人分类教育培训:推行大型客货车专业化驾驶培训,试点开展大型客货车驾驶人职业教育,优化小型汽车驾驶人培训方式,将先进的驾驶理念和驾驶技能纳入教育培训内容,满足个性化、差异化培训需求”。

释义:机动车驾驶培训属于第三产业的服务部门,决定其具有教育属性,简单说就是以“教车育人”为宗旨,这就是说机动车驾驶培训机构都喜欢称自己为“驾校”的原因。其实用“教得好是行善积德,教得不好是祸国殃民”这句话形容更为恰当,因为,驾校在服务别人的同时,也在改变着自己。所以说,没有服务哪来的利润。

概念 3. 社会属性:“教育产业化”是过去使用频率很高,几近乱收费的代名词。教育部一再指出“中国政府从来没有提出教育要产业化”,“教育部历来坚决反对教育产业化,教育要是产业化了,就毁掉教育事业了”等论断。但老百姓一边在想办法找关系承受着优质教育资源带来的高收费和乱收费,一边在痛苦而无奈地承认着“毕业就失业”和“知识无法命运”的结果。

释义:驾培的市场化或社会化,从实行分类培训到试点自学自考,从取消教练员从业资格证到行业协会尝试教练服务证,从 76 学时的计时培训到增加 300 公里的计程培训,从一费制包干承诺到先学后付、计时收费模式服务合同等措施的顺利推进,到 2018 年,政府的宏观调控、协会的自律服务和驾校的主体资格作用将越来越明显。将基本解决培训考试中的不便利、不规范、不经济等问题。

雄厚的资本会来,价格战会来,产能过剩会来,营改增会来,强者会来,该来的一定会来。驾培市场从之前的蓝海逆转到了红海,可以说,这是驾校发展战略转型的分水岭,是新一轮洗牌的开始。看起来是在洗牌，实际上是在洗脑，淘汰了不学习、不成长，不脚踏实地、投机钻营的。相信市场不能保证让每个驾校都能持久赚到钱，但成熟规范市场一定会让那些既有责任、又会经营的驾校有更大生存空间。

"雄关漫道真如铁，而今迈步从头越"，希望驾校有锲而不舍的精神，不为风雨所惧，不被干扰所惑，不忘起步时的梦想和信念，尽染铅华仍然恪守与坚持，学会责任与担当，在为国家和社会交通文明进步、道路安全生产和社会和谐稳定而努力奋斗过程中，不忘初心，继续前行，实现自己的梦想与价值。

高继红，男，1970年9月出生，云南大理人，白族，中共党员，西安公路学院交通运输管理专业、云南大学企业管理专业毕业，在职研究生学历，管理学硕士学位。现任云南省驾培协会秘书长，云南大学机动车驾驶员培训学校校长。

1992年7月至2001年6月：昆安驾校历任业务员、理论教练员、教务主任、副校长、校长等职。

2006年3月至2007年12月：港鑫驾校校长。

2006年10月至2007年6月：人和驾校校长。

2012年12月至2013年6月：一乘驾校教学副校长。

2001年7月至今：云南大学驾校校长。

2015年5月至今：云南省驾培协会秘书长。

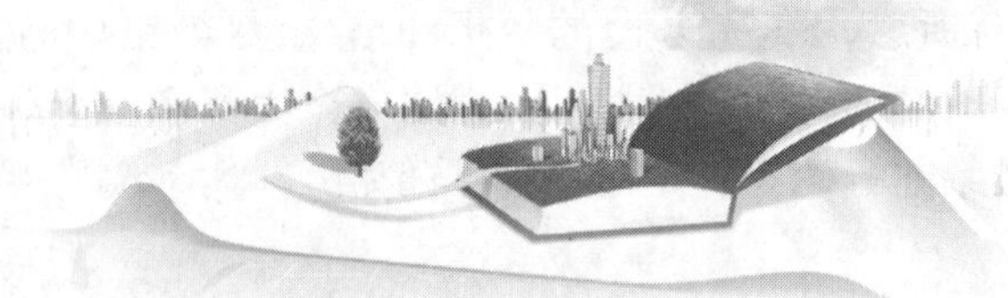

驾驶理论素质教学的尝试

永康市驾驶员理论培训中心　丁锦明　李　超

[摘要]　本文是驾驶员理论集中培训阶段进行素质教学的一次尝试，主要通过以学员为中心设计培训服务流程，以“教学目标”为导向，整合部分课程内容，分别组合成二级和三级教学模块，通过模块化等教学方式，尽可能把驾驶理论“落地生根”，成为驾驶员自觉遵守的驾驶行为，把素质教学落在实处。

引言

长期以来，在我国机动车驾驶员培训教学领域，“重实操轻理论”的观念依然根深蒂固，“应试教学”大行其道，理论教学社会认可度还比较低，各地驾校的理论培训效果参差不齐。因此，要贯彻落实《机动车驾驶培训教学与考试大纲》，承担起与汽车社会相适应的、有一定的汽车文化和较高驾驶素质的合格驾驶员，任重而道远。近几年，驾驶培训进行了一系列改革，各地驾校也涌现出许多的驾培创新典型，我们在学习兄弟驾校先进经验的基础上，就如何提高理论培训效果，确保理论学时的真实有效，克服“应试教学”，推行“素质教学”进行了尝试，构建了有一定特色的驾驶理论培训体系，取得了一定的效果。

一、以学员为中心 设计理论培训流程

1. 设计了临时预约、先听课后补学时和夜班培训三项制度

从驾驶员理论培训中心建立之初，我们在《机动车驾驶培训与考试大纲》和培训管理系统的框架下，充分考虑成人培训的特点，在确保学时真实有效的前提下，简化预约流程，最大限度方便学员，为此我们专门设计了临时预约、先听课后补学时和夜班培训三项培训制度（见图1）。并要求每位任课教练在开课前认真宣讲《学员培训须知》，把麻烦留

给自己,方便让给学员。提出了“给自己麻烦一分,让学员方便二分”的服务理念。

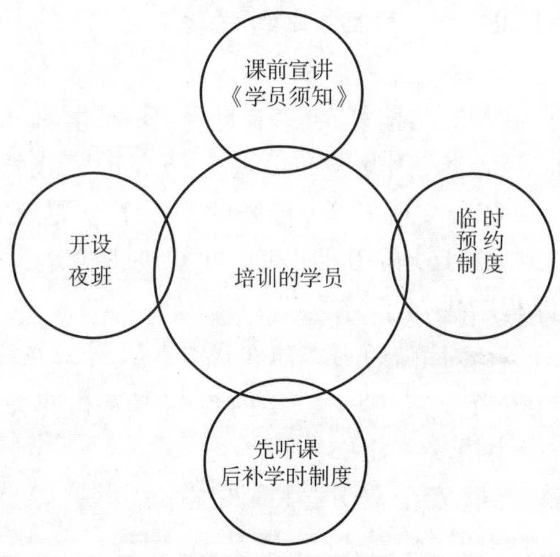

图1　理论培训制度

2. 窗口服务规范化、刷卡(签到签退)工作标准化

窗口是驾校的第一印象,每天学时签到签退工作量大,责任重,还存在大量的单一重复性操作。为此,我们制定了《窗口服务规范》和《刷卡操作工作标准化》手册,从到岗时间、预备、学员考勤、签到签退等可量化环节提出了标准化工作要求,关键岗位还安装了视频监控。提高了工作效率,减少了刷卡失误,近三年来,窗口服务实现了“零投诉”,为理论培训中心赢得了良好的社会声誉,也得到了管理部门和驾校的肯定。

3. 学时考勤“双岗双责制”,确保学时真实有效

确保培训学时的真实有效是素质教学的基础,如果学时做假,那么素质教学就无从谈起。

为了严格学时管理,我们对理论培训考勤实行“双岗双责”制,即:学时窗口签到签退之外,任课的理论教练员还要进行课间的点名。考勤缺课名单进行“二次确认”,确认之后由任课教练员签字,然后通过窗口再次核实,才能进入“黑名单”补课。这样既减少了工作失误给学员带来的不便,又保证了培训学时的真实有效。

4. 建立学员回访制度和驾校校长听课制度

除了通常的电话回访,我们还开展问卷调查评选“你最喜欢的教练员”活动,主动接受学员评价,并把核实之后的评价结果作为年度考核指标,形成激励机制,鼓励教练员努力提高业务水平,全心全意为学员服务。

我们还不定期邀请驾校校长前来培训中心指导、听课,倾听校长们的教学意见和建议,自我加压、自我完善,目的是为了更好地为驾校服务。

二、以教学目标为导向，构建模块化教学体系

驾驶理论培训对象有着人员结构复杂、基础水平不一、学习能力差异大、师生相处时间短、“因材施教”难度大等特点。因此要在短短的16学时完成驾驶理论学习、并具备敬畏法律之心、守规则意识和安全文明素养，传统的应试教学是无法做到的，必须转变观念，创新教学方式才能实现。2016年10月，我们在驾驶理论培训过程中引入“模块化教学”法，在部分教练员和课程中进行了“试点”。

1. 把主课程相似度高，兼容性强的内容组合成二级或者三级模块

将主干课程内容进行适当分类，减少教学内容的重复和冲突，以实现教学目标为导向，组合成为二级或者三级小模块。比如：

(1)将“通行规则”整合到《安全文明驾驶》课程中；

(2)“机动车登记、检验与保险”融入《车辆基础》课程；

(3)把“车辆结构与行驶原理”“驾驶操纵机构”与科目二、科目三考试常见失误结合。

2. 各模块之间关联度密切的小模块可以灵活组合运用

在教学过程中，各小模块之间也可以根据教学需要灵活组合运用，例如，《车辆知识》课程中的离合器工作原理与车辆行驶原理（行驶阻力与离合器踏板的配合）可以串并讲授。《法律法规》中的限速规定与《车辆知识》机动车制动性能、操作稳定性之间的关系也可以组合讲解，加深学员对相关知识的理解和掌握。以下是一些可供参考的教学案例：

教学案例1：雨天，我们及时将雨天驾驶相关模块提前展开，提问“路上有没有被汽车溅到过泥水？”通过学员的切身感受，比较理想地掌握了“减速慢行，礼让行人”的理念，培养了学员文明素养。结合雨天通行规则、视线、车轮附着系数变化、水滑现象培养学员安全意识。

教学案例2：“漫水路、漫水桥行驶”（见图2）。我们专门到汽修厂收集涉水车故障素材进行备课。从车辆结构（底盘低密封性好），分析盲目通行轿车可能会变成“一艘船”漂走的后果；从发动机进水损坏、结合保险理赔知识回答“水中熄火不得盲目启动”。把事先停车观察，了解水情→确认安全低速通过→离开漫水路、漫水桥的间断轻踩制动，用一条线贯穿二级模块多个知识点，把驾驶安全理论和经济损失紧密联系，实现了理论知识的落地生根，学员把记“理论”应考，转变成为自觉遵守的驾驶行为，学以致用正是素质教学的初衷。

我们认为，模块化教学可以较好满足学员个性化、多样化需求，学员有充分的选择权，甚至可以实现菜单式消费，比较适应未来驾培改革发展方向。

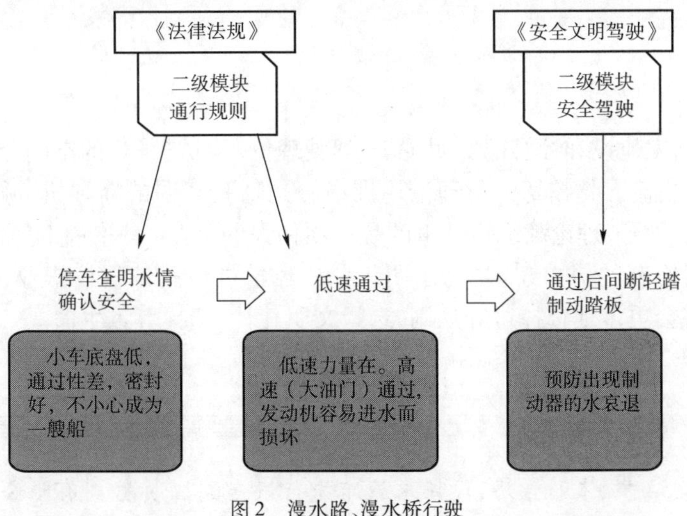

图2　漫水路、漫水桥行驶

三、课堂讲授与自学相结合，理论培训与实车学习相结合

驾驶理论专业性强，内容丰富，课堂培训时间有限。我们把涉及守法意识、驾驶安全、文明驾驶的重点、难点内容在课堂讲清讲透，而内容比较简单易懂，通过网络、教材自学能够掌握的部分，只进行方法上的指导，提高课堂教学效率。

例如，永康市的汽车普及率较高，我们就将汽车操纵机构与开关按钮、仪表、指示灯、报警灯、照明信号组成三级模块，课堂重点介绍操纵机构原理，掌握车辆故障报警信号，其他内容以布置作业的形式，鼓励学员在实车上对照自学。

四、模拟情境教学

随着现代交通管理中“电子警察”的普及，以往的“马路警察”手势信号在日常生活中越来越少见，“交通警察手势信号”成为教学的难点之一。如果仅仅通过“交通警察手势信号”视频教学和简单讲解，学员即使记住了交通警察手势信号的“名称”，理论考试能够“蒙”对，然而，一旦到了实际道路上，往往并不能正确理解警察手势信号指挥的意图。

使学员能够知其然并且知其所以然，是素质教学的应有之义。为了克服“应试教学”带来的弊端，让学员真正掌握交通警察手势信号，我们请学员模拟交通警察和驾驶员角色，在培训教室模拟交通警察交通指挥场景进行教学，学员参与热情高，学习效果好，往往能够达到事半功倍的效果。

结束语

随着法治国家建设和社会的文明进步,驾驶理论“应试教学”的空间会越来越小,“素质教学”将成为主流。驾校驾驶员理论培训中心是驾驶文明的播种机,源源不断地播撒安全文明驾驶的种子,理论教练员从事的是一项伟大的事业——传播优秀的驾驶文化。

今天,我们所有的努力,都是为了明天——当学员从我们驾校毕业,穿行于大街小巷,他(她)们将会更多地选择遵守规则,选择文明礼让,选择尊重生命。

丁锦明,男,52 岁,本科学历,现任永康市先行汽车驾驶员培训有限公司理论培训中心主任。

李超,男,汉族,浙江永康人,1974 年 7 月出生,中共党员,本科学历。现任中国道路运输协会驾驶员工作委员会副主任委员、浙江省汽车驾驶员培训行业协会常务副会长、法人代表、永康市先行汽车驾驶员培训有限公司总经理。

新时期驾校的自我修养

绍兴市交通机动车驾驶培训有限公司　马龙奇

一、新政策下驾培改革的落实情况

1.“先学车、后付费”模式的开展情况

2015 年 4 月起，绍兴市率先进入“先学车、后付费”的学车新模式。一时间，在绍兴民间掀起了一股讨论的热潮。新政策的初衷是在于让学员真正成为一名消费者，彻底解决过去采用“先收费、后培训”所带来的一系列问题，形成以学员为中心，提高教学水平，真正培养合格驾驶人的模式。当这项政策真正来到我们身边，各大媒体都在极力推荐这项举措，都认为那些滞后的、不文明的教学手段将一去不复返了，然而学员学车的模式却并没有太大的改变。因为实施这项政策关键点是需要学员成为一名消费者，让驾校和教练员成为超市，消费者可以选择自己认为物廉价美的商品。但现如今，教练员招生仍然占驾校招生 90% 以上，学员更愿意相信就在他们身边的教练员，而且，“快餐文化”充斥在年轻学员中间，学员问的不是“哪个驾校更好，哪个教练员更好”而是“什么时候可以拿证，一次性考过多少钱”。真正让学员理解这一项利民政策，增强维权意识仍然需要时间。

2. 驾校及教练员对于新政策的理解

改革过程中必然会触及原来存在的既得利益，也必然会招到既得利益者们的反对。对于驾培体制的改革，驾校和学员一样，需要时间去学习、去理解，更多的是需要包容和自律。新老政策的交替时间太短，驾校与教练员都需要一个缓冲期，当政策需要贯彻的时候，更多的驾校选择的是不合作甚至是抵抗的态度，恶意降价和学时造假的现象在整个驾培市场蔓延。教练员仍然采取一次性收费的方式，也未向学员推广“先学后付”的理念，新政策对学员的保护便无从谈起。当驾校、教练员、学员都不能正确理解、执行、维护新政策的时候，便会导致市场严重混乱，行业无法发展，经济下行。

提高驾校相关人员对政策的理解,已经成了当务之急,这需要提高管理水平,增强自身修养,做好素质教育这篇文章。

二、新时期驾校的素质教育

1. 驾校的素质

时间的沉淀能改变我们对一个职业的定义,驾驶员曾经是稀有且令人羡慕的工作,而教练员更加是一个令人尊敬的职业。可如今我们百度搜索关键词"教练员",映入眼帘的全是关于教练员的负面新闻,素质低下、恶意敲诈、开车横行成为老百姓心中对教练员的第一印象,却忘记了教练员也经常在40多度的高温下和冷得人瑟瑟发抖的寒冬腊月里细心教导,忘了其实教练员也是人民教师,他们在教的是与你生命息息相关的驾驶技能。

随着信息时代的到来、自媒体发展日新月异,让驾校也面临着各式各样的问题,稍有疏忽,就会面临被淘汰的风险,因为即使一条微博、一条微信也能轻易让我们不复。我们处于一个显微镜下的时代,其特点是能放大、透明一切民众关心的人和事。所以仅仅强化教练员的管理、培训是远远不够的,还应从驾校自身做起,提高软硬件水平,不断完善驾校管理人员的服务意识、业务知识,这样才能让社会帮我们做好宣传、赚足口碑。

2. 驾校的教育

(1)管理人员的自我修养。

重视管理人员入职之前的培训,让新入职员工在工作前了解规章制度、哪些能做、哪些不能做,这能让新人迅速适应我们的工作环境,在以后的工作中达到事半功倍的效果,实际上这都是组建企业文化的一个主要组成部分。

管理人员应该在工作中用于承担责任,特别是在工作中出现失误,应积极寻找原因,及时改正,并防止类似的状况再度发生;具备较好的沟通能力,窗口工作人员每日更多的与教练员、学员打交道,发生争执时,不宜用一些生硬、反感、命令似的口吻;具备较好的学习、分析、判断能力,驾校不是单一存在的个体,他依赖社会和群体的发展,这就要求我们不断地学习新知识,提高自身素质,对于日常工作中出现的许多问题和许多"道听途说",我们应具备良好的分析和判断能力,并及时在公众平台上纠正错误信息;具备执行力,好的执行力是一个企业衡量管理者优良的标准,许多企业都存在执行力不足的现象,会议上商定好的决策在会后不能实施,或者实施后"变了样",这些都是阻碍企业发展的毒瘤。

(2)教练员的管理。

教练员是驾校的重要组成部分,更是驾校在社会上的一张名片,名片的功能是让社会快速认识你。教学能力、文明执教、以诚相待是"这张名片"的组成部分,驾校的管理者

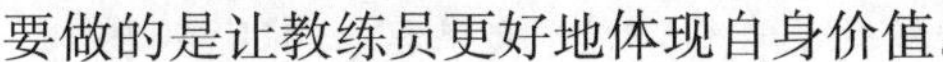

要做的是让教练员更好地体现自身价值。

驾校理应做到如下几点：

①制定严格、详细的教练员规章制度及奖惩条例；

②设立学员投诉箱，与学员建立联系，让学员有渠道反映教练员教学时的各种问题；

③发现教练员违规或者学员投诉问题后，驾校应迅速组织工作人员实施惩罚条例；

④树立典型，选取一些在一年内表现突出的教练员作为标杆并给予奖励；

⑤每季度或者按特定时间表召开教练员大会，开展教练员之间的技术交流，或用于颁布新政策、新法规。

三、驾校是否面临转型升级

基于历史的因素，本市的驾校分为两种，一种是官办企业的转制；另一种是由私人经营而来。

第一种模式的经营理念虽然是企业模式，在群众中有一定的信誉，在招生上有一定的优势，但管理制度和思维仍然延续了粗线条管理方式，公司经营理念守旧，管理人员在工作中压力较小，也不对从业人员进行培训升级，从业人员的素质一成不变，跟现有的精细化服务和科学严谨的管理方式严重脱节。

第二种模式基于学车的大环境，一夜之间壮大。驾校的经营完全依托于社会的需求，靠山吃山，企业的管理谈不上科学、更谈不上规范，任何一点风吹草动都会被波及。有些驾校还会为了一己私欲打乱当地市场的行业平衡。他们经营的理念就是如何从学员手中收到钱、如何获得高额利润，对于驾培行业协会，他们始终面和心不和，台上坚持政策，台下小动作不断，有时还会在社会上散布不实的驾考信息以获取利益。

无论是哪种创办驾校模式，只要我们还想生存，对于驾培改革大潮，我们只能积极应对，才能占据一席之地。我们需要：

1. 具有前瞻性

滴滴打车来了，几乎冲垮了整个出租车市场。而一些地市的驾校负责人认为互联网的革新距离驾培行业还很远，有些教练员不会使用智能手机，更不会使用电脑，对于教练员的网上继续教育、学员互联网考试预约、手机驾考 APP 的服务甚至要求助于学员，文化在革新，时间在前行，要知道 21 世纪千禧年出生的孩子明年就可以正式报名学车了，应该与时俱进，保持时代的前瞻性。

2. 多样化的招生手段

招生是驾校的命脉，传统招生手段三宝“传单、海报、讲座”，但在“互联网 +”的时代，传统的招生模式一定会被新媒体的招生方式所取代，手机 APP、微信、微博一定会成为招生的重要来源。

首先,我们要对驾校的优势、亮点、特点进行梳理,精准定位,这是宣传推广的核心。其次,建设手机 APP 或者微信公众号,将招生方式、优惠措施放在醒目的界面上,从学员和学员父母的角度出发,换位思考,让对方能一下子找到最关心的议题,这是宣传推广的基础。最后是维护与更新,启用后,应确保招生、政策、信息内容的及时更新。

3. 教学模式的转变

中国的教育始终按照"考试考什么,老师教什么"的模式在走,学车亦是如此。应试教育虽然能让学员快速拿到驾驶证,但从长远的安全性角度考虑是不利的。许多学员拿到驾驶证后甚至都不敢开车,并且走出驾校后唠叨"驾校学到的知识真是不实用,倒车的时候我看着线,可一到住宅小区,我就不会开了"。再者,如何应对道路紧急状况,如何检查车辆,如何换胎,这些学员都不懂,也不会去问。

如果能在全市率先推广驾驶培训素质教育,将考试与道路日常安全相结合,适当延长学车的时间,在保证安全的前提下,让学员跳出考试的项目,多与日常开车会碰到的疑难点接触,并增加车辆日常维护课程,也可以开展公开课,让社会上更多学员走进驾校学习,这样不仅能得到更多的年轻学员青睐,也能为驾校创造更大的利润。

马龙奇,2011 年至 2017 年在交通驾校任职,对于绍兴市驾培行业有一定的了解。

浅析新时期驾校素质教育应对措施

温州东瓯汽校　黄建和

[摘要]　道路交通事故已经成为当今社会第一公害，虽然造成道路交通事故的原因很复杂，涉及人、车、路、环境和管理等诸多因素，但驾驶员作为道路交通的直接参与者，其安全意识淡薄和安全行车的技术欠缺是引发道路交通事故的主要原因。驾驶员整体素质不高，成为亟待解决的社会问题，而驾驶培训学校，则直接影响学员学习水平的高低，只有培训出高素质的驾驶员才能达到文明行车、安全行车，因此，驾驶培训学校是道路交通安全管理的源头。

随着人们生活、工作节奏的不断提高和出行需求的日益增长，汽车正在走进普通百姓的家庭，驾驶汽车已经成为人们生活的普遍要求。而与此同时，道路交通事故也随着车辆的增加与日俱增，道路交通事故死亡人数在我国各种事故死亡人数中排名第一。根据《2014年国民经济和社会发展统计公报》的统计数据，我国2014年底全国民用汽车保有量达到历史新高，为15447万辆，比2013年末增长了12.4%。2014年的交通事故死亡人数为34292.34人，比2013年全年的死亡31604.3人增加了2688.04人，增长率为8.5%。2014年全年的涉及人员伤亡道路交通事故在16万起左右，直接财产损失在8亿元左右。面对道路交通事故状况，我们分析如下：

一、事故原因分析

1.车速过快，逆向行驶

案例:2004年1月23日，驾驶员邵某驾驶其本人的轿车，从渠口开往温州方向，途经41线131KM+780M滑石大桥头地段，逆向行驶与对向由李某驾驶的大客车发生碰撞，造成小轿车上乘客邵某、陈某等人受伤，两车受不同程序损坏的重大交通事故。

原因分析:该事故发生的原因是邵某驾车行经弯路,车速过快,右转弯时逆向行驶与对向来车发生碰撞。从该次事故中得到的教训是事故路段车辆应右侧通行,减速慢行。李某事故前占道行驶,遇对向来车时避让不及发生碰撞,是该次事故的次要原因。

2. 注意力不集中,超速行驶

案例:2004 年 1 月 23 日,卢某驾驶大型普通客车,载客从瓯北开往岩头方向,15 时 30 分许,行经 41 线 135KM + 300M 永嘉县上塘镇观前村急弯路地方,遇情况向左避让,碰撞前方左侧自上塘往观前方向行驶的无牌人力三轮车,造成驾车人杜某重伤经抢救无效死亡的重大交通事故。

原因分析:卢某驾车途经事故急弯路段,超速行驶,未及时注意前方动态,未能做到鸣号、减速、靠右通行,以致肇事。机动车行驶中,遇急弯路、窄路、窄桥、隧道时,应减速慢行。

3. 借道通行未做到礼让三先

案例:2003 年 9 月 15 日 21 时 30 分,黄某驾驶重型专项作业车,在尚未通车的 03 省道东复线由南向北驶入杭金衢高速公路接线道路,车身左侧与由西向东行驶的由周某驾驶的大型卧铺客车车头相撞,造成周某及车上乘员多人不同程度受伤,直接财产损失 20 万余元。

原因分析:黄某借道通行时未让本道车辆先行,而造成交通事故。车辆、行人必须各行其道,借道通行的车辆或行人,应当让其本道内行驶的车辆或行人优先通行。

4. 雨天开快车,泥水溅行人

雨雪天气,道路上往往积水,肮脏的泥水在车轮的挤压下,向两侧飞溅,容易使道路两侧行人和骑车人被溅一身泥水。个别驾驶员雨天行驶在坑洼不平的路面时,故意加快车速,溅起泥水,以此取乐。这种行为虽然尚不属违法,但情节非常恶劣,应该受到谴责。

二、素质教育是安全行车的重要基石

驾驶员是道路交通安全的最关键因素,驾驶培训阶段是驾驶员安全操作技能、安全文明意识养成的最关键时期。驾校是驾驶员安全行驶的起点,作为驾驶员的启蒙老师,教练员是驾驶员安全行驶的"引路人"。对此,我们应以"安全为基石"。我们除了教授驾驶技能外,还要把安全知识,文明意识在每节课灌输给学员,潜移默化地使他们把安全驾驶放在心中。每位教练员都要把自己的工作看作神圣的职业,跟学员讲过的一个案例或切身体会,也许会让学员受益终身。我们的工作做到位是行善积德,做不到位就是草菅人命。交通事故牵扯到千家万户的安宁,守护好交通安全文明就是为保障社会和谐出力。

虽然道路交通事故的原因很复杂,涉及人、车、路、环境和管理等诸多因素,但驾驶员作为主体,起支配主导作用,驾驶培训的好坏是直接影响驾驶证含金量,并不是每个有驾驶证的人都会开车。随着车辆增多,路况复杂,车辆驾驶越来越难,因此只有高素质的驾驶人才能严格遵章守法开车,文明礼貌开车,确保安全开车,才能有效降低事故发生。驾校是培养驾驶员的摇篮,驾驶员素质的高低直接影响道路交通事故的出现。而高素质的驾驶人才的培养离不开驾驶培训,所以规范管理驾校的素质教育是道路交通安全管理的源头。

三、驾培机构应采取的措施

首先要有社会责任感,肩负起保障道路交通安全的责任,为社会培养合格的驾驶员。培养高素质的驾驶人才,离不开高素质的教练员,只有高素质的教练员才能培养出高素质的驾驶员。驾驶培训机构的教练员作为指导学员学习驾驶技能的启蒙老师,是保证培训质量,提高驾驶员素质非常关键的因素。教练员具有高度的社会责任感,是做好培训工作的前提,汽车驾驶学习不仅仅是技能的学习,更重要的是安全意识和安全行为习惯的养成。养成良好的安全习惯,对交通安全、和谐社会有着重要的意义。

其次,培养学员的安全行为和安全意识。教练员要以身作则,起着传帮带教作用。自己的言行对学员的影响非常深远,必须从我做起,要严格遵守交通法律、法规,养成良好的交通习惯和职业道德,并普及安全行车知识。如:经过路口自己要做到"一看二慢三通过""宁停三分,不抢一秒"等。学员只有在掌握了必要的安全行车知识,才可能具备独立分析问题和解决问题的能力。掌握安全行车知识是学员遵章守法安全行车的前提。安全行车主要做到"谨慎驾驶"的三条守则:"集中注意力、仔细观察和提前预防"。安全驾驶关键是学会防御性驾驶即提前预防。防御性驾驶的核心是"预防措施"。无论你在哪里驾驶,也无论你驾驶何种车辆,这些因素都必须遵循。当驾驶员掌握了如何有效、及时地观察、预测和行动,并逐渐形成良好的驾驶习惯和安全职业道德及安全理念,就可以防止在复杂多变的驾驶环境中发生交通事故。培养学员预防性驾驶必须从学员安全动机的培养与激发开始,通过对安全动机的培养与激发,使学员意识到交通安全对和谐社会重大意义,使自己成为一名合格的驾驶员,培养学员更加集中注意力,尽早地识别并进行有意识地决策,准确而又迅速的动作。全面传授驾驶技能。教练员在教学过程中不但要对学员进行常规驾驶技术的传授,还要教会学员如何遇见险情,正确应对各种交通情况。如紧急情况下的临危处置原则:驾驶机动车遇紧急情况避险时,要沉着冷静,坚持先避人后避物的处理原则,在高速公路遇紧急情况避险时,要坚持制动减速,不急转向的原则。教练员还应在培训过程中强调对学员文明驾驶能力的培养,摒弃不系安全带、占用应急车道、开车打手机、随意变更车道等交通陋习,提倡机动车礼让斑马线、文明使用车灯、机动车有序停放；机动车按序排队通行；过水路面有行人时减速慢行等文明驾驶行为。

总之培养学员全面的驾驶技能，教练员是学员的第一任老师，对学员的影响非常深远，所以抓好教练员队伍的素质建设显得尤为重要。教练员必须具有良好的道德修养、广泛深厚的专业知识、丰富的驾驶经验、先进的教学理念和教学方法，还要不断学习，丰富自己的专业知识，及时调整知识结构，强化安全意识，提高教学水平，以适应社会发展和驾驶员素质教育的需要。

道路交通安全事关千家万户，社会和谐，抓好驾校的素质教育才是先天预防，是道路交通安全管理的源头。因此，驾校的素质教育对交通安全、社会和谐有着重大影响。

简介

黄建和，1980 年参加工作，2008 年从永嘉长运公司被委派至温州东瓯公交有限公司，负责东瓯汽校日常管理工作。

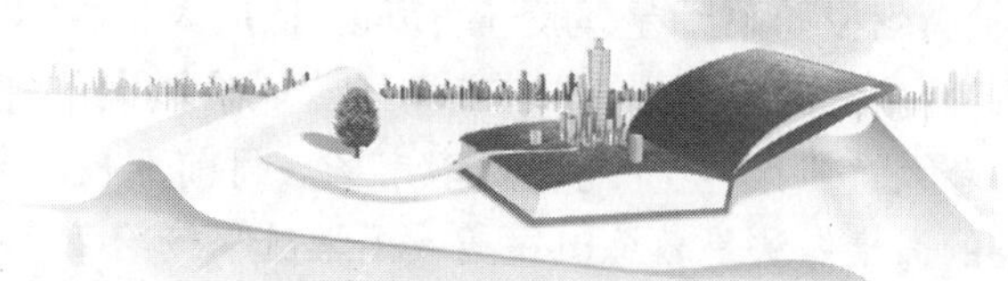

新形势下驾校的生存和发展

吐哈油区机动车驾驶员培训学校　李淑萍

驾培行业近年来发展迅速，因此驾培行业受到了大家越来越多的关注，也成为人们茶余饭后谈论的热点，顺势发展得火热起来。驾培机构是驾培市场的主体，承担着交通安全教育功能和重大社会责任，是社会群众学习驾驶的主渠道。驾培行业肩负着对交通安全的守护责任，重视驾培行业的管理、保证驾培教学质量、规划驾培行业未来的发展，是帮助驾培行业适应新形势下发展的重要举措。

一、驾培行业现阶段存在的问题

1. 重考试、轻培训

驾驶员的培训是一个规范严格的学习过程。驾驶员是否具备安全意识和服务意识，驾驶操作是否熟练，直接影响到交通事故发生的可能性。部分驾校为节约成本，不能高标准、严要求地进行驾驶培训，在驾校内，学员的理论学习缺乏计划性，往往理论不能联系实际，无法与实际操作结合起来，学员应付考试现象比较严重。部分驾校在理论教学培训上，缺乏系统性和全面性，完全是为了考试而学、为考试而教，和实际联系很少，不能灵活运用，甚至有些驾校根本不开设理论培训课程，完全靠学员自己死记硬背、自学来应付考试。当考试结束拿到驾驶证的时候，由于只知其一不知其二对相关理论知识没有真正学懂理解，所以相关的法律法规也已渐渐淡忘。

2. 教学大纲落实不到位，职业操守欠缺

一些驾培机构的管理人员配备和培训资质不够，而且教学人员自身安全意识淡薄，学员的规范教学和学时刷卡的管理等方面也没有按照规定要求去设置，没有严格按照教学大纲教学，学时严重缩水、造假，片面追求考试合格率，对结业考核走形式，而且部分教练员教学水平不高,职业操守欠缺,私自变相收受财物,出现“吃、拿、卡、要”现象。在招生时打价格战招揽生意,随意承诺、压低价格,再通过各种名目,如油费、修车费、空调费等,或减少培训时间来获利。

3. 优秀驾校品牌意识薄弱

一批新驾校如雨后春笋般进入市场,造成大量教练车辆闲置,部分教练员面临失业,驾培市场价格战愈加激烈,驾培市场经营风险增大;一些黑驾校为求生存,恶意降价、无序竞争,夸大宣传,严重扰乱了驾培市场。目前驾校对教练员的考核也主要表现在招生上,学校的通常做法是教练员每招一个学员学校给 200 ~ 300 元不等的奖励,教练员把主要精力放到招生上,培训质量如何能提高,想要树品牌的驾校更是发展空间受到挤压,得不到相应的支持。多数驾校的管理者注重的是眼前利益,没有长期的发展眼光,很难在以后的竞争中生存。

二、新形势下驾培行业如何发展

1. 改进经营模式

驾培行业未来的发展状态是大势所趋且不可逆转。驾校的经营模式和教学方式不能一成不变,在更多的时候还是需要不断创新、迅速适应当下的社会发展和市场竞争情况,不能与社会脱节。随着行业发展市场需求的推进,对驾驶员的驾驶技术要求不断提高,相关部门也在增加和改变考试科目,加大考试难度,这是目前整个驾培行业发展的趋势。无论是哪种变化,只要是能够与时代的发展相适应,与整个驾培行业的发展需求相结合,那么做出的任何改变都应该被尊重,做出的任何尝试都应该被允许。行业的发展模式就是在不断地探索和改进中不断进步、逐渐完善,适应新形势是驾培行业谋求发展的必要途径。

在新形势下,驾培机构要统一思想、提高认识,进行管理人员和教练员的再教育,同时不断提高专业知识及专业技能水平。驾校要做到安全第一,想学员所想、急学员所急,以学员的利益为重,以承担社会责任为导向,充分认识到驾培行业也是社会发展的一分子,做好自身的规范管理,积极为行业发展、社会和谐稳定贡献力量。

2. 行业主管部门要加大监管力度

对于驾培行业中存在的诸多问题,最直接的解决办法就是管理部门加大事中事后监管力度。特别是交通部门和公安交管部门更应该形成合力,这不仅需要上级主管部门加强维持驾培行业发展的秩序,而且需要公安部门完善执法力度、明确责任,贯彻落实驾培行业的管理工作,尽快改善、解决驾培行业存在的诸多问题。例如,对新得到许可的驾校和代培训点进行严格审查,对于不符合要求的单位,要坚决要求其整改。各管理部门的通力合作,协同监督,共同为新形势下驾培行业的健康发展而努力,也是为驾培行业创造

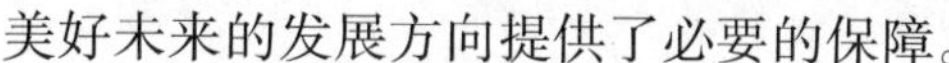

美好未来的发展方向提供了必要的保障。

3. 建立考核和退出机制

驾校作为驾驶员的第一道防线，在培养驾驶员遵章守法方面起到了至关重要的作用。建立考核和退出机制，一是可以督促驾培机构加强教练员队伍管理，制定教学标准，严格教学行为监督管理，规范教练员教学行为，开展教练员继续教育，使驾培机构从应试教育的现状逐渐转变为素质教育；二是有利于驾培机构在规定时间内培养出高素质、高水平的驾驶员，能从根本上提高驾驶员队伍的整体素质，解决现阶段驾培行业所存在的问题。管理政策的制定，可以从规范市场秩序、规范经营行为、改善办学条件、遏制恶性竞争入手，来切实保证驾校的培训质量，提高服务水准，预防和减少道路交通事故，保护各方当事人的合法权益。

4. 建立健全自主驾考机制

目前，自主预约考试开始试水，整个驾驶考试正处于一个不断更新的阶段，诸多考试项目的判定都实现了全程摄像监考，在一定程度上加强了行业公平、公开、透明的考试机制，避免了腐败的滋生。随着社会的发展，驾培行业需要更加完善的管理机制和先进的考试系统，依靠科技力量减少行政管理参与考试环节，切实履行为社会输送合格的安全文明驾驶人的社会责任。让驾考真正实现高效率、高标准、高发展，减轻这个行业的负担，减少不必要的管理费用，实行行业瘦身，适应自主约考，积极推进驾培行业的发展之势。

5. 实现行业自律有序地发展

驾培市场的健康发展需要行业持续的自律，即培训规范、服务到位。驾校应当以让学员称心、社会满意、管理部门放心为目标，自律有规又好又快地发展，要努力弘扬“创新、诚信、文明、自律”的驾培行业文化，自觉接受社会及驾培行业主管部门的监督、管理，切实肩负起“传承驾驶技能、优质服务社会”的责任感，依法文明诚信经营，提供优质机动车驾驶培训服务。做到自律有规，全力推动驾培行业健康、有序的可持续发展。

6. 保证服务质量和教学质量双优质

驾培行业要主动适应当前的发展需求，保证服务质量和教学质量的双优质，帮助学员充分掌握驾驶技能，明确安全行车、文明驾驶的道德意识。驾培机构要严格按照统一的培训教学大纲，认真落实规定的培训内容和学时要求加强教学管理，做到理论实践将结合，严格落实学员的考核制度，杜绝不良行为和内部腐败，保证每一位学员的驾驶时间和学习权利。要提高教学服务水平，优化教练员队伍整体素质，力求教练员队伍进一步专业化、职业化，严格管理教练员的教学工作，对考核不合格的教练员根据实际情况，进行再次培训重新考核或直接辞退。另外，要关心员工生活，开展各项活动增进员工之间的团队精神，培养他们的主人翁意识，增强企业归属感，提高工作积极性，从而提高驾校的服务品质。

7. 打造匠心企业,树立品牌意识

驾驶员培训行业要有强烈的品牌意识,驾校要贯彻独具匠心的服务理念,在理论讲解和实际操作的教学过程中认真细致,各环节层层分解,反复考察,达到精益求精的教学效果,打造匠心企业,树立品牌意识,树立企业和行业的良好形象,以全新的面貌,拓展市场空间。面对市场的严峻形势和广大学车学员的日趋理性,驾校经营者应积极调整经营思路,避免恶性竞争、推进驾校品牌化,打造自己的企业特色,具体操作要从驾驶员培训行业的实际出发,做到扬长避短进而趋利避害,使驾驶员培训行业的优势得到充分发挥。目前一些驾校开展的一些服务比如预约培训、"贵宾"式学驾即专车接送、帮助自主约考的特色服务,就是"随到随学"的具有创新性的尝试。用专业的教练、教专业的技能,秉承社会责任传承驾驶技能,提供优质服务,争创品牌驾校。

驾培市场有着非常宽广的前景,但是驾培机构若不能与时俱进、顺应潮流发展,将会处于发展与风险并存的境地。当前,驾培行业正处在分化调整、优化升级的关键期,随着新驾校剧增,驾校培训能力与往年同期相比锐减。在驾考驾培政策倒逼以及市场竞争趋热、市场环境趋冷的新形势下,驾培行业已经感觉到了空前的压力,转型发展、锐意改革必将成为驾培行业未来的发展趋势。这需要相关管理部门和整个行业的通力合作,共同推进行业发展。驾培行业的责任重于泰山,时刻警记安全行驶的重要性,我们将会怀着对生命的尊重与敬畏之心不懈努力,为行业发展助力,相信驾培行业未来的发展之路会走得越来越好。

李淑萍,1968 年生人。1992 年毕业于乌鲁木齐昆仑职业专科学校,2012 年自修中央电大专科课程,并于 2014 年毕业。2007 年,进入吐哈油区驾校从事理论教学工作,至今已有 11 年教龄,现任教务主任职务。工作经验丰富,具有较强的责任感和团队意识,能高效高质量地完成工作内容,并妥善处理相关工作事务。

新时期驾校的营销与管理

奇台兴奇驾校　李贵照

随着汽车进入到我国千家万户，驾驶员培训企业的培训质量不仅直接关系到道路运输生产效率和安全，还涉及千家万户，已成为道路运输行业的重要组成部分。作为驾培行业的从业人员，我们有责任和义务抓好学员教学管理，提高其培训质量。驾驶培训管理工作是一项长期性、艰巨性的工作，同时也是一项关系到道路安全生产和社会稳定的重要工作，如何解决现状，需要从以下几个方面着手。

1. 为驾驶员培训行业创造良好的市场环境

依据《机动车驾驶员培训管理规定》，通过全面彻底的清理、整顿和规范，理顺汽车驾驶员培训行业管理，打击取缔非法培训，规范培训行为，建立一个培训秩序井然、竞争公平、收费合理、教学规范、培训质量可靠的市场体系。首先要集中清理和取缔非法培训业户，道路运输管理机构对未经批准，非法从事驾驶员培训的业户进行清理，依法予以取缔；其次要对那些只能从事学科或术科单科培训、不具备完整、系统的全科培训教学的业户进行全面清理。

重新审核培训业户的资质条件。对各类业户和教练场重新登记，对照交通运输部标准《机动车驾驶员培训机构资格条件（GB/T 30340—2013）》和《机动车驾驶员培训教练场技术要求（GB/T 30341—2013）》，严格审查核定驾驶员培训业户性质、规模、设施、设备、师资、教材以及管理状况、培训质量等基本情况，凡符合条件的颁发《中华人民共和国道路运输经营许可证》，不符合条件但能在限定期间完善条件后达到资质要求的，按程序申报资质；没有能力完善和重组的，要依法关闭。通过资质评审全面推行培训市场的“七统一”管理制度，即要统一学校资质条件；统一学员招生条件；统一使用交通部审定的教学计划、教学大纲、培训教材和结业证书；统一学科、术科完整系统教学；统一教练车技术标准和标志牌；统一培训结业考核标准；统一“先培训、后考证”的培训考试程序，以确保培训质量。

2. 实施质量排行榜制度

为进一步加强驾驶员培训行业管理,规范驾培市场经营秩序,提高培训质量,对辖区所有驾校进行质量信誉信息采集,将培训质量信誉划分为几个等级,把培训质量信誉等级好的驾校评选出来,并予以通报表扬。对培训质量差,考试秩序混乱,甚至出现替考,舞弊等情况的,对培训单位、教练员及相关责任人要采取通报批评、停考、取消考试人考试资格等措施。

根据驾驶员的事故率、违章率,设立驾校培训质量排行榜,并定期向社会公布。对一年内连续两次排名最后的驾校以及考试合格率低的培训单位,建议交通部门对其进行整顿,整顿期间车管部门暂停受理考试。

3. 运用科技化手段

实施驾培指纹 IC 卡,解决因学车时间不足而无法保障学车质量的现象,驾校之间的恶性压价竞争将得到扼制,“黑车”“黑教练”也将失去市场。驾培指纹 IC 卡系统,就是通过个人指纹识别的方式,对教练员身份、工作情况、学员身份、上车训练时间及里程信息等多方面信息进行记录的一种管理方法。教练员上岗、学员开始训练、结束训练都要使用 IC 卡验证指纹,以有效保障学员培训质量。实施 IC 卡后学员持卡可以在驾校的任何教练车上使用,随到随学,改变了以前那种特定时间、特定地点的学习方式,给了学员更大的空间。

4. 转变管理方式,突出重点

驾驶员培训管理工作不仅是对驾校日常培训行为的监督检查,工作重心更要以强化驾校资质管理为前提,全面贯彻资格管理,既要把好市场准入关,又要严格抓好驾驶员培训企业培训过程的管理,要改变过去行政干预过多,行政手段重于为企业服务的工作方式。转变工作职能,弱化行政审批,强化为企业服务是驾培行业管理今后工作的方向。《中华人民共和国道路交通安全法》的出台和正式实施将进一步促进驾驶培训管理工作的不断深化,加速推动统一、开放、竞争、有序的驾驶培训市场的建立。道路运输管理机构要在法律框架范围内严格履行行业管理职责,尽快实现驾驶培训管理工作的规范化、科学化和法制化。

驾驶培训管理工作是一项长期性、艰巨性的工作,同时也是一项关系到道路安全生产和社会稳定的重要工作,我们将努力致力于行业的开拓、创新、稳定与发展,虽然这项工作任重而道远,但我们相信在“十九大精神”重要思想指引下,在行业管理与服务工作不断深化的前提下,驾驶培训市场的明天将会更加美好。

李贵照,现任新疆维吾尔自治区道路运输协会常务理事,兴奇驾校校长。

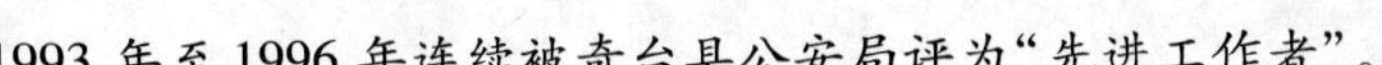

1993 年至 1996 年连续被奇台县公安局评为“先进工作者”。

1997 年至 1999 年 7 月曾连续被公安局评为“优秀党员”和“先进工作者”。

2011 年获奇台县“优秀党员”荣誉称号。

2013 年获全国驾培行业示范优秀单位“优秀经理人”荣誉称号。

2015 年获“奇台县社会公益事业先进个人”荣誉称号。

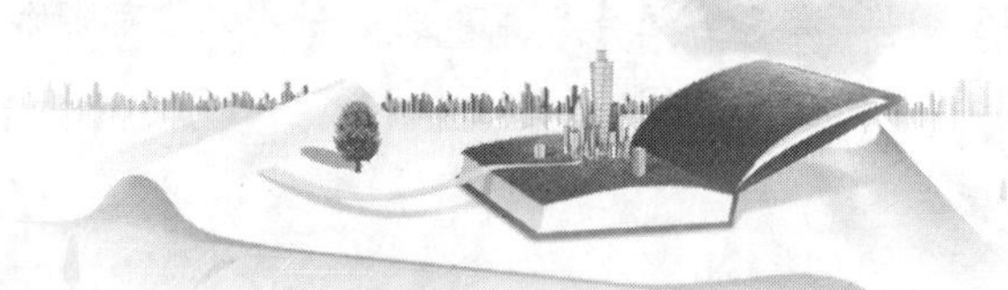

驾培行业未来发展趋势

——以浙江嘉兴为例

嘉兴市万国汽车驾驶员培训有限公司　黄惠良

[摘要]　随着人们生活水平的提高，汽车已逐步走入越来越多的家庭中，成为人们出行的重要交通工具，驾驶汽车也已发展成为人们的一项基本技能，成为一种不可或缺的软实力。随着报名学习驾驶的人数的增长，国家也相继出台了相关政策，对于驾校的要求也越来越高，从目前来看，嘉兴市驾校或多或少的存在着一些问题，影响了驾校的培训质量的提高。本文主要从驾校体制中存在的问题入手进行分析，并针对存在的问题提出相关解决方法，切合国家出台的相关改革政策对嘉兴市驾校体制改革进行探讨。

一、嘉兴市驾培行业的特点

按照传统的模式，驾培学员上车学习前，要先缴纳全部学费，然后听从驾校教练员的安排学习。2016 年 1 月 1 日开始，嘉兴市率先实施“先培后付、计时收费、学员评价”学驾新模式，学员通过网上预约、电话预约、自助服务终端预约等方式自主预约培训；在训练过程中，计时收费，一人一车，先学后付，满意后付款，同时兼容新、老学员在同一设备上培训；学员评价，实行星级教练员制度。“新模式的收费更加公开、透明，能有效解决传统模式中‘一车多人’导致学员之间互相干扰、无意义陪练影响效率等问题。”市运管局驾培科负责人表示，目前，全市 60 家驾校、2479 辆教练车全部实行学驾新模式。

如今，学员每次培训都需要刷二代身份证读取信息，然后开始记录学时，避免了“跑学时”的痼疾，运管部门还开发了 E 学车 APP，驾校在上面放课，学员可以自由挑选教练员，课程结束后，绑定的银行卡才会将当日的课时费打给驾校，每日一结算。

据介绍，2016 年全市共有 94217 名学员报名驾驶员培训，其中先培后付学员 47959

人，占比达到51%，新模式学员的驾考平均合格率为78.5%，比以往老模式的学员合格率提升近20个百分点。截至目前，有46031名学员报名驾驶员培训，先培后付学员占比达到100%。

驾培新模式下，不仅学车费用更透明，教学服务也更规范了。为全面提升全市驾培行业信息化监管能力，2017年3月1日起，嘉兴市在全省率先全面启用驾培行业监管服务平台，全市60家驾校、2479辆教练车已全部接入平台接受监管，新教学模式下的行业投诉率相比往年下降近30个百分点。

据了解，驾培行业监管服务平台主要包括学员培训开班、培训记录的审核、学员学时稽查管理以及与公安部门的数据对接和交换。为保护学员权益，驾培监管平台设置了每日最大培训时长、电子围栏规则、里程规则、照片规则、教练员规则、驾校规则、教学时段要求、教练车规则八项监管要求。“通过驾培监管平台可以有效掌握驾校、教练员不合理、不规范的教学操作情况，及时进行纠正和处罚。”市运管局相关负责人说。

二、当前嘉兴市驾校体制存在的问题

1. 管理理念落后，品牌意识缺乏

首先，当前多数驾校过分重视学员市场的竞争，注重学员数量的多寡，这种缺乏长远考虑的管理思想无法使驾校在竞争激烈的市场中长盛不衰。其次，多数驾校在发展中，过分重视当前的经济利益而忽视了驾校的品牌价值，没有制定适合驾校发展的长远规划，从而使其在市场竞争中通过降低价格的“价格战法”而获得相应的市场占有率，使驾培行业产生出恶性竞争的不良现象，这种僵化的发展思想不利于驾校的持续健康发展。再次，多数驾校在发展中，未对驾校的品牌建设引起充分的重视，未认识到品牌是驾校的无形资产及其核心价值体现，品牌意识缺乏，制约着驾校的可持续发展。

2. 教学模式滞后，科学管理机制缺乏

当前，训考分管机制是我国在进行机动车驾驶员培训中采取的主要的管理体制，随着我国对机动车驾驶证考试的监管力度的进一步加强，使考试难度大幅提升，这就对驾校的教学模式以及教学方法提出了更高的要求。然而，在当前浙江的多数驾校中，科学的内部管理机制还比较缺乏，传统的教学方法与模式仍然在驾驶员培训中占据着主体地位，在实际操作过程中，学员的上车时间遭到压缩，而且多名学员共用一车练习的现象较为突出，且在培训过程中，管理松散，缺乏对学员严格要求以及全面系统地教育，这种落后的教学模式、方法与当前驾校的发展实际脱节，科学的管理方法缺乏，导致整个驾驶培训的教学系统的作用不明显。

3. 质量管理和服务意识薄弱年

嘉兴市部分驾校的质量管理确实存在问题。常有学员反映驾校教练员责任心不强、

缺乏服务意识、教学方法单一且落后、考试通过率低等问题。如果驾校教练员的业务能力比较差,并且对待学员态度蛮横,无耐心,长此以往,不仅影响训练成果还可能导致驾校失去信誉和声望。

如今的驾校,很多教练员的责任意识太弱,只注重成本的节省和利益的获得,而没有教育精神和服务意识,有些教练员甚至连学员的安全都不顾及。还有一些教练员自身的驾车技术不高,职业素质偏低,不能为学员提供相对应的教学需要和服务,满足不了学员的学车要求。

4. 场地设施落后,车辆管理系统缺失

浙江部分驾校在大学附近,大学生学员较多。但是场地面积有限给学员带来了一定的学车困扰,引发一系列的问题。练车场地与标准考试标地相比,差距悬殊,不利于提高学员的培训质量,部分学员因场地限制,无法如愿按计划完成培训和考试。据了解,驾校还没有一套成熟的车辆管理系统,虽有网上预约练车、网上报名等,但是车辆管理问题没有引起重视,没有具体的管理规章存在车辆利用不合理,车辆损坏严重等问题。

三、驾校体制改革方向探讨

自国务院办公厅印发《关于推进机动车驾驶人培训考试制度改革的意见》(以下简称《意见》),出台了多项措施推动我国驾驶人培训考试制度的全面改革。不难想象,有关部门推行"自学直考"的最终目的,是要便利学员,方便群众。与此同时,也是要破除驾校凭借传统政策、行政权力获得的绝对垄断地位,使其回归市场,通过市场的压力,切实改进其服务管理水平,如能达到这个目的,也能间接实惠于学车群众。面对新形势,嘉兴市驾校体制必须做出切实的改变,在经营理念、管理水平上更上台阶。

1. 驾照可"自学"

《意见》提出"试点非经营性的小型汽车驾驶人自学直考",具体来说,就是允许个人使用加装安全辅助装置的自备车辆,在具备安全驾驶经历等条件的随车人员指导下,按照指定的路线、时间学习驾驶,并直接申请考试。

2. 先学后付,计时收费

考试网上报名改变驾驶培训机构一次性预收全部培训费用的模式,推行计时培训计时收费、先培训后付费的服务措施。实行学员自主预约培训时段、自主选择教练员、自主选择缴费方式。试点学员分科目、跨驾驶培训机构参加培训。

同时,驾驶证考试实行自主报考。建立统一的考试预约服务平台,提供互联网、电话、窗口等多种报考方式,考生完成培训后可按规定自主选择考试时间和考试场地,改变完全由驾驶培训机构包办报考的做法,保障考生选择权。考生可分科目或一次性全部缴纳考试费。

3. 可以连续考试

“科目二”、“科目三”一天考完为减少考生往返次数,《意见》提出逐步推行场地驾驶技能考试和道路驾驶技能考试一次性预约、连续考试。道路驾驶技能考试合格后,考生要求当天参加安全文明驾驶常识考试的,应当予以安排。所有科目考试合格并按规定履行必要的手续后,应当在当日向考生发放机动车驾驶证。

4. 倒查考试发证过程

凡是驾驶人取得驾驶证后三年内发生交通死亡事故并负主要以上责任的,倒查考试发证过程,发现考试员有参与伪造考试成绩、降低考试标准等违规问题的,取消其考试员资格,终身不得参与驾驶考试工作;构成犯罪的,依法追究刑事责任。意见还提出,依法依规查处收受或索取考生财物的违法行为。

5. 驾照可异地申领和审验

放开大中型客货车驾驶证异地申领限制,考生可以在户籍所在地或居住地学习培训、报名考试、领取驾驶证,满足流动人口申领驾驶证需求。允许在全国范围内异地补换领驾驶证、参加驾驶证审验、提交体检证明。

6. 重新申领驾照可直接考试

驾驶证被注销等有驾驶经历的人员,年龄、身体条件等符合重新申领驾驶证法定条件的,可以不经学习直接申请考试,各科目考试合格后予以核发驾驶证,但驾驶证被吊销或被撤销的除外。

7. 简化小型车驾驶证体检

建立驾驶人分类体检制度,根据准驾车型设定不同的体检标准,提高大中型客货车驾驶人身体条件要求,简化、优化小型汽车驾驶人身体检查项目和方法。进一步规范医疗机构的驾驶人体检工作。同时,每年进行一次身体检查的起始年龄将由60周岁调整为70周岁。

四、浙江驾校顺应改革的举措

1. 强化战略管理,完善内部管理机制

(1)战略管理。

驾校在进行科学管理机制的建设过程中,要具有战略意识,从市场大局出发,在自身原有的市场占有率的前提下,展开合法的自由竞争。要重视品牌价值在市场竞争中的作用,实现以“价格战”进行市场竞争的方式转向注重驾校的品牌价值的竞争,在提升自身的服务质量与水平的前提下,参与市场良性竞争,从而以优质的服务增强其市场竞争力

(2)完善内部管理机制。

驾校在完善内部管理机制的过程中,首先要优化驾校各环节的管理,加强对驾校教

学质量、管理质量、服务质量等的监督力度,形成规范的内部管理机制。例如,在驾驶培训中,严格按照教学要求,进行规范授课;严格按照培训的时间进行学员培训,不擅自缩减学员的练习时间,随意压缩学员的实践练习的学时等。总而言之,在驾校的内部管理中,要确保工作额定设计合理、具体流程规范,信息传递畅通,监督与检查各环节的工作完成质量,严格把好服务质量关,提升驾校的服务水平。

(3)强化企业文化建设,塑造驾校品牌形象。

企业文化是企业发展中的精神支柱与灵魂,它是企业经营理念、核心价值观、形象标志、企业精神等的全面体现,渗透于企业经营的全过程以及各环节的经营活动中,对于增强企业的竞争力、凝聚力,激发员工的工作积极性,提升企业的总体形象等各方面具有不可替代的作用。而驾培中心作为企业运作的一个经济实体以及服务机构,应积极加强加强企业文化建设。因此,驾校要立足于自身实际,制定切实可行的行动规划,并加强与优秀企业的交流,借鉴与学习其他企业文化建设经验,并进行积极地创新,增强驾校的核心竞争力,塑造良好的驾校品牌形象。

(4)完善考核与激励机制。

完善的考核机制以及科学的激励机制,对于提高员工的创造性以及工作热情具有重要的意义。因此,驾校在进行科学的管理中,必须重视公正与科学的激励机制、考核机制的建设。这就要求驾校在充分了解员工需求以及广泛收集信息资料的前提下,结合驾校的实际情况,建立科学系统的激励机制。同时,在建立考核机制的过程中,充分重视学员的满意度,对教练员的考核要充分结合其日常的投诉率,将其与教练员的收入与考核挂钩,采取各种有力方式,全面提升员工的创造性与积极性,为驾校的发展提供持续的内动力。

2. 具体措施

(1)继续贯彻实行学员培训学时制度。

在学员报名后发放学员培训记录卡,将各项科目培训分别制定相对应的学时,学员只有学满该科目相应学时方可预约考试,学时不满不可预约。保证学员有足够的学习时间,提高考试合格率,避免一辆教练车同时训练多名学员情况的出现。

(2)全面推行智慧驾培模式。

目前,浙江有"传统型驾校"和"智慧驾校"两种形式。"传统型驾校"实行的是按照期次,一个教练员安排多个学员学习训练。这种方式由于教练员长期带领固定学员,学习时间都由教练员安排,所以容易发生收受红包等腐败现象,学员无法自主安排学习时间。这种模式相对死板老旧。"智慧驾校"实行的是"智慧驾培"模式,"智慧驾培"的核心就是"先学后付、按时计价、学习满意付费"的计费方式,"自选时间、自选教练、单人单车一对一"教学模式。它最大程度确保了学员的练车时间,赋予了学员自主选择学车的权利,更能体现驾培消费的合理、公开和透明。不仅如此,它还是对现有驾培模式的创新。这样,不再是师傅带徒弟式的,主动权与话语权也会自动转到学员手上。杜绝了教练员吃、拿、卡、要等腐败行为。

(3)以人为本,实施个性化服务。

如何提升驾校个性化服务质量,如何把握学员的需求作为驾校为其提供服务的第一立足点和出发点,如何正确把握学员需求用心为其提供热情、周到、及时而规划的服务,如何与学员一道营造一种轻松、愉快、自然、自由的学车环境氛围,让学员体会那份真挚的关心和细致的关怀,是值得驾校深层思考的一个重要问题。

针对性的细化市场,并针对每一个市场提供一种服务和制定一个营销组合。

如可针对老年人学车的特点,设计老年特色班;针对要求快速拿驾照的人,设计快速特训班;针对残疾人,设计残疾人特色班;还可根据客户需求,设计不同的服务需求,满足不同人群的学车梦,并提供安全驾驶的意识。

满足学员个性学车需求方面,从员工与学员的服务关系角度来说,可分为灵活服务、特殊服务、意外服务、自选服务。

灵活服务,对学员要求上车练习时间人性化安排,比如对没有连续 12 天练车的学员安排补训,时间由学员选择。

特殊服务,有特殊情况的学员根据其特殊性提前做合理的学车计划,在实际学车过程中安排好;

意外服务,当学员发生意外情况时,应以最短时间帮助学员解决;

自选服务,学员可以随时选择自己喜欢的休息方式,提出建议和宝贵意见,驾校可依据实施。

个性化的服务可获得更好的成功效果,吸引更多的消费群体,在每一个被选择的细分市场里有更多的影响力。可提高消费者的忠诚度,因为驾校提供的服务是随消费者的需求来改变的,而不是让消费者根据驾校作变化。

(4)提升教练员素质。

①从现有的教练员整体情况来看,普遍表现为年龄大,文化低,综合能力差。同时,受经济利益的驱使,驾培机构对教练员的脱岗培训根本没有落到实处。教练员通过学习提高的条件不具备,形成了一大批教练员会开车不会教学的现象直接影响着教学质量的提升。

②现有法律法规是真空区。没有具体的法律法规来约束驾校教练员,使得驾校教练员有机可乘向学员索要财物,更严重的是以教学时间、教学质量为条件勒索学员财物。教练员的随意性、放松性对学员的影响是很大的,也许会培训出一大批马路杀手。技术不过关、侥幸心理强,这不仅是对自己生命的不负责任,同时威胁着正常的交通秩序。

③驾校管理不严格。驾校作为载体,应对教练员的行为负责。但是驾校只注重学员的通过率,对教练员的教学方法、教学态度和行为不重视、不关心。很多驾校开办的目的是盈利,而且是不择手段的盈利。只重视经济利益,将学员招入校后便采取自由式松散式管理,甚至于某些驾校和教练员共同研究通过考试的技巧,而不重视实际驾车技能的

培养。造成一大批考试通过看标杆、背口诀而通过的学员，到了自己单独操作时就出现技术生疏、动作错误等情况。严格教练员管理，督促驾校加强教练员队伍建设，制定教学标准，严格教学行为，开展教练员继续教育；建立考核和退出机制，依托社会组织建立教练员“黑名单”制度和“星级评定”制度，提高失信成本。

④某些学员为了取得驾驶证投机取巧，走捷径。诱导、利用教练员的职权为自己行方便之门。不可否认有很多学员急功近利，总想轻易拿到最后的驾驶证。觉得只要和教练员个人关系搞得好，最后拿到驾驶证就完成了任务。这种情形一方面纵容了教练员的吃、拿、卡、要，另一方面是对学员自己的不负责任。

(5)规则教练行为。

①建立健全相应的法律法规。首先要让给驾校教练建立完善的监督机制和惩罚机制。在建立监督机制时，驾校的主管单位运管处和交管局要共同制定合理的监督、检查机制。定期检查、随机抽查、学员举报、内部检举等形式并行，让教练员在明确的制度中完成自己的教学任务。同时，要建立科学、合理的惩罚机制，考核指标不合格的教练员不能再从事驾校教练的工作。列入档案，让教练员们的犯错成本增加，扭转不正之风的蔓延。其次明确教练员的权利和义务。教练员应对学员负责，教授学员必备的驾驶技能和相关的法律法规。条件成熟时，可以建立教练和学员联系的档案，当学员毕业独立驾驶机动车时，按照违章性质、次数及时间范围来综合考量教练员的综合素质。

②明确教学任务、教学指标。厘定训练时间，每个车多少位学员，实行每人 IC 卡制度而不是每车 IC 卡，实行指纹识别系统，按时上课。因为训练时间是保证考生技术水平的最重要的条件，也是考生能否通过考试的最重要的条件。规定教学内容，将教学内容完整、系统的教授给学员。对学员进行调查，调查这些项目教练员是否都教过，以此作为评判教练员的依据。

③治理教练员收受“红包”。教练员收受红包，不仅有损驾校的声誉，更重要的是对主管部门的公信力造成影响。从表面上看，收受红包是教练员的个人行为，但是造成的不良影响是对整个驾校行业的。从源头上进行分析，教练员索要收受红包有多方面的原因，首先是上文所讲的制度的缺失使得对教练员无从管制，索要红包变成了通用的潜规则。其次是教练员的权力没有得到制约，从传授技能到考试过关，教练员起到了拿证一条龙的代办者。让教练员可以用权力向学员索要红包。第三，有些学员觉得教练员档次不高，喜欢贪图小便宜，主动送红包。第四，驾校教练员的工作强度与其收入不成正比，为了多收入而收取红包。那么驾校和运管部门一方面要从驾校教练员的实际情况出发，综合考量薪酬问题。制定出详细的绩效工资计划，从教学时间、教学内容、教学成果、学员反馈等情况分析，给教练员适合的薪酬。另一方面，驾校要联合主管部门和工商等职能部门，有针对性的加强对驾校教练员收受红包的查处，从法律法规、行业标准上对教练员进行处罚和惩戒。

④加强对驾校教练员的培训工作。随着科技的进步,汽车的类型更是以前所未有的速度在不断更新,那么作为驾校教练员,更应该紧随科技进步的步伐,不断更新和完善自己的汽车理论知识和教学能力,提高自身的实战技术,以便更灵活的应对未来可能遇到的突发事件。有针对性地对学员实施个性化教学,以提高培训的效率,使学生迅速地掌握驾车技术。所以国家相关管理部门要对驾校教练员进行业务能力的监管,并积极组织定期和不定期的培训,并以灵活的方式对教练员的掌握情况进行考核评定。为了提高驾校教练员对培训的积极性,可以实行教育补贴等政策进行鼓励。在教学过程中,驾校也应端正自己的教学态度,坚持以职业道德为约束,牢记其社会责任,立志培养出高素质、高技术的新一代司机。

驾校教练员从社会功能视角上看不仅仅局限于传道授业,更担负着为社会快速发展提供能量和支持的基础工作。所以,驾校教练综合素质的提高是关乎全社会的一件大事。随着社会的发展,汽车已经成为人们生活中的重要交通工具,学车也成为人们生活中必须经历的一个过程。然而,某些驾校教练员的低素质让很多学员怨声载道,不仅影响了正常了教学质量,更让关乎生命的驾驶培训变得如同儿戏。驾校教练员的综合素质对千千万万名新司机的驾驶技能和水平是起到直接作用的因素。因此,如果提高、改进驾校教练员的综合素质成了社会广泛关注的议题。

五、总结

汽车改变了世界,改变了生活。随着我国经济社会的快速发展,驾驶机动车已从专业技能转变为日常生活技能,与广大人民群众的生产生活和生命财产安全密切相关。截至目前,我国驾驶人已超过 3 亿,仍在持续快速增长,2020 年将达到 4.7 亿。面对新常态,浙江现行的驾校体制表现出诸多不适应,改革势在必行。作为驾校,更应顺应时代的变化,积极加快体制改革。驾校必须结合国家政策,创新培训方式,提高服务水平,方便群众学车,保障学员权益,也增强自身的竞争力,逐步建立合理规范的驾校体制,让浙江人民有更好的学车环境,培养出技术过硬的驾驶员,为浙江的交通贡献自己的力量。

黄惠良,现任嘉兴市万国玩车驾员培训有限公司大队长。

自 1997 年 11 月至 2006 年 8 月从事客货运输工作,经历过复杂的道路行驶,有着丰富的驾驶经验。

2006 年 9 月至今,从事驾驶培训教练员工作,共带出同浙学生 1600 多名,且一次性通过率为 85% 以上,教学有耐心又有责任心,讲解动作详细到位,严而不历。

敬畏生命·做新时期安全驾驶的引路人

内蒙古靶场驾校 王东莉

[摘要] 随着我国社会经济的飞速发展,人民生活水平日益提高,百姓购车需求旺盛,与机动车保有量快速增长相适应,机动车驾驶人数量也呈现大幅增长趋势。驾驶员是道路交通安全的第一道防线,也是最重要的防线。教练员作为驾驶员培养的最直接接触者,是保证培训质量、提高驾驶员素质的最关键环节。树立教练员敬畏生命的安全意识、加强教练员职业道德的行为修养、强调教练员社会责任的职责义务、强化教练员培训执教的教学水平、提高教练员服务规范的综合素质,建设一支快速适应瞬息万变信息时代和驾培发展大趋势需要的教练员队伍,成为新时期安全驾驶的引路人,对驾培行业的健康持续发展具有积极的意义。

一、敬畏生命 安全第一 严把教练员从业关

1. 加强教练员队伍建设

根据国务院2016年2月3日发布的,关于第二批取消152项中央指定地方实施行政审批的决定〔2016〕9号文件,其中第113项就是取消了机动车驾驶教练员培训资格证的认定。取消教练证并不意味着放低教练员的准入门槛。相反,驾驶培训机构要加强教练员管理,建立健全教练员聘用办法和管理制度,鼓励优先选用通过国家职业技能鉴定的驾驶人担任教练员,完善和强化教练员的继续教育制度,提升教练员队伍素质和教学水平。

2. 健全教练员诚信考核体系

结合市场准入管理和日常监督检查,对教练员管理、培训质量、教学水平、考试合格率、学员投诉率等进行综合考核。建立投诉评价机制,应用互联网等多种形式和渠道,通

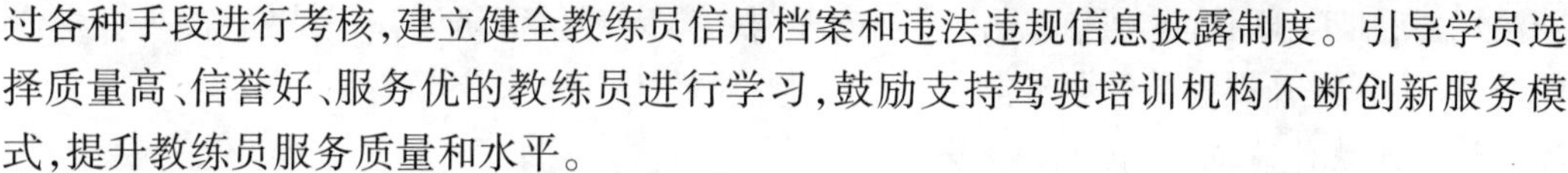

过各种手段进行考核，建立健全教练员信用档案和违法违规信息披露制度。引导学员选择质量高、信誉好、服务优的教练员进行学习，鼓励支持驾驶培训机构不断创新服务模式，提升教练员服务质量和水平。

3. 严格按照教学培训大纲要求进行理论教学

理论教练员要上好安全驾驶第一课。积极改进理论教学方式和内容，采用课堂教学、多媒体教学、交通运输部远程网络教学、交通事故案例教学、交通安全体验等方式，促进理论知识培训和实际操作训练交叉融合，提升驾驶培训专业化、系统化水平。“交通法规血写成，牢记遵守益终生”，从交通安全的重要性、严重性、使命性，多角度、多元素、多层面树立和强化“珍爱生命、安全第一”意识，认真落实“五个一”活动，要不断丰富宣传教育和体验教育内容，强化农村、山区等复杂道路驾驶及交通事故快处快赔等内容的学习教育，突出实操性和针对性，将文明出行理念内植于心。

4. 理论教学与实操教学相结合

实操教练员要将安全意识始终贯穿于培训科目的每个环节，注重教学安全、规避安全隐患、鼓励肯定学员，做到阳光执教，倡导伙伴式教学。教练员执教有“八心”：用理解的“心”真诚对待——学员多样化；用专业的“心”教授技巧——教学专业化；用包容的“心”指正错误——科目层次化；用敬业的“心”规范施教——科目严格化；用进取的“心”提升自己——环境时代化；用责任的“心”锻造自己——责任长久化；用感恩的“心”终生为友——职业价值化。

二、打破传统　转变思想　树立行业新风尚

1. 推进新政落地，转变教练员角度

我国驾驶员素质整体偏低，追根溯源，首先是我们教练员队伍的素养就整体偏低。教练员培训专业知识能力缺乏，培训技能技巧水平较差，教练员能力提升的培训机会较少，在教学中，一些教练员受“师傅带徒弟”等落后的传统思想禁锢，计时造假，吃、拿、卡、要等现象严重，乱收费和其他违纪行为时有发生，以至于造成了培训质量无法保障，严重地损害了学员的利益，不仅对自身的师表形象造成了损坏，还对驾校的声誉和发展带来了负面影响。随着驾考新政的实施，不仅是向驾校的经营提出了新的考验，更是对教练员的素质提出了更高的要求，新时代的教练员要打破“师傅带徒弟”的传统模式，向“一日为师、终身为友”的新思想、新观念转变。

2. 加强在职教练员教学能力的提升

过去对于教练员的准教门槛低，从业培训简单，形式单一，造成一些教练员有资格没能力。对在职教练员进行知识更新、专业补充、业务拓展、能力提高的职业技能提升培训，从而提升教练员的社会地位、职业品位、专业能力、职教责任、师表使命。将驾培行业

新法规、新知识、新技能、新信息，进一步梳理、整合、完善教练培训知识结构，提高教学专业技能水平，提升教练员的服务能力，以达到专业教练员的水准。

3. 工匠精神铸造“车轮上的安全”

李克强总理在《政府工作报告》中首次提出“培育精益求精的工匠精神”。“工匠精神”成为网络热词的同时，也是从业者对社会责任的诠释和职业价值的体现。在驾培改革的时代弘扬和践行“工匠精神”，让教练员专业化、职业化、细致化，是体现时代的发展，符合时代的需求，适应行业的改革，推动驾培的服务升级。教练员专业化是教练员从驾驶员到传授者的转变和转化，由“会开车”变为“教开车”，并且是安全开车、开车安全。教练员职业化隐含着教练员地位的变化，让教练员由苦力挣钱变为“靠智慧”挣钱。教练员的细致化是对技能教授的一丝不苟，对教练职业的精益求精、对驾培事业的尽心竭力、对安全驾驶的坚守创新、对和谐交通的坚持不懈！

三、爱岗敬业　树立品牌　安全驾驶从这里开始

1. 爱岗位　立本职　我为驾校代言

对于教练员来讲，是驾校最好的形象代言人，是传播和树立驾校品牌的“真人招牌”，教练员的一言一行、一举一动都时刻代表着驾校的形象和服务。同时，教练员也是教授学员技能的第一接触人，所以教练员的行为和素质直接关系着学员对驾校的评定。建立健全教练员相关制度，明确教练员岗位职责，“评优树先、以评促建”建立教练员考核机制、推进教练员继续教育，组织开展在岗教练员全员培训活动。积极开展教练员技能竞赛、教练员考核，以及星级教练员、优秀教练员评比活动，达到提高教练员职业道德、促进教练员执教水平、加强教练员教学交流，学习同行业教学经验、共享同行业优势资源的目的，形成比、学、赶、超良好的行业氛围，推进驾培行业健康、有序的可持续发展。

2. 形象优　教学好　我为自己代言

教练员是学员的启蒙老师，自己的职业修养好，道德素质高，执教能力强，服务品质优，关心帮助诚，师友情谊真，不仅树立良好形象，提升培训效率，提高过关率，提高培训质量，又能保证学员日后安全上路驾驶，得到学员们的认可的同时，还树立了自己王牌教练的品牌地位，因此教练员要严格规范自己的从业行为，不断提升服务质量、树立良好形象、打造行业诚信品牌、提供放心优质服务。

3. 讲安全　重安全　筑牢交通安全防线

随着人们日益增长的物质文化生活的需要，汽车已经快速进入百姓家庭，汽车驾驶由职业向代步工具快速转变。与此同时在学车需求量大大增加的今天，由于教练员整体素质偏低致使培训质量急骤下降，初考证驾驶员队伍素质普遍低下，交通安全意识淡薄，

法制观念不强,驾驶职业道德较低,交通事故增多,给人民生命财产造成了重大损失。为进一步规范和加强驾驶员培训质量工作,狠抓驾驶员源头管理,落实岗位责任制,维护驾驶培训的统一、规范、有序、高质,就需要提升教练员各个方面的能力和素质:以全面提升教练员的教学能力和服务水平为基本点,以满足学车族不断提高的学驾需求为中心点,以提高驾驶员的安全驾驶能力从而改善当前道路交通状况为出发点。使教练员能够认真履行职业责任,遵守职业纪律,讲究职业道德。对学员不仅要注重驾驶技能的培训,更要注重驾驶职业道德的培育、驾驶阳光心态的塑造、驾驶良好习惯的养成,这是新时期教练员道德建设和行业精神文明建设的客观要求。只有全面提高教练员的思想理论素质和职业道德素质,才能确保驾驶员培训质量的提高,才能筑牢严防交通事故源头管理的防线。

四、改革东风 时代弄潮 "互联网+驾培"从这里起航

1. 拥抱互联网 做时代的弄潮儿

在互联网盛行的时代,网络已经遍及我们生活的每个角落,改变人们的衣、食、住、行。驾培行业也涌现出很多智能技术与社交平台,如,机器人教练、58 学车、车轮考驾照等。信息时代,更新换代。如今的驾培不再是过去以实体经营的行业,2015 年 11 月,国务院办公厅印发《关于推进机动车驾驶人培训考试制度改革意见》中的主要任务就提出:创新培训方式,实行计时培训计时收费,推行计时培训计时收费、先培训后付费的服务措施。全面推行自主报考,建立统一考试预约服务平台,提供互联网等报考方式,这一系列措施充分借助互联网改革东风,为广大学习驾驶人员提供便利,享受智能变革的新技术,使驾培消费公开、透明,合理。

2. 优势互补 共享网络

智能机器人是网络与科技的产物,是智能时代对传统驾培的颠覆,人们在逐渐接受这一新鲜事物的同时,也产生了很多的看法和异议。有些报道甚至提出:未来十大职业将会消失……其中就有驾校教练员这一职业,文章中列举了一系列机器人教练的优势,比如合格率高、成本低、不存在粗暴教学等。可客观来讲,机器人教练也并非十全十美:比如我们教练员教学讲的就是因材施教,面对不同学员的特点、性格、层次进行有针对性、差异化教学,还有就是教学当中的安全责任落实等等,所以在享受智能的同时,我们应该客观的看待,不能将"人教练"撇出,而一味追求"智能"。机器是为人服务的,人是为教学质量服务的,所以是"人机结合,优势互补",引进新技术、新设备的同时,加强教练的综合素质,始终将安全责任放在首位,以互联网为载体,以智能技术为发展、以社会责任为核心,打造智能驾培、诚信驾培、平安驾培。

五、提升服务　创新模式　营造公平竞争市场环境

1. 市场的竞争是创新能力的竞争

大家都知道柯达胶卷凭经验创造了历史经营的伟大，抱着举世王牌的胶卷制造经验排斥数码照相让企业走向了消亡。思路的正确实现了过去的成就，思想的先进成就了今天的成功，思想的智慧开拓着明天的发展。古人云："以铜为镜可以正衣冠、以古为镜可以见兴衰、以人为镜可以明得失"。如今是"以消费者为镜可以知营销"，不只是站在经营者和销售者的角度，而是站在学员和消费者的角度，知晓学员的需求、明白学员的渴望，以卖为镜知买心，知己知彼，才能百战不殆。

在驾培驾考新政的实施的新形势下，在驾培市场逐步开放的新格局中，在互联网发展的新模式中，驾培改革已经迫在眉睫，固守成规只能被时代的车轮淹没，被行业的变革淘汰，只有转变和创新才是唯一的出路。

2. 市场的竞争是服务质量的竞争

用与时俱进的眼光和思想变革进行自我提升校正。行业的变革其实是服务的升级与转型，背后是思想和意识的较量，是智慧和质量的竞争。如今的时代可以说是信任危机的时代，过去选驾校是看谁的广告做得好，谁的价格低。宣传的广告铺天盖地，可最终消费者享受到的"服务"却和实际大相径庭，让学员觉得自己上了当、受了骗，还生了一肚子气。现在的广告没人看，追着发传单，人们看也不看转身就扔垃圾桶。广告说得天花乱坠，不如驾校服务到位。从咨询到报名，从预约到练车，从考试到拿证，有几家真正做到了"让每位学员都满意"？中国驾校第一股的东方时尚驾校的发展经验证明了思维变革和服务提升的重要性，"金杯银杯不如百姓口碑"，从理念树立，从行为塑造，从细节做起、从点滴做起，只有高质服务才是长久之道。

3. 市场的竞争是行业规范的竞争

(1)随着社会的发展，驾驶员培训的市场需求迅速扩大，驾培市场呈现出井喷式爆发态势，一些市场乱象也如雨后春笋般层出不穷：价格战、黑驾校、培训造假、违规操作"吃、拿、卡、要"成了驾培行业的标签和代名词，严重破坏了行业形象、扰乱着驾培行业规则、影响着驾培行业发展。

(2)市场呼唤规范，行业要求自律，企业渴望公平。2015 年国务院办公厅转发了《公安部交通运输部关于推进机动车驾驶人培训考试制度改革意见的通知》(国办发〔2015〕88 号)，标志着国家对驾培行业的重视和监管，提出坚持以问题为导向、以改革为动力，一方面是促进驾驶培训市场开放竞争、驾驶考试公平公正、服务管理便捷高效，不断满足人民群众驾驶培训考试需求，一方面是要不断提高驾驶培训考试质量，着力维护道路交通安全、文明、有序发展。

(3)规范管理推动驾培行业健康发展。机动车驾驶员培训机构是培养驾驶员的主要场所,教学管理、设施场地、管理制度、教练员素质等条件是决定教学质量的关键因素。2014 年 6 月 1 日起施行的《机动车驾驶员培训资格条件》(GB/T 30340)和《机动车驾驶员培训教练场技术要求》(GB/T 30341),将规范经营的驾校纳入国家标准,提高了驾校经营的准入条件、规范了驾培市场的经营秩序、加强了驾驶员培训质量、提升了驾校服务水平、促进了驾培行业安全、绿色、健康、可持续发展。

结语:创新驱动市场发展　思维成就智慧驾培

我们现在所处的时代面临着诸多的机遇和挑战,是之前任何一个年代都无法比拟的残酷和激烈。智慧驾培正在向你走来,它是在新时代、新形势下驾培行业的一系列变革和转变的必然产物,它赋予了行业对时代发展的使命和价值,它诠释了驾校经营模式的升级迭代,它给了驾培人不畏艰难、勇往直前的创新动力。它不单单是模式的改变,还是思维的转变,更是时代的蜕变。诚信、规范、责任、创新,紧跟时代步伐,打造品质驾培、智慧驾培,做新时期安全驾驶引路人。

王东莉,女,1986 年 1 月出生,就职于内蒙古靶场驾校。

曾荣获呼和浩特市“圣邦杯”机动车驾驶培训教练员技能竞赛第一名(理论组),内蒙古自治区“安达杯”机动车驾驶培训教练员技能竞赛第一名(理论组),内蒙古自治区“交通技术能手”称号。

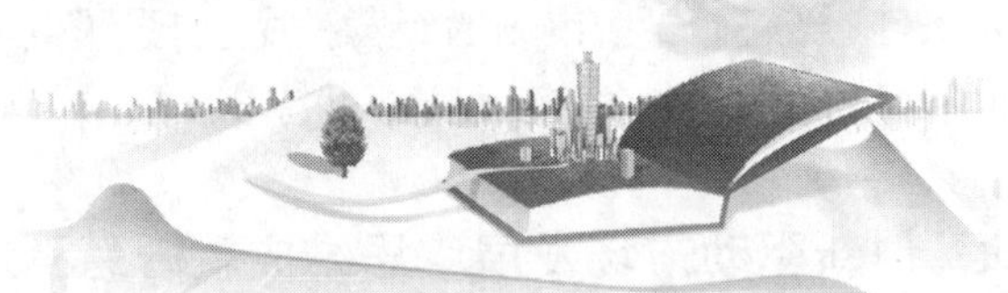

浅析新形势下驾校的生存与发展

嘉兴市万国汽车驾驶员培训有限公司　吕　滨

[摘要]　在驾校遍地、需求旺盛的市场行情下,在缺乏完善管理措施和有效管理架构的情形下,公安部联合交通运输部积极推动驾驶人培训考试改革,致使驾培行业暗流涌动,产业升级成为大势所趋。然而,仅仅依靠政府政策法规的引导、传统驾校抱团取暖、大型驾校"跑马圈地"都是很难做到长存久安的。只有在互联网共享思维模式下,借助资本、品牌、服务、管理、科技等手段,强势介入,重组资源,创造新的商业模式,各方利益包容共存,确保实现多方共赢,才能促使驾培行业朝着健康发展、有序发展和可持续发展的方向前行。本文从目前驾校的现状分析,找问题、寻方法,为在社会改革大形势下驾校的生存与发展提出建议与想法。

有一组数据,从2010年到2014年,驾驶人数量增加了1亿。驾驶人总量占全国总人口的22%,每5个人或每3个适龄驾驶人中,就有一个人拥有机动车驾驶证。截至2015年,我国共有机动车驾驶员培训机构户13782户,机动车驾驶教练员68.63万人,机动车驾驶员培训教学车辆53.4万辆,完成机动车驾驶员培训667.4万人次,而到了2017年一季度,全国驾培机构接近1.7万家,教练员近90万人,教练车超过70万辆,年培训能力接近5000万人,但实际培训人数约3000万人次。

驾培行业看似欣欣向荣,实则动荡不安,在不断深化的驾培改革浪潮中,驾培行业将面临前所未有的挑战,整个业界将重新洗牌。在这样的大环境下,如何不被出局,更要脱颖而出,将是每个驾培从业者亟须考虑的问题。解决新形势下驾校的生存问题,必须要寻得正确的发展方向,找到合适的发展途径,从当前情势来看,可以从以下几个方面出发:

一、全面推进改革力度　建立个性化的驾培模式

目前,驾培企业一方面面临着产能过剩,市场供给远大于需求,过剩的产能还造成了一些驾培机构的场地、车辆资源的闲置和浪费,行业竞争日趋激烈。另一方面,由于按照国家标准,开办驾校需要面积不小的训练场地和办公场所,用地成本高,近年人工成本上涨在驾培行业也已经凸显。驾培机构之间为了争夺生源,只能通过持续降低培训价格,甚至以低于成本的价格招生,这就形成了一个恶性的循环。传统驾培市场粗放的经营管理发展方式,必然带来政策变革、成本飙升、利润摊薄、市场无序,严重影响驾培行业整体的运行效率与质量,企业改革迫在眉睫。

洞察驾培行业趋势,捕捉消费者行为路径变化,服务升级、产品迭代和运营优化成了驾校改革的重心。公安部联合交通运输部积极推动驾驶人培训考试改革,引起社会各界高度关注,已经在一定程度上、一定条件下取得突破。自学直考的推动,计时收费的实施,自主约考的开通,有效遏制了教练员从中吃拿卡要现象的发生,也推动驾培行业朝着健康有序的方向发展。

对驾培行业的整顿和整合,进行“改制”“收编”,形成规模化运行模式,是政府牵头、行业自管和企业求生的重要途径。驾培企业规模化,既可以降低成本,又可以提升效率!随着驾校经营成本不断攀升,驾校都面临着资源使用效率的问题。规模化可以有效分摊固定成本,有利于企业可持续性发展。规模化可以通过集中培训,也可以通过连锁经营实现。通过连锁经营,提高品质和服务,降低广告、技术投入的边际成本,是降本增效的有效路径之一。

改革中充满挑战,同时也充满机遇。随着人民消费需求的不断升级,对于驾培产品的需求更倾向于就近学习,个性化培训,自主化安排时间,因此打造具有“个性化”服务的驾培模式是适应时代发展的必然趋势。只有紧随市场需求,不断地转型、升级与完善,才能在行业中鹤立鸡群,立于不败之地。

二、大力推进品牌创建　凸显鲜明化的驾校特色

目前我国驾培机构超过 1.7 万家,但是没有一个全国市场占有率超过 1% 的品牌,区域性的品牌在当地市场占有率也鲜有超过 10% 的。如此分散的市场占有率,很难形成全国性品牌优势。现在的潜在学车人群大部分都是 80、90 后,这些人的特点是具有强烈的个性和权利意识,更加注重服务质量和品牌,不愿意忍受低水平的服务。他们在选择驾校过程中,更多的是愿意相信有品牌实力的驾校。而品牌化也是降低驾校获客成本和提升品牌溢价的一种重要手段。各行各业都需要自己的品牌,只有品牌过硬才能使客户充

分信任，才能吸引更多的客源，驾培品牌化是大势所趋。

驾培市场品牌化的路径与酒店行业存在相似之处，需要线下服务、品牌链接、服务标准化等等。可以推测，未来驾培市场品牌将出现分化，如餐饮行业高端的"米其林餐厅"和咖啡行业高端的"星巴克"，如此全球性的品牌，需要靠背后的实力、历史和文化的积淀，也需要与区域性的品牌共存。因此，在当前的大形势下，驾校要保持活力，继续发展前行，必然要凸显出各自的品牌优势，通过鲜明品牌文化和品牌特色吸引大众。未来，驾培市场将会出现几个甚至十几个全国连锁品牌和区域优质品牌。

三、有效利用科技资源　实现智能化的驾培服务

1."互联网+预约"

移动互联网时代，更加注重产品的用户体验，驾校长期依靠传统的方式获客和提供服务，受到越来越大的局限与挑战。信息传播载体和交互方式的变革，必然带来商业流程的升级。目前行业内涌现出一批以"车智联"为代表的互联网学车品牌，通过移动互联网技术，实现学员APP报名交费、模拟考试、预约教练、评价学车等功能，改变了原来只能靠店面或电话才能完成的服务，提升了学车的服务体验，也提高了驾校整体的管理效率。

2."互联网+模拟"

"互联网VR驾培"是一种新型的学驾模式。上班族平时周末挤出时间去驾校练车，在驾校要排队一上午才能体验一到两次左右，有的甚至一年左右才能拿到驾照。还有一些环境上的因素影响，例如在炎热的夏天学车，坐在车里就跟坐在火炉似的，而在冬天学车，双手双脚都冷冰冰的等等。而这些因素在与VR技术结合后，全部都可以迎刃可解。既可以解脱教练传统的一对一说教，又可以让学员突破各种客观环境障碍。主要优势有两点：

(1)从考试的角度来看，想拿到驾照，必须经过几轮考试。让人最头疼的应该就是理论考试了，就算是再好的记性，在一两年之后估计也会把当初记住的理论知识忘在脑后。另外就是时间和空间上的局限，考场环境和训练环境中还是有区别的，如果在考试过程中学员因缺少训练带来的不良心态挂掉当门考试科目，那么就需要再等上一段时间再去复考。利用VR技术，未来或许不再需要现实生活中考试，可以用VR直接代替传统考试。

(2)从用户的角度来看，学员们可以随时随地全身心地投入到学车的虚拟环境中，并达到一个理想的学习效果，相比在传统驾校里学习，再也不用担心学习的次数过少，相反，还有利于学员们在技术水平上有一个很好的提升。

四、着重提升职业素养 培养专业化的教练队伍。

学高为师，德高为范，教练员素质的高低直接影响培训质量的高与低。目前，驾培的主体是教练员，教练员的思想素质和技术素质参差不齐，安全质量和服务水平在一定程度上会受影响。企业管理，贵在以人为本。驾驶培训也一样，自始至终，教练员是主体、是巨大的影响源。他对训练过程的组织实施、教学方法的运用，他的驾驶技术、言谈举止、思想观点、道德品质、精神境界，无不对学员产生熏陶、感染和潜移默化的影响作用。因此，加强对教练员队伍规范管理，培养专业化、职业化的优质驾校教练员，是加强驾校“软实力”的重要保障。

1. 加强思想道德品质培养

教练员不仅是向学员传授驾驶技术的老师，还应是塑造学员灵魂的工程师，因此教练员要在思想和行为方面成为学员的模范。同时，必须改变观念，转变思想，抛弃传统的落后的封建师徒观念，强化服务意识，建立新型的师生关系。

2. 加强心理健康素质培养

教练员与驾驶员既有区别，又有联系。一名驾驶员具备较高的驾驶技能之后就能完成所给予的驾驶任务。然而，作为一车之主的教练员，仅具备较高的驾驶技能则远远不够，还必须有较高的心理学、心理训练与承受能力。要懂得尊重和爱护学员，对他们耐心教育，启发引导，使他们具备良好的实际操作驾驶的心理素质。

3. 加强专业技术能力培养

“打铁尚须自身硬”，想教好别人，自己必先有教人的本领。教练员要不断调整和改变自己的驾驶方法，以适应新的路况和环境，总结经验教训，将理论与实际相结合，进一步完善自己强大的专业技能，包括驾驶操作技能和保证车辆技术状况良好的维修调试技术等。只有如此，才能保证为学员提供更多的正确操作示范和训练。

4. 加强教学指导能力培养

首先，要具备一定的语言表达能力。教育学认为，称职的教师应当善于运用精简扼要的语言和中肯的态度表达自己的思想，使学生易于理解，乐于接受。再者，教练员还应当具有了解学员训练情况和个性特点的洞察力。学员掌握了什么，没有掌握什么，掌握程度如何，以及每一位学员所遇到的困境，教练员都要做到心里有数。对学员的观察要付诸在整个训练过程当中，而不应只局限于定期测试上。要通过观察和交流，掌握每个学员的个性特征，因材施教，达到训练目的。

结论

驾培行业在改革的进程中，想要立足于市场，就需要不断地开拓与创新。新形势下，每一位驾培行业的从业人员都应该秉承高度负责的精神，构建健康有序的驾培行业。增强责任意识、提升培训品质、推动驾培改革、促进行业发展，才是我们驾培行业的重中之重。

吕滨，男，出生于1987年11月29日，自2007年考取驾驶证，安全驾驶已达10年。

2014年起从事驾培行业，一直任职在一线教练当中。从开始当教练以来，认认真真、勤勤恳恳，坚持秉承“以人为本，精心授技”的教学宗旨，善于因材施教。

浅议新时期驾校素质教育

徐州市江北驾校常务副校长　鹿　垒

[摘要]　在现阶段加强驾校素质教育，是驾培市场发展、社会文明发展及社会责任的需要。目前驾校存在三大问题：一是一些驾校主办人思想观念不适应社会发展的需求；二是管理层管理水平低影响驾校的运作；三是教练存在突出问题影响培训质量。针对以上问题提出解决方案：一是重视驾校素质教育，适应交通形势新发展；二是提高主办人素质，把驾校培训当作事业来做；三是强化管理层素质，提高管理水平；四是注重培训工作，全面提升教练员的素质；五是以制度教育为规范，提高服务意识。

随着生活快节奏的发展，人们的生活已经离不开汽车，驾校发展呈现喷发式态势。驾校短期内的膨胀，出现了诸多的问题，驾校素质教育急需提高。

一、新时期驾校素质教育意义

1. 市场发展的必然需要

过去驾校少，是卖方市场，一度是疯狂野蛮的市场。现在驾校多了，竞争多了，过去的那种卖方市场一去不复返了，驾校提高素质，提高服务质量，也是必然的选择。

2. 社会文明发展的需要

目前我国法律法规越来越健全，全面推进依法治国，社会文明发展已经是社会发展的主旋律，各行各业都在倡导文明，提高驾校的素质也是社会文明的发展需要。

3. 承担社会责任的需要

驾校是培养驾驶员的地方，驾校的素质行为直接影响到学驾驶的人，培养文明驾驶人，减少"马路杀手"是新时期驾校义不容辞的责任，从这一层面来看，驾校素质教育势在必行。

二、当前驾校素质方面存在的问题及原因

1. 一些驾校主办人思想观念不适应社会发展的需求

只顾硬件上的标准，忽视软件建设，只考虑怎么挣钱，不考虑怎么为学员服务，缺乏社会责任感。

原因：第一越来越多的驾驶培训机构的出现，导致驾驶培训市场竞争日益激烈，培训成本越来越大，迫使一些驾驶培训机构采取缩减开支、增加员工工作量、降低员工收入等各种手段，一定程度上降低了管理水平。为了增加收入，一些培训机构不顾自身培训力量，一味吸收受训学员，导致教学和服务质量下降。第二驾校主办人本身缺乏应有的管理素质，有的主办人本来就是一些看客、投机客、转型客，这些外行人投入到驾校来，本来就是抱着捞一笔就走的观念，没有把它作为事业来干，更无从谈起社会责任感。

2. 管理层管理水平低影响驾校的运作

多数是放羊式的经营模式，缺乏对教练和学员的管理，后勤服务跟不上，宰客现象时有发生。

原因：第一驾校主办人没有把握用人的方向，管理人员多数是裙带关系，认为管理层应该是自己人，这些人往往没有管理才能。第二管理层人员往往是自由发挥，而不是规范管理。第三缺乏对管理层人员的监管和考核，造成管理层自由散漫，服务不到位。

3. 教练存在突出问题影响培训质量

一是教练技术整体良莠不齐。有的技术不过关，有的有技术缺乏传授经验。二是缺乏自身修养和职业道德。具体表现如下：

(1)语言不文明，语无遮拦，甚至伤及人格尊严。

(2)不耐烦，学员不能多问。

(3)不愿多讲，只在一边观望，甚至放羊式自己去练。

(4)一些学员针对自己在练习中存在的问题渴望得到教练的指点，往往有些教练只是指责，不是耐心指导。

(5)一些教练不检点，存在有的想让学员送红包，有的想叫学员请吃喝等现象。

原因：第一教练员虽然一时考试过关，但后期缺乏学习，技术跟不上，造成教练员技术良莠不齐，影响教练员队伍的整体素质。第二从现有的教练员整体情况来看，相当一部分教练员文化低，综合能力差。同时，受经济利益的驱使，驾培机构对教练员的培训没有落到实处，形成了一大批教练员会开车不会教学的现象，直接影响着教学质量的提升。第三没有具体相关规定来约束驾校教练，使得驾校教练有随意性，有的是以教学时间、教学质量暗示学员为其提供好处。这些现象破坏了社会风气，也滋长了学员的随意性、放松性，影响了今后学员的行车安全。第四相当一部分驾校只注重学员的通过率，对教练

的教学方法、教学态度和行为不重视、不关心。很多驾校开办的目的是盈利，有的甚至不择手段。只重视经济利益，将学员招入校后便采取自由式松散式管理，甚至于某些驾校和教练共同研究通过考试的技巧，而不重视实际驾车技能的培养。造成一大批凭借看标杆、背口诀而通过考试的学员，到了自己单独操作时出现技术生疏、动作错误等基本错误。第五缺乏对教练员的教育培训，尤其是法律法规和职业道德的培训，由于缺乏应有的培训，造成一些教练员违反职业道德的现象频频发生，造成不良社会影响。

三、应对驾校素质教育问题的对策

1. 重视驾校素质教育 适应交通形势新发展

培训质量是驾培行业发展的根本，是保证驾驶人素质的基础。驾培机构要树立素质教育理念，积极适应交通形势新发展，打造一批符合道路交通实情、满足培训需求的精品教学课程。要坚持工匠精神，围绕提升教学品质，从“流水线生产”转向“私人定制”，创建一种学员爱听、愿学的精品教学方法。坚持交流学习，借鉴先进地区经验做法，引入先进教学理念方法，建立一套符合驾培行业发展方向的精品教学体系。

2. 提高主办人素质 把驾校培训当作事业来做

加强驾校主办人观念教育，改变旧的思想观念，不要只重视短期利益，要注重长远利益，要把驾驶培训当作事业来做。一所驾校的成败一定程度上取决于驾校主办人。一方面加强驾校主办人的业务学习，只有自己成为行家里手，才能管理好这个驾校。另一方面切实加强观念转变，要转变那些不顾实际，一味追求吸收受训学员短期利益的行为，要加强基础工作，向驾校标准化建设迈进，通过提高质量和服务要效益，真正把驾驶培训当作事业来做。

3. 强化管理层素质 提高管理水平

管理层手托驾校主办者、教练员及学员三方，三方的沟通集于管理层中，是常规管理的重要基础，管理层的素质直接影响了整个驾校的运转质量。因此严把管理层入口关，除了要挑选业务好、懂管理、人品好的人作为驾校管理层人员外，更重要的是加强中层人员的素质培训，要让管理层成为驾校高素质人才的表率，只有这样才能促进驾校整体工作的提高。

4. 注重培训工作 全面提升教练员的素质

驾校教练从社会功能上看不仅局限于传道授业，更担负着社会的责任。所以，驾校教练综合素质的提高是关乎全社会的一件大事。教练员和学员是面对面的教学交流，教练的一言一行对学员的驾驶习惯、驾驶文明影响深远，加强教练员的素质教育至关重要。加强教练员的素质教育的重要途径就是培训，要重视岗前培训、平时培训，和平时常规教育相结合。一是加强教练员的技术培训。根据当前的形势，汽车类型不断变化、不断更新,如果教练员始终停留在自己现有的水平上,远远跟不上驾校发展的脚步。驾校应定期和不定期举行教练员技术培训,加强技术与理论的双培训。通过培训不断更新和完善教练员的汽车理论知识和反应能力,提高教练员的实战技术,以便更灵活的应对未来可能遇到的突发事件。只有这样,才能有针对性地对学员实施个性化教学,以提高培训的效率。同时,驾校要积极组织和支持教练员参加上级相关管理部门举办的业务培训,并以灵活的方式对教练员的掌握情况进行考核评定,为了提高驾校教练对培训的积极性,可以实行教育补贴等政策进行鼓励。二是举行教练员技术比武通过比较让教练员们明白自己的不足。驾校可以根据培训的科目及时间安排设置技术比武的科目,可让其他教练和驾校学员观摩,以此扩大影响力,促进提高教练员水平。三是注重职业道德培训。驾校要根据自身的情况举行职业道德培训。要组织驾校教练员学习交通安全知识,强调教练人员要严格遵守交通法规和驾校的各项规章制度,做遵纪守法的模范。要求教练员不准直接或变相向学员索拿卡要或接受吃请和送礼,不准酗酒和酒后驾车或训练,严禁吸食毒品等不良嗜好。不准瞒报交通事故,训练中造成交通事故,必须妥善处理,及时报警。不准私自更改训练路线和擅自缩短训练时间,如需延长训练时间必须报经分管校长同意,报相关部门批准备案。不准打架、赌博,不准粗暴教学和辱骂学员,不准擅自安排非本校学员或调换学员上车训练。

5. 以制度教育为规范 提高服务意识

驾校要围绕常规管理、培训教学、后勤服务等方面强化制度意识教育,在制度的框架下提供一流管理、一流教学、一流服务,让学员满意。一是在驾校培训过程中建立必要的常规制度,以确保安全培训,使各项工作有章可循。二是无论管理人员还是教练员都要建立量化考核机制,最大限度地调动管理人员和教练员的积极性和主动性。三是驾校培训过程中要建立监督机制,实行校务公开,对违反规定要及时处理,及时通报,不隐瞒、不姑息,维护公正,弘扬正气。

鹿垒,女,1982 年 6 月出生,大学本科学历,毕业于徐州师范大学技术教育学院计算机专业。2004 年至 2011 年就职于徐州市江北青年职业技术学校;2012 年至今就职于徐州市江北驾校,任常务副校长。长期从事驾校管理工作,并对驾校管理不断进行探索实践,在徐州乃至淮海经济区具有很高声誉。

新形势下驾校的生存与发展

泉州市龙腾汽车培训有限公司　庄文峰

[**摘要**]　随着当前社会的进步与发展,我国车辆保有量也在迅速提升,学习驾驶已不再是改革开放初期传统的就业群体了,人手一本已是大趋势。在市场经济条件下,驾校如雨后春笋般增多,经营者的机遇与生存压力同时存在。车辆给出行带来便利的同时,也给交通带来了压力。而机动车驾驶员则是交通安全第一主体,驾校除了传授学员合格的驾驶技术和过硬的心理素质、安全文明驾驶知识和相关的法律法规外,还面临自身生存与发展。本文根据新形势下驾校如何生存与发展,提出了相关建议和改进政策。

驾培市场蛋糕虽大,但在经济 L 型发展趋势不变的情况下,在驾培行业暴利传说和现金流良好的诱惑下,各路社会资本英豪转战驾培、互联网英雄裹挟风险投资源源不断进入,市场总体上供大于求、僧多粥少价格战狼烟四起,各地纷纷启动区域驾培市场风险预警机制。

驾培驾考政策虽好,比如自主约考、先学后付方向正确,但执行当中,一些地区的驾校校长有苦难言,承担着不菲的改革成本:想服务好学员却总是学员不理解、甚至投诉埋怨。原有驾培服务体系开始崩塌,新的服务体系急需政策对接。驾校的生存和发展,必须符合相关政策和法律法规的规定,同时也要结合其他同行的先进模式,毕竟“他山之石,可以攻玉”,再根据驾校自身实际,进行教学,管理,服务,等多方面的改善,从而适应当前社会发展和需求。这就需要根据驾驶培训行业的新形势、新变更、新需求进行转换,从而克服当前驾校竞争中带来的各种不利影响,再加上实践教学的探索,来形成符合自身驾校发展的实际管理模式,让驾校的教学过程逐渐向着人性化、科学化、信息化、规范化等方向发展。这样才能让驾校教学工作更加富有成效,获得更好的经济收益,在当前驾校竞争中占据优势。

一、加强驾校硬件投入，满足教学需求

公安部和交通运输部最新出台的相关文件中，对驾校的办校条件、教学管理以及驾驶证考取步骤都做出了明确详细的规范和要求，驾校必须根据相关规定来满足自身条件，让学员全面练就《机动车驾驶培训教学与考试大纲》（以下简称大纲）要求的驾驶技能。因此，在硬件的投入方面也需要驾校进行加强工作。例如：教学场地、教学车辆、周围环境等问题都要考虑在内。本文根据这些问题一一进行分析探讨。

第一，教学场地方面，教学场地的建设可以说是驾校培训的基础，也是驾校进行相关培训的基本条件。根据国务院行政法规《道路运输条例》第三十八条（四）款规定："申请从事机动车驾驶员培训的有必要的教学车辆和其他教学设施、设备、场地。"训练场地是准入的必备条件。我国国家标准《机动车驾驶培训教练场技术要求》（GB/T 30341—2013）规定了机动车驾驶培训教练场的面积和其他严格的技术要求"三级驾校 15 亩地，二级驾校 25 亩地，一级驾校 50 亩地"。然而由于目前驾校建设用地没有纳入城乡用地的政策依据，除了少数国有驾校使用了教育用地外，各地大多采用租用土地，这种做法显然不利于驾培行业的健康发展，由于驾校租用场地存在风险，故大多数驾校在建设上不愿投入太多，这也对驾校的生存与发展提出了严峻的考验，对于场地设置来说，除了要设立符合标准的训练和考试项目之外，还要根据地理位置的不同的增设训练项目，必要的绿化部分，学员休息服务区做到科学与个性化的结合，让学员在紧张的训练之余能得到放松，同时要根据训练场地的地理位置的不同做出合理训练安排，如果训练场地设在相对繁华的居民区或工业区周边，那么就必须做到在教学过程中不影响周边居民或其他单位的正常生活，生产。第二，教学车辆方面，教学车辆应当满足《机动车驾驶培训机构资格条件》（GB/T 30340—2013）的各项规定，尽量选用当前市面或者道路上行车规格较多的车辆进行教学培训，对于老式车辆要进行更新换代和淘汰处理，从而使培训内容可以跟上当前时代的发展节奏，培养出来的学员也能满足当前社会需求；第三，教学环境方面，教学环境不仅仅是驾校场地等场地环境，而是指的是整个驾校的周围环境，要保证周围环境的优越，使驾校与周围生态环境相互融合，从而为学员培训提供优美舒适的培训环境，驾校应在这个问题上下足功夫，根据实际整合驾校周边资源。

二、以服务为生存之本

当前社会，驾校竞争异常激烈，对于驾校来说，是急功近利的满足眼前利益还是进行长远的规划，成了当前大部分驾校思考的问题。但不管是第一种还是第二种想法，特别是驾校经营者选择长远的发展规划，就不能忽视服务对一个驾校的重要性。驾校在驾驶

培训的过程中保证优质的服务，是学校进行人性化管理，实现以人为本的具体体现，并且在驾校的管理、培训、设施等方面都要体现这一点，实现对学员的人性化培训让学员满意。

驾校也可以根据自身发展和培训需求进行管理改革，例如：建立健全自身的各种服务政策制度；对驾校管理人员实行量化考核和结构工资制度；还要实行承诺制，驾校向学员做出的保证要求驾校要说到做到，开通学员投诉窗口并主动公开投诉内容，对于学员的投诉问题要第一时间及时处理。还有就是自身管理方面，驾校要对内部工作人员形成严格的管理机制，比如教练员管理工作，要严格要求教练员在对学生进行驾驶技术培训期间做到全面管理培训，不能偏袒学员，对学员一视同仁，不能收取学员或者向学员索要好处等，对于违反这类规定的教练员，驾校要严肃处理，不能姑息。但同时无法回避的是由于实操教练员工作的特殊性，在实际教学上面难免会出现语气，态度生硬等问题从而导致与学员之间的矛盾，如何化解此类矛盾也是驾校生存与发展的课题，其实稍稍用点心这个问题就迎刃而解——“师者 友也”，正确引导、提前沟通，如果教练员与学员都能成为朋友，那严格教学与热情服务就不再矛盾了。

同时，还可以采用问卷调查、驾校座谈会等方式来了解学员对驾校的意见和建议，保证驾校以人为本的培训准则，在根据这些意见和建议结合驾校自身发展，对驾校进行相应的整改，从而全面提升驾校的管理水平和学员培训质量。总的来说，以人为本的培训管理理念为驾校提供了良好的内部环境和外部环境，在全面提升驾校水平和培训质量方面有着积极作用，也让驾校在当前的驾校竞争中得到健康发展。

三、加强队伍素质完善培训工作

驾校培训质量的好坏对驾校的生存和发展起着关键性作用，因此，在驾校管理方面，要不断完善队伍素质还要加强培训考核制度，把握考试质量关。“工欲善其事，必先利其器”一支强大且高素质的教练员队伍无疑是驾校生存与发展的利器。

随着国家法律法规的不断完善一些比较不适应社会发展的规章制度被逐步取消，2016年2月3日国务院印发《关于第二批取消152项中央指定地方实施行政审批事项的决定》（国发〔2016〕9号文），其中第113项提出取消，《机动车驾驶培训教练员从业资格证》决定，这意味着在新的行政法规没有出台之前教练员只要通过驾校聘用就能进入教练员队伍，这使得原来就喜忧参半的驾培行业方寸大乱，从此教练员素质的提高就只有靠自律来约束了。但著名学者中国道路运输协会汽车驾驶员工作委员会主任范立如是说：“教练员从业资格证的取消，并不是否定教练员的重要性和重要作用，只是让教练员的认证和管理回归驾校，让更多教学能力强，安全文明素质高的新鲜血液得以注入，从而推动教练员职业化教育，提高我国教练员队伍的整体素质，进一步激发驾培市场的活力”。对

教练员的自身素质和能力的提高，驾校应该积极的鼓励和适当的强制教练员参加多种形式的再教育学习，及时参加国家组织的职业技能鉴定，不断自强素质，充实自我。

在有了优秀的教练员团队后在进行培训教学过程中，可以采用周期性教学方式，并且要依据交通运输部颁布的《大纲》对教学方法进行重新的规划和更新。在进行理论教学方面，要使用多媒体教学方式进行教学，让培训内容生动、形象，从而促进学员的理论学习；在实践教学方面，对于学员培训工作一定要从严要求，让学员了解到路上行车安全的重要性，除了按照《大纲》规定学时进行教学外，还应因人施教，教学手段不能一成不变，对悟性相对低的学员应采取多教多练的方式进行教学，针对目前普遍存在的学员拿完证不敢开车的现象进行深入研究，是否练得不够多，不够好。毕竟“熟能生巧”“艺高人胆大”这些古训是有道理的。目标是让学员考试能及格，拿证敢开车。在进行科目考试之前，要对学员进行测试，测试通过的学员才去考场进行科目考试。对于测试没有通过的学员，驾校应当在适当的时间进行再培训工作，再进行测试和培训。由于进行了分模块教学，这样一来，在每个科目的培训结束后，驾校还可以知道这种新型培训对学员的培训效果，对培训结果设立排行榜与驾校教练员的工资奖金挂钩，就能够保证教练员在教学时认真施教。其实，驾校的培训与学校的文化课课堂有许多相似之处，例如，驾校也可以像文化课课堂一样，可以利用竞赛的形式，提升学员的学习兴趣。平常的驾校学习相对单一，枯燥，针对这一现象可以在培训教学阶段插入大纲没有提出的培训科目，比如实际道路常见的“涉水路、搓板路以及高速模拟”等，促进学员学习兴趣。

驾校驾驶培训每天都要和车打交道，对于车安全更是重中之重。因此，就需要驾校对每周安全例会制度、安全责任制度等进行全面的完善工作。对驾校车辆进行每天的维护，保证车辆能够定时的运转，保障学员培训安全。除了驾校培训车辆，还要求教练员每天都要对驾校设施进行管理工作，保证驾校设施的完善与更新。由于新政策的改进，导致部分老驾校现在有许多的设备都出现了闲置，对于这些设备，驾校可以适当地利用起来，从而丰富驾校的教学内容。同时对于必考的教学培训设施，也要进行定期的维护和保养工作，使设施处于完善的状态，保证学员培训过程中设施的安全性。

四、主动与新政策接轨

去年新推出的“先学后付、计时收费”模式，在各地区的覆盖率已达到100%，经调查显示，各驾校确实有推行这项模式，但有的驾校实际上使用的学员很少。一方面存在外界误导，认为计时收费的学费比包干收费和分阶段收费都要贵。另一方面是驾校本身存在排斥的现象，认为该模式繁琐不实用且个别区域的机动车驾驶培训系统的驾校客户端还不够完善。但如今的“先学后付、计时收费”是新型的学驾模式，类似于“淘宝模式”。它最大的特点是学员培训一次结算一次，最大的优点是学员可以自主选择训练时间,自由选择教练员,学员可在网上或直接到驾校预约学习时间。这种新型模式实现教练员专职化,教练车的专用化。通过计时收费形成学员、教练员和驾校三方的相互监督制约,体现培训收费的公开、公平、公正。各驾校应实施新旧收费模式共存的方式,供学员选择,体现出收费模式多样性,方便学员根据自己的实际情况进行选择。所以多种模式的实行不仅对驾校的健康发展有着长远的影响,而且可以更好地了解学员需求并做出科学化、专业化的指导。

最后,驾校主要的生存手段就是提高学员培训质量,而长期发展和生存的关键就在于,让学员安全开心地在驾校学到更多的技术和技巧,顺利通过各科目的培训和考试,这样一来,好的培训质量,安全整洁的学习环境和以人为本的热情服务,为驾校的生存和发展提供了保障。在培训过程中,要根据驾校自身的特点以及学员的喜好进行培训工作,保证教练员和工作人员的素质和服务质量,提高学员的学习积极性,做好驾校本身的教学和安全管理工作,提高学员的培训质量,就成了当前驾校生存发展的标准。

庄文峰,1974 年出生于福建,毕业于合肥工业大学,车辆工程专业,现任泉州龙腾汽车培训有限公司校长。

新时期驾校的营销与管理

合作陇中驾校　褚存平

[摘要]　21世纪以来,人民生活水平大幅提高,私家车已经逐渐走入越来越多的家庭,而驾驶技术作为当代人必备的一项技能逐渐得到人们的重视。伴随着人们对驾驶技能的追求,社会上涌现出一批汽车驾驶培训机构。但是,驾校在发展中也出现了一系列的问题。目前来说,在众多驾校中,如何被学员一眼选中,如何更好地营销自己显得尤为重要。本文从驾校的简介,发展中存在的问题,驾校的营销与管理等方面进行了分析,希望通过综合分析找出驾校自我营销的有效方法,让驾校在未来的发展中立于不败之地。

一、新时期驾校简介

目前来说,我国驾培市场已经进入一个崭新的时代,学员数量从高速增长转为中低速增长,部分驾校面临生源下降的严峻形势。所以说,这一时期是驾校转型升级的分水岭。

驾校是驾驶员取得行车资格和养成行车安全习惯的重要培训机构,对社会发展和人民生活水平的提高起着相当重要的作用,当前,驾培行业在我国仍具有巨大的社会需求和广阔的成长空间,中国交通运输协会驾校联合会秘书长刘治国对驾培市场进行了分析,美国的驾驶证持有人占全民的70%,基本上达到了全民持证的状态,而我国目前只有23%左右的持证率,而且据公安部交管局统计,2016年上半年,全国机动车驾驶人已超过3.4亿人,其中汽车驾驶人2.96亿人,占驾驶人总量的86.5%,新增汽车驾驶人1500万人,还有数据显示,从2015年来,驾龄不满1年的驾驶人超过3500万,新领证驾驶人数量激增。上述数据显示,我国的驾培行业依然火爆。但是伴随着驾校行业的不断发展,如何更好地服务于报考学员成为当下驾校办学人员和行业管理部门需要共同面对的问题,驾校的营销和管理工作显得十分迫切。

二、新时期驾校面临的问题及应对策略

(一)规范规章制度

目前,很多驾校都缺乏完善的管理制度,规章制度设置混乱。在日常的培训及考核过程中都没有完善的制度供学员和教练员参考。而且,驾校存在很多乱收费的情况,学员向教练员送礼、请客的行为屡禁不止,形成了不好的社会风气。为此,驾校应建立完善的制度体系,注重教学机构的规范设置,提高教员的配置标准与任职条件。

(二)完善教学设施

教学设施不完善是目前令很多驾校头疼的问题。驾校管理人员只顾着眼前的经济利益而忽略了长远的发展目标,对驾校内设施建设的重视程度不够,导致很多驾校的教学设施达不到驾考的要求,使学员的过关率低,学员因此不满意,流失率大大提升,进而影响了驾校未来的长远发展。因此可见,设置统一完备的教学设备显得极其重要。

(三)提高教练员整体素质

驾校对教练员的入职资格要求不够严格,导致教练员的文化程度偏低、业务不精及职业道德意识差等问题。据统计,教练员中初中及以下文化程度的约占45%,高中文化程度的约占30%,中专及以上文化程度的只占20%。大多数教练员的文化程度偏低,在教学中对专业知识比较欠缺,往往凭借自己的经验来教学,导致教学出现一定的随意性。同时,教练员的思想道德素质也影响着教学的质量,加强教练员的职业道德显得极其迫切。

(四)加强监管力度

管理部门应当加大监管力度,确保驾培机构根据教学大纲开展教学,提高培训质量。监管不仅指驾校培训中的监督,还包括相关制度的制定执行与驾考的监督我国道路交通安全的形势日益严峻,驾驶员技能的关键在于安全问题,提高驾驶员的安全意识和安全驾驶的能力势在必行。

三、新时期驾校的营销与管理

（一）驾校的营销渠道

1. 网络渠道

驾校可以通过免费网站发布招生信息，实现网络全覆盖，而且要注重发布的频次，要实时发布动态，让上网者及时了解驾校的情况，实时了解练车场地的动态，选择适合自身的练车场地。

2. 网点渠道

通过设立专门的网点，并对网点工作人员进行统一培训，实现销售统一化、专业化。工作人员穿着统一的服装，第一时间展现驾校形象，给顾客留下深刻的印象。

3. 微信渠道

通过在微信朋友圈发布驾校招生信息，让微信圈的朋友及时获取到需要的信息，同时，在微信上可以及时沟通，与朋友积极互动，使其详细的了解将要报考的驾校的所有情况，做到真正的动态沟通。

4. 学校渠道

在学校内部设立代理点，由本驾校的工作人员专职负责，也可以让学校内部的学生兼职代理。通过对学生进行统一的培训，让代理人具有驾校需要的专业要求，更好地将驾校的情况介绍给前来咨询的人员，实现驾校的充分营销。

5. 广告营销

通过媒体将驾校的招生信息公布在大众面前，广告的宣传范围广，可以让更多的人及时全面地了解到驾校的情况，实现驾校和学员的利益最大化。

（二）驾校的营销手段

1. 服务质量营销

服务的目的在于让学员满意，服务质量体现在亲切的微笑、热情的问候上，体现在业务技能、培训技巧上。驾校应坚持“以质量求生存，以质量求发展”的办学方针，不断加强内部管理，严把培训质量关。质量是驾培行业市场发展的核心竞争力，是驾培行业未来新的发展方向和趋势，是驾校今后长期立足之根本。驾校应尽可能地为学员提供一流管理、一流教学、一流设施、一流服务，让学员满意。在管理上进行一系列的改革，首先，实施全员聘用制和全方位目标管理。然后建立健全的规章制度，为有效管理、安全培训提供制度保证，各项工作做到有章可循，有法可依。驾校应该注重自身的服务质量，要求教练员严格遵守驾校的规章制度，按照规章制度办事。做到为学员快速办理入学手续，有问题及时与学员沟通,关心学员的练车情况以及学员的生活,让学员对驾校充分信任,更好的配合驾校的教学工作。

2. 品牌营销

驾培市场竞争十分激烈,是选择急功近利单纯追求经济效益还是注重驾校的长远发展,这是每一个驾校人需要深思的问题。

驾校应加强自身的品牌建设,运用良好的口碑策略强化在学员心中的形象。驾校应树立良好的品牌、质量、口碑观念,与时代文明相结合,全面提升服务质量和驾校形象。在教学过程中,尽量使每一个学员都对驾校满意,在教练和学员之间,形成有话必说的氛围,学员对驾校有什么问题及时与教练和驾校沟通,做到有话必说。

3. 提高教练员综合素质

教练员的自身素质非常关键,如果教练员自身素质不过关,对学员来说将是非常不负责任的,"打铁还需自身硬",只有自身的理论水平和操作技能都完全符合要求,教练员才能教出质量高的学员。首先教练员应注重平时的学习,增强自身的综合素质,学习教练员相关的知识,充实自身。而对于驾校来说,应该积极鼓励教练员参加再教育,其次,平时驾校应采取内部培训的方式,如组织学习,举办讲座,组织培训计算机技能等。

4. 加强硬件设施建设

国家相关法律法规,对驾校开办条件,培训管理,考试办法等均做了明确规定和要求,作为驾校,只有具备相应的办学条件,才能使学员全面练就新大纲要求的驾驶基本技能。驾校应注重自身硬件设施的建设,给学员提供环境优美的练车环境,让学员在舒适的环境中学习驾驶技能。驾校的练车场地应注重科学规划和建设,应和考试场地中的驾考设施达到同等标准,不应出现练车技术高驾考不过关的情况。

(三)驾校的管理

1. 管理制度

按照《机动车驾驶培训教学与考试大纲》,制定科学的管理制度,制定合理的教学计划;严格执行教学计划,任何人不得更改规定的教学内容,实现教学标准化。

2. 加强教练员的管理

在教练员入职前进行资格审查,入职后积极组织培训。通过统一组织培训班和自己平时主动学习教练员相关知识两种方式,加强教练员自身的文化修养;加强思想道德素质的培养,把"爱岗位、爱学员"作为自己的工作准则,在工作中更好地践行这个准则;注重自身操作技能的强化,在工作中,教学员学习各种技能的同时,也不断强化自身的操作技能,不可停滞不前,抱着得过且过的心态。

3. 加强学员的管理

对学员入校前进行资格审查,入校后,严格考勤制度,抓好理论学习和实际操作能力的训练,帮助他们取得良好的成绩。学员在校期间,自觉遵守驾校的规章制度,服从管理,按时练车,不得迟到耽误其他学员练车。定期对学员进行思想教育,实时关注学员的心理变化,了解学员的切实需求,更好地为学员服务。

4. 驾校自身的强化

驾校应该坚持“以质量求生存”,只有提高自身素质才能让学员满意甚至信任教练员。培养工作人员的责任心,细化各个工作人员的工作职责,分工协作,更好地完成驾校的工作,让驾校和学员的利益都实现最大化。

5. 管理部门自身

俗话说“没有规矩,不成方圆”。规矩也就是规章制度,无论是集体还是个人都要遵守规章制度,按照规章制度办事。作为进行管理工作的管理部门同样也要履行自己的职责,按照现实情况出台与驾校相关的法律法规,严格管控驾校的工作,运用制度使驾校的工作,朝着规范化、正规化的方向发展。

褚存平,现就职于合作陇中驾校,有十多年驾驶经验。于1997年至2000年在甘肃民族师范学院汉语言文学教育专业学习,修完全部课程。于2016年在兰州市参加“实战型驾校校长(高管)经营管理研修班”,经考核成绩合格;于2016年参加甘南州机动车驾驶培训教学业务和新版《机动车驾驶培训教学与考试大纲》培训学习,成绩合格。

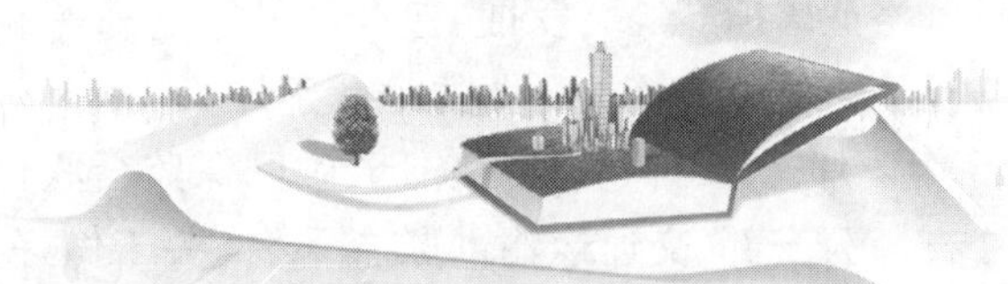

新形势下驾校的生存与发展方向

——返璞归真,不忘初心

云南云大机动车驾驶教练员培训有限公司　李佩颖

[摘要]　驾驶培训行业伴随汽车时代应运而生,据公安部交管局统计,截至2016年底,全国机动车驾驶人数量达3.6亿人,汽车驾驶人超过3.1亿人,汽车驾驶逐渐成为人们生活和社会必备的基本技能,“人手一本驾驶证”的现象开始普及化。驾驶培训行业也因此快速发展,截至2016年,我国共有机动车驾驶员培训机构1.6万户,机动车驾驶教练员86万人,机动车驾驶培训教练车辆67万辆,2016年全年完成机动车驾驶员培训3394.4万余人。驾培行业经历了萌芽期、探索期、茁壮期,直到现在的转型期,这是行业应时代要求不断成熟的过程,换言之也是驾校培训的不断改革。转型期间,驾驶培训模式的多元化转变、优质服务培训模式的转变、驾考制度的革新是特点。在这样的新形势下,驾校该如何生存和发展?本文就此问题从政策制度解读、行业发展乱象到结合驾校自身实际提出建议。

一、什么是新形势

1.政策制度的发布及实施

(1)全国政策制度。

2015年,国务院办公厅发布《关于推进机动车驾驶人培训考试制度改革意见》(以下简称《意见》)。《意见》提出几个核心改革点:培训方式、约考模式、驾培市场准入条件。改革遵循“便民、利民、惠民”的方针政策。主要改革意见有:实行培训方式的多元化、先培后付、计时培训、自学直考;实施约考模式自主化、自主报考、自主约考;开放驾培市场准入、先照后证、降低审批门槛。《意见》对改革工作进行了部署,2016年上半年,部署实施,启动重大事项改革试点;2017 年,总结试点经验,深入推进改革实施;2018 年,完成改革重点任务。

2016 年 2 月 3 日,国务院印发《关于第二批取消 152 项中央指定地方实施行政审批事项的决定》,提出取消机动车驾驶证培训教练员从业资格认定,不再开展机动车驾驶培训教练员资格证培训、考试、发证、建档和档案转籍等相关工作,机动车驾驶培训教练员从业资格证不再作为教练员从业的基本条件。

2016 年 2 月,公安部、交通运输部、中国保监会联合发布《关于机动车驾驶证自学直考试点公告》;公安部、交通运输部联合下发《关于做好机动车驾驶人培训考试制度改革工作的通知》。明确了自学直考的条件要求:限定训练车辆、限定随车指导人员、限定训练路线及时间。并于 2016 年 4 月 1 日在天津、包头、长春、南京、宁波、马鞍山、福州、吉安、青岛、安阳、武汉、成都、黔东南、大理、宝鸡 16 个城市开展自学直考试点。

2016 年 4 月 1 日起,公安部 139 号令、新修改的《机动车驾驶证申领和使用规定》在全国执行,对驾驶证的申领、年审、增驾、换证、补证等内容做出修改,进一步完善机动车驾驶人考试和管理制度,为驾驶人办理相关业务提供便利。

2016 年 9 月,交通运输部、公安部联合印发《机动车驾驶培训教学与考试大纲》(以下简称"《大纲》"),并于 2016 年 10 月 1 日起实施。《大纲》对于培训结构、培训学时、培训内容、教学日志等方面进行了调整。《大纲》更加注重于道路交通法律法规相关知识和实际道路驾驶技能的教学;明确理论知识培训可采用多媒体教学、远程网络教学相结合,融入"互联网 +"思想 。

(2)地方政策制度。

表 1

时　间	部　门	文 件 名 称
2016 年 4 月	云南省公安厅、交通运输厅	转发公安部交通运输部关于《做好机动车驾驶人培训考试考试制度改革工作》的通知
2016 年 8 月	云南省人民政府办公厅	转发省公安厅省交通运输厅关于《推进机动车驾驶人培训考试制度改革实施意见》的通知
2016 年 10 月	云南省道路运输管理局	《关于机动车驾驶培训教练员管理相关工作》的通知
2017 年 6 月	昆明市道路运输管理局	关于《昆明市推进机动车驾驶培训服务模式改革工作实施方案》的通知

2. 驾培行业发展乱象

(1)行业规模的盲目扩张,供大于求。

如图 1 所示,2012 年至 2017 年,驾驶培训机构的数量呈现递增趋势,驾驶培训机构产能继续递增但有放缓迹象,培训服务量增长平缓,甚至出现下滑趋势。据数据统计,

2014 年年底，我国机动车驾驶员培训机构约为 1.35 万家；2015 年底，我国机动车驾驶培训员 1.45 万户；2016 年底，我国机动车驾驶员培训机构 1.6 万户。2016 年底至 2017 年一季度又新增 1000 多家驾校，全国驾培机构接近 1.7 万家，教练员近 90 万人，教练车超过 70 万辆，年培训能力接近 5000 万人，但实际培训人数约 3000 万人次。当前驾校审批流程简化、标准降低造成培训市场持续膨胀，驾校数量突破饱和量，学员市场不能满足实际培训需求，形成供大于求的局面，生源骤减，行业竞争日益激烈。云南曲靖地区已出现“10 车培训 1 学员”的情况。

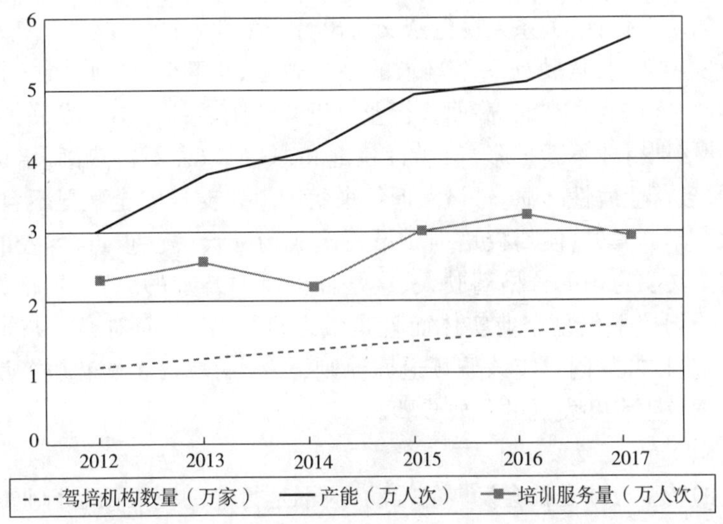

图 1　2012—2017 年驾培机构数量、产能、培训服务量

（2）考试取证成重点，培训质量无保证。

自主约考政策实施，取消培训记录的检验及归档，弱化了原有 IC 卡计时管理培训系统对学员学时里程的管理，学员学习里程及学时造假现象普遍。陕西省西安的咸阳市有 32 家驾校，一千多家分校，学牌、私家车、下线车充斥培训市场，不用打卡，随时报考，学费在 1800 元普遍存在，在云南昆明出现某驾校 50 辆教练车、一月培训 1000 余名学员现象。其次，当前自主约考等候时间长，考试时间不确定，训练周期拉长，为缩减成本，突击训练现象普遍，教学质量无法保证，蓝牌车教学、“黑作坊”驾校层出不穷，甚有 1000 ~ 1500 元包干训练科目二、科目三，出现体外循环现象，存在重大安全隐患，冲击正规驾校培训。

（3）虚拟市场发展迅速，骗局丛生。

“互联网 + 驾校”兴起，给驾校转型带来新机遇，同样带来了新问题。当前挂靠网络招生现象普遍，云南昆明出现网络报名代办点，每个学员收费 200 ~ 300 元不等，实际办公地点仅有一台电脑、一名工作人员，无资质审查、无监管制度，培训虚假广告充斥市场。互联网学车平台兴起，但大部分平台只看重进口不注重出口，挂靠私车及教练员无标准、无考核，“吃、拿、卡、要”现象突出，学员服务体验质量无保证，责任主体不明确，教学安全忧患大。

二、驾校如何生存并发展

1. 清楚定位

驾培行业是为了适应社会发展满足人民日益增长的生活需求应运而生的教育培训行业，同时驾培行业是属于资金密集型、劳动力密集型的资产服务行业。驾校同时具有市场属性和教育属性，承担着安全文明驾驶意识和安全驾驶技能教育的职能，是汽车生活时代发展中的重要保证，关系人民群众交通出行和生命财产安全。

驾培行业发展初期，驾驶证一本难求的现象普遍，驾校培训“吃、拿、卡、要”成为主流，使驾培行业一度成为高利润、高回报行业。近几年随着社会不断发展，人民生活水平不断提升，驾驶培训行业不断扩张，市场日趋饱和，只为取证不再热潮，培训体验服务成为主流，驾校服务行业属性凸显。另外，近年来我国道路交通安全状况不容乐观，新增驾驶人交通事故率不断攀升，使驾校培训质量再次成为社会关注重点，驾校的教育职能是培养出具有安全文明意识的合格驾驶人，这是社会需要驾校的原因，更是驾校能在社会中发展的根本。驾校不仅是企业实体而且是教育机构，需要面对经济与道德的双重标准，实现培训经济目标的同时应该兼顾道德原则，驾校的教育属性和服务属性的重新定位是新形势下驾校生存和发展的首要步骤。

2. 明确方向

驾培行业的转型改革是社会发展的推动，这不是行业的覆灭而是行业的重生。明确转型方向，保证转型结果。

(1)保证竞争核心——素质教育。

新形势下行业竞争的趋势已从数量竞争转变为质量竞争，驾校的教育属性决定了“教车育人”的宗旨。学会驾驶技能是基础，但更为关键的是具备安全文明驾驶意识，这就要求驾校进行素质教育。这是质量工程，也是良心工程，据数据统计表明，90%左右的交通事故都和驾驶人因素有关，驾校培训作为驾驶人安全教育的第一道门槛，其教育及引导作用不言而喻。因此素质教育工程，培训质量的保证是驾校在新形势下生存和发展的保证。

(2)优化竞争实力——品牌营销。

品牌是具有经济价值的无形资产，驾校品牌是对驾校及服务质量、企业文化的一种评价和认知。“酒香不怕巷子深”其根本就是品牌的影响力。学员对品牌的态度：第一步——了解、知晓品牌，第二步——选择、接收品牌，第三步——体验、感受品牌，第四步——信任、宣传品牌；这是驾校品牌建立及营销的模式，是驾校口口相传的基础。从驾校整体计划，明确驾校的品牌方向，做好品牌发展规划，把握品牌发展趋势；从驾校员工出发，建立品牌建设意识，认清自身工作职责，做好每日工作内容；从企业文化着手，凝聚品牌化发展精神，真正为学员创造驾校。品牌建设不是一朝一夕，更不是一人担当，这需要驾校从上到下，从意识到行为的一致统一。

（3）强化竞争优势——提升服务。

人一生只学一次驾照，因此驾校培训亦是学员一生一次的消费，消费不再只是寻求消费目标，更多在于关注消费过程，一次优质的消费服务就是断定一次值得消费的标准。“自主约考”“自学直考”“先学后付”等政策打破了驾校在老旧培训模式中占主导的角色定位，将更多的自主权交由学员，明确了学员在驾驶培训过程的主体作用，驾校回归服务本位。而对学员本身，价格只作为选择驾校的一个参考条件，培训过程中所享受到的培训服务却成了选择的关键，学员更愿意选择朋友推荐的“好驾校”而不是价格低廉的“无名驾校”。

新形势下的驾校是否还能生存？答案是肯定的，但能否发展，这就是一个未知数。孟子言：“天时不如地利，地利不如人和。”成功之路上，天时、地利、人和为三要素，驾校改革路上天时、地利已条件充分，人和成了关键。新形势下驾校的发展给了我们许多启示，驾校培训肩负着为社会培养安全合格的驾驶人、保障道路交通安全的重任，是筑牢交通安全的第一道防线，“返璞归真，不忘初心”是驾校生存和发展的唯一方向。

李佩颖，就职于云南云大机动车驾驶教练员培训有限公司，任云南云大驾校教务主任，硕士研究生学历，主要负责驾校业务及招生工作。

2014 年首届昆明市机动车驾驶培训教练员职业技能竞赛荣获理论教练员二等奖。

2014 年代表昆明市参加云南省第二届机动车驾驶培训教练员职业技能竞赛荣获理论教练员“三等奖”，并被评为“云南省机动车驾驶培训行业技术能手”。

新时期驾校的素质教育

重庆开元驾驶培训有限公司　张　毅

改革开放以来，我国经济快速增长，综合国力和人们生活水平逐步提高，汽车工业迅猛发展，汽车消费者不断增多，学习驾驶技术的人数也迅速增加。2016 年，全国各驾培机构完成机动车驾驶员培训 3394.4 余万人。

目前，很多驾培机构注重应试教育，让学员快速考取驾照，降低培训成本尽可能获得利润。学员拿证后，成了一名合法但不一定合格的驾驶员，不知有多少交通事故，是驾龄不满三年、驾驶技术不熟、驾驶习惯不好、安全意识不强的驾驶员造成的。给国家和人民群众的生命财产造成重大损失，我们驾培机构有着不可推卸的社会责任。

因此，新时期驾校的素质教育形式相当严峻，迫在眉睫，必须从每位参与驾培管理和从业的人员做起，应从以下几方面着手。

一、行业主管部门和协会加大对驾培机构的管理指导力度

(1)协会加强从业人员的岗前培训。虽然，国家取消了《机动车驾驶培训教练员从业资格证》。但是，从业人员岗前培训不能取消，从业人员一律持证上岗，协会要将教练员继续教育工作或素质提升工作列为常态化工作。

(2)协会建立全国驾驶培训行业从业人员信息库，行业主管部门及协会与驾培机构资源共享；建立从业人员诚信考核制度，退出机制。加大对违纪违规从业人员的处罚，对严重违纪违规的从业人员列入黑名单，增大从业人员违纪违规成本，保证从业人员队伍的纯洁。

(3)对不正规、不严格按照教学大纲规范教学、偷漏学时的驾培机构从重处罚。学时没有培训满，没有培训记录不能预约考试，对屡教不改的驾培机构，行业主管部门采用吊销其道路运输经营许可证等处罚措施。

(4)行业主管部门对未达新国标的驾校要求整改,对一些低价招生扰乱市场的驾校进行干预或处罚。低价招生根本无法保证培训质量,还会引发其他乱收费,“吃、拿、卡、要”等问题,更不用说素质教育,只会造成劣币驱除良币的现象!

(5)行业主管部门合理规划科目三实际道路训练路段。例如:××市规定的科目三实际道路训练路段只有3公里,超出之后便会受到处罚。主城区很多的驾校在那里训练,多的时候有二三百辆教练车,其他就偷偷摸摸到别的路段提心吊胆的训练,被交警、运政查了还得罚款。教练员把科目三的训练科目训练完就不错了!哪里还能训练其他项目!

二、驾校敢于担当社会责任是素质教育之关键

(1)好多的驾校在经营中只注重经济效益,没有考虑社会责任。学员拿证后,驾驶技术不熟练、文明素养低、闯红灯、超速、逆行等一些交通违法行为极易诱发交通事故,对社会造成危害。

(2)对新招教练员进行5~10天岗前专业培训,对教练员的继续教育或素质提升最少进行3~5天的培训。培训方式:①请进来,请行业内的优秀教练员或专家学者到驾校进行培训;②送出去,送到全国各地的专业教练员素质提升培训班进行培训。

(3)积极推广“先学后付,计时学车”的新模式。保证学员学时,学费合理有效支出。保证廉政教学,提高培训质量。

(4)加强管理,处罚在教学中安全意识不强、驾驶习惯不好、只注重应试教育、不严格按照教学大纲、规范化教学的教练员。同时,对教练员要多方面考核,不全以学员考试的合格率作为考核硬指标,学员安全意识的培养和良好的驾驶习惯有没有?也是考核教练员的重要指标。

(5)提高教练员福利待遇,按规定签订劳动合同、给员工缴纳社会养老保险金、尊重其社会地位。在思想、生活、工作上给予更多的关怀和帮助,解除其后顾之忧,感觉到单位的温暖,激发他们更好的工作。

(6)随着驾培改革深入,以及行业的开放,自学直考、异地考试等政策开始逐步确立。驾校校长也要不断地学习,及时了解,掌握行业发展的动态和方向。转变经营理念、重视驾校素质教育、把驾校打造成“文明诚信,优质服务”对社会负责任的品牌驾校。

三、教练员继续教育和素质提升是素质教育之源头

(1)驾校中的教练员大部分是来自各行各业的驾驶员,从教练员整体情况来看:年龄偏大、学历偏低、素质较差、执教水平不高。同时,受经济利益的驱使,特别是在国家取消

《机动车驾驶培训教练员从业资格证》之后，岗前培训根本没进行，这就直接影响着驾校的培训质量。

其实，对于一个新教练员，很多专业理论知识和专业技能需要进行系统学习和培训。例如：教育心理学、语言的表达方式、学员交流沟通都需要强化学习。示范教学、规范操作等都需要强化训练。

有的教练员变相“吃、拿、卡、要”，如果学员“不表示”，就会在执教过程中出现含沙射影、教学不愿多讲、学员不能多问、不负责任的现象。造成学员学不好，教学质量下降。这就不得不让我们思考？师者：“传道、授业、解惑”也！这样的“教练员”职业道德何在？这种心术不正的“教练员”能够培养出合格的驾驶员吗？

(2)扭转不正之风的蔓延，明确教练的权利和义务。教练员必须参加继续教育学习或者素质提升培训。让他们能够重新正确认识廉政教学、规范服务、重视交通安全教育、提高学员安全意识和良好的驾驶习惯，这是教练员的责任和义务！

(3)教练员要严格遵照统一的教学大纲、统一的教学方法、统一的操作程序。教练员给学员操作之前，应严格按照规范动作进行操作示范，必要时应将整套动作分解，能够及时纠正学员的错误，不仅可以帮助学员顺利掌握操作要领，还可以培养学员安全驾驶的良好习惯。

(4)教练员经常参加教学研讨会，共同探讨教学质量、服务水平，针对学员出现的共性问题及时解决。对“吃、拿、卡、要”的行为进行批评与自我批评，这样才能提高教练员的专业技能和职业道德素养。

(5)教练员要出车前、收车后应勤检查车辆，发现故障，及时修理。对教学路段的交通复杂情况有所了解，对训练场地的一些安全隐患也要及时排除，并提出安全注意事项。只熟知路面及训练场地的路况，才能保证安全训练、安全行车、教好学员。

四、学员端正学习态度和明确学习目的是素质教育之重点

(1)很多学员急功近利，花最少的时间，用最快的速度通过考试拿到驾照，这样的学员，能安全开车吗？

对这样的学员在上理论课时，让他们观看交通事故影像资料，让他们知道忽视交通安全付出的代价！很多家破人亡的悲剧！给国家和人民群众的生命财产造成重大损失！无法弥补，悔之晚矣！

(2)加强学员科目一理论学习、集中上课、统一培训。让学员掌握交通法规的同时，对车辆的结构、性能以及各种(模拟)道路的情况有所了解掌握。通过文字或图片视频等情景形式学习科目一、科目三安全文明常识，模拟实际道路交通场景，对学员实际道路交通情况认知，判断和处置能力都有所提高，对安全驾驶的意识也有增强！

有的驾校为了节约成本,取消学员科目一理论培训,报名就上车,上车就练科目二,这对学员来说是种杀鸡取卵、不负责任的行为。应该受到行业的谴责!学员的投诉!行业主管部门的处罚!

(3)对于科目二实操训练的应试教育,很多的教练员告诉学员参照物,点位在什么地方、什么时候打方向、什么时候回方向。在训练场上练得滚瓜烂熟,到了考场,到了实际道路上不行了。因为,车变了,场地变了,路面情况变了,学员就不能灵活处理了!

因此,教练员要灵活教学、动态掌握、因人而异、因材施教。学员个子高矮、体形胖瘦都有差异。要教给学员不同的操作方法,让学员不死记硬背,灵活、熟练掌握驾驶操作方法及要领,面对考试的检验和实际道路驾驶。

(4)科目三多数教练员只教考试的十六个项目,而忽视其他的安全驾驶技能和安全驾驶意识,培训质量必然下降!

科目三是驾校素质教育的最后一道防线,严格训练实际道路驾驶,加强安全意识的培养。训练学时不满、训练里程不够、操作不规范的学员,不让其结业、预约考试,这才是对学员和社会负责。

五、加强学员实际道路驾驶训练是素质教育之根本

(1)学员从基础训练开始,上下车动作、系安全带、调整座椅、调整内后视镜等。讲解车辆构造、驾驶室六大操纵机件的功能与操作要领、加速踏板与制动踏板的使用技巧、加速踏板与离合器踏板的配合、半离合、方向盘转向等都要作为重点反复训练。让学员牢记,熟练掌握。否则,出现加速踏板和制动踏板不分,操作失误,后果不可估量!

(2)保证科目三训练的 24 个学时要满、最少 300 公里里程数足够。鼓励学员对弄虚作假、偷漏学时、训练里程不够的教练员及时举报。及时抽查学员训练情况、回访学员训练效果等措施、保证服务质量和教学水平。

(3)教练员在训练科目三的同时,在模拟机和有条件的道路上,必须增加复杂道路和恶劣天气安全驾驶的方法和技巧训练。例如:过转盘、红绿灯、拥堵路段、城市道路、山路弯路、湿滑泥泞道路等训练,对学员今后安全驾驶有相当大的帮助和提升,学员拿证后才能安全行车。

结束语

新时期驾校的素质教育是交通秩序和安全的问题,也是社会问题,汽车驾驶涉及人、车、路及复杂的道路交通环境,安全问题突出!

因此,安全教育才是汽车驾驶教学过程中的重中之重!“安全第一”的原则要贯穿整

个驾驶技能教学的过程中。这是驾校、行业主管部门不能放松的一项长期工作。它向教练员、驾校和行业主管部门提出了更大的挑战!

所以,新时期提高驾校素质教育,是我们每位参与驾驶培训管理和从业人员以及全社会的共同职责,大家齐抓共管,任重道远!

简介

张毅,重庆开元驾驶培训有限公司,2005 年 2 月重庆景通驾校入职大货车教练员。

2007 年 8 月重庆市第一届捷达杯教练员技能大赛“第一名”。

2008 年 5 月重庆市交委授予:“重庆市交通技术能手称号”。

2011 年 3 月重庆开元驾驶培训有限公司 总经理。

2012 年 3 月考取机动车驾驶培训教练员:高级(一级)技师。

2012 年 5 月聘请为重庆市交通职业资格培训中心:老师。

2015 年 11 月当选为重庆市道路运输协会驾工委:副秘书长。

2016 年 9 月重庆市驾驶培训教练员素质提升培训班:老师。

合法不等于合格

——浅谈培养合格驾驶人的重要性

重庆市西南机动车驾驶员培训中心　孙华武　王家宏

初学驾驶人考取驾驶证却无法独自操作上路行驶,这是全国是普遍存在的现象。笔者自己和身边的许多朋友都有此类经历,他们考取驾驶证后,往往要找熟人、朋友、师傅进行陪练,少则一个月,多则三五个月,才能独自操作。这就是一个合格驾驶人和合法驾驶人的区别。

造成这种状况,一方面是学员自身的原因,如:实操训练时间短,应试过关思想迫切,对道路复杂情况和驾驶风险认识不足,再加上训练和考试场地与实际道路环境差异大,一旦单独操作上路行驶,则手忙脚乱,顾东顾不了西,经验不足,操作不规范,从而无法正常行驶,极易发生交通事故。另一方面是驾校的原因,不少驾校在面临市场竞争的情况下,注重经济效益、注重应试教育,在尽量节省学时和陪练的情况下,简单地要求学员死记硬背几种操作口诀和要求,熟记硬背几种机械性的操作动作,应付考试过关,只要学员考取了驾驶证,驾校即万事大吉。

以上两方面的原因相互作用,即造成了初学驾驶人考取驾驶证后无法独自驾车上路行驶这一普遍性的问题。究其根本原因是学员和驾校急欲获得合法证照,使学员尽快成为合法驾驶人,而不是着意把学员培养成合格驾驶人。

笔者认为,合法和合格是完全不同的两个概念,合格必然合法,合法不一定合格。因此,驾驶培训的目标固然是培养合法驾驶人,但更应注重培养合格驾驶人。

在当前驾培驾考改革形势下,在严峻的道路交通安全形势下,我们觉得培养合格驾驶人显得尤为重要,应花力气抓好。

一、应像办职业学校一样去办驾校

驾校的本质属性应该是学校,驾校应属职业学校的范畴。

习近平总书记说:学校以育人为本。驾校的责任和义务就是要帮助学员认识汽车,掌握必要的理论知识,培养良好的驾驶道德,熟练操作车辆,并具备应对各种道路、各种气候环境、各种突发情况的处置能力,使每位学员成为既合法又合格的驾驶人。

驾校应该是教书育人的地方,应该是重教轻利的地方,应该把生命安全放在第一位,应该把培训质量放在第一位。而当前不少驾校的办学宗旨和目的与职业学校是有差异的,应督促驾校端正办学目的,坚持社会效益为先,竭尽所能把初学驾驶人培养成合法又合格的驾驶人。

具体方法上,第一,可以实行学分制管理,尽最大努力使学员走出驾校既合法又合格;第二,增加道路驾驶时间、里程,严格道路驾驶细则,严格考核学员操作熟练度和应急能力等。

二、应强化学习期和实习期的经历

过去,培养驾驶人大多是师傅带徒弟的方式,且经过较长时间的训练。笔者也曾在部队服役,部队培养驾驶人大多经历三个阶段,一是司训队(与驾校类同)集中学习的学习期;二是回连队后在指导教练带领下复训;三是在编入运输分队后跟车(师傅)实习,经过以上三个阶段以后才能单独执行任务。这样培养出来的驾驶人就能熟练的独立操作,完成军事运输任务。

当前驾校培养驾驶人至关重要的是突击性的短训式培训,时间短且缺少见习或复训这一至关重要的阶段,从而造成初学驾驶人拿到驾驶证后大部分都不能独自操作。笔者建议能否在现有培训考试制度和实习期的基础上增加见习期(或叫复训期)。这种见习期可由驾校代行,也可利用社会资源进行,严格规定见习车辆、见习线路、见习教练,采取师傅带徒弟的方式教技术、教常识、教经验。

可否设定及见习期可否限定时间、行驶里程或者指定考核标准等,可进一步分析研究。

三、应把理论培训当作基础性工程抓好

思想是行动的先导, 理论是实践的指南。毛主席曾说:“没有文化的军队是愚蠢的军队,而愚蠢的军队是不能战胜敌人的”,习近平总书记也说:“要练就‘金刚不坏之身’,

必须用科学理论武装头脑，不断培植我们的精神家园。”

学习汽车驾驶也是一样。驾驶人必须从理论上了解汽车的原理、构造和驾驶规律，必须掌握基本的法律法规和安全文明知识，才能安全文明地驾驶各种车辆，避免“马路杀手”“路怒症”等现象发生。学好驾驶理论是开启驾驶大门的钥匙，是基础性工程，教学考试大纲把初学驾驶人理论培训放在开门第一课是有道理的，是非常科学的，因此，要把理论培训当作掌握驾驶技能的前提和基础来抓，使广大学员入芝兰之室，久而自芳。

在日常培训教学工作中，首先要抓好初学驾驶人理论培训，要让初学驾驶人懂得汽车不仅是一个运输机器和生产工具，也可能成为夺人生命的恶魔；不仅要了解熟悉汽车各项性能、操作规范，还需要懂得汽车基本的维护保养和故障识别；要掌握道路交通法律法规及安全文明驾驶知识；学会处置驾驶过程中随时出现的突发问题等。重庆市专业化培训方式是这样想的，也是这样做的，我们建设标准化的理论培训课堂，打造专业的理论教师队伍，提升理论教学教研能力，实行严格的计时培训，构建远程网络教学平台“西培学堂”等，这样的做法不仅取得了明显的成效，同时也获得了学员的赞赏和管理部门的认可。

四、宽训严考

现行教学考试大纲是行之有效的，规范驾驶培训取得了良好效果。但随着近年来各种车辆技术指标的提高、操作的简便化和初学驾驶人年龄结构、文化水平的变化，可借鉴汽车发达国家的经验，实行宽训严考的管理措施。

宽训严考就是放宽学员的培训时间、培训地点的限制，充分利用社会资源，充分解决学员的工作与学习矛盾，充分化解驾校独家经营的瓶颈，让学员有时间就学，有条件就学，从而让学员在潜移默化中对熟知汽车，延长操作锻炼的时间和里程，见识不同路况和突发情况的处置方式，积累操作经验和处置突发情况的经验。

严考就是严格考试，就是考试机制要严、考试内容要严、考试标准要严，考试细节要严，规定学员必须熟悉汽车的基本常识，熟悉汽车驾驶的基本规律，遵守道路交通法规，有良好的驾驶道德修养和安全常识，能达到熟练操作车辆，并能防范和处置各种意外事件，只有这样才准予合格，颁发驾驶证，反之则不予准许。宽训严考的最终目的就是要达到不文明驾驶的人、不熟练驾驶的人拿不到驾驶证，拿到驾驶证就能熟练操作，平安上路。

孙华武，现任重庆市西南机动车驾驶员培训中心办公室主任，重庆市作家协会会员，

从事驾驶员培训工作多年。

王家宏，现任重庆市西南机动车驾驶员培训中心党务秘书，曾有五年驾驶培训的教学教研经历。

新时期驾校的营销与管理

重庆壹路驾校　邓晓樵

[摘要]　从驾校的品牌文化管理之路来阐述一个企业的生命力，并通过专业有效的营销手段来延长企业的生命周期。

从2004年开始，全国大部分地区的驾校都脱离了公有制的怀抱，距今已超过十二年的时间了。

从公变私，虽属性已变，架构已变，并且从国家的层面及导向也传递着好的信号，更好地服务于人民群众，如自主约考就是把人民的权力归还于人民。

可从驾校行业内部来看，服务和管理虽然经过十几年时间的磨砺，可变之甚少，还继续延续着以往的风格：坐商的招生模式、教练呵斥的培训方式、传统的管理方式还占据大部分市场。

但也有一部分后进入此行业的年青掌舵人，依靠大的格局，专业的运营理念，接地气的方法，闯出了一片天空。

重庆壹路驾校就是如此。

年轻人的思维方式、酒店式的服务、互联网化的营销策略，打造出了一套属于自己的特色管理与营销之路。

一、壹路的品牌建设与管理之路

高效率是壹路驾校的管理核心目标，并通过以下几个方面来提高效率措施。

1. 品牌文化定位

壹路驾校在建校之初，就把文化定位放在战略首位，从根据团队自身的条件选择自己最具特色的和比较有个性特点的要素加以规划、设计，并确定好阶段性操作步骤。

在塑造企业文化时,壹路实行准确的企业文化定位。让入职的员工充分了解、认识企业的过去和现在、方向和目标、长处和不足以及与竞争对手之间存在的差别,最终使新员工在思想上高度认可企业。

在员工的日常工作中,壹路会把驾校独具特色的企业文化、企业个性,带给员工,这样做同时也能提升团队的战斗力。这种源自企业内部的发展动力使企业充满了朝气与活力,是竞争对手无法效仿的。

(1)因驾校这个相对传统的行业特征进行文化定位。

驾培行业偏重于服务与公共关系等“软”的方面;在经营哲学上,倡导严谨务实、服务至上的理念和工作态度;在管理上,推行的是严控宽导的方式;在用人上,要求的是能者上、庸者下的复合型人才。根据多方面的属性制定出符合行业特征的企业文化建设思路和基本框架。

(2)着眼于消费文化进行企业文化定位。

研究消费文化、倡导消费文化的出发点就是要实现人的全面发展,立足点就是要满足人的各方面的需要,着眼点就是要以市场为导向,目的就是要体现企业与市场的一种人性化的结合和良性的互动。

学车的群体越来越年轻化了,如何根据这样的群体来建立科学、有效、合理的消费引导是实现上述根本要求的最佳途径。

(3)文化定位的战术执行。

企业是否能发展、壮大在于其是否能不断满足消费者的需求。主要有三个方面的标准:

一是能否提供价廉物美的课程;

二是能否及时、忠诚地提供上述产品;

三是能否愉快地让顾客感受到以上两种价值。

当前多数企业的问题就出在第三个标准上。很多企业能够提供好的产品,也很及时诚信,但就是无法让顾客感到愉悦,无法让顾客感受到超值的满足。要做到这一点,关键不是一种策略性问题,也不是一种技术性问题,实质上是一种文化的问题。

壹路在这块实行了从课程的开发到执行整体进行了有效的部署,“拿证后付款”就是根据上述三项标准进行了针对性的解决方案,其效果比常规的操作方法从质量、价值、后期好评等都有很大的提升。

消费者的认同和共鸣是产品销售的关键。定位需要掌握消费者的购买心理和购买动机,激发消费者的情感。

吸引不了注意力的产品将经不起市场的惊涛骇浪,注定要在竞争中败下阵来。只有独具特色、个性化的品牌文化定位,才会有别于同类产品,才能引起消费者的好奇心。

“品牌的背后是文化”“文化是明天的经济”,不同的品牌附着不同的特定文化,驾培行业也应当有自己文化品牌。

2. 管理的改革与执行

(1)提高办事效率。

充分利用好时间是提高效率的一种最直接的表现方式。

比如开会，要求每次会不超过半小时，无关者离场，没结论免吃下顿饭的方式来达到最快捷、最有效的方式。

实施日事日清日高表，基层教练和市场部用打印好的报表进行填写，中层的用邮件方式填写，每一层负责的事都在上一层里有效的查看、并进行指导。

在事情的规划方面，都遵守高效率、正确率的导向去完成，每天刻意去练习，做微小改进，并能通过上一层的负责人点评你的工作，当实在找不出最好的方法时，就持续的坚持这样做，坚持就会提高。

同时，细化管理模式，在核心部门——市场部门和培训部门下设分部。按照科学化管理，一个分部部长带5~7名基层员工。分部部长成立公司二级领导班子。每个分部部长完成自身工作的同时，负责跟进监督分管工作。比如，培训一部部长分管教练行为规范，培训二部部长分管教练招生，培训三部部长分管培训效率，市场一部部长分管线上主动渠道，市场二部部长分管异业联盟等。采用相互交差的做事方式，会大大提高工作效率。

(2)提高人员素质。

坚持“专业培养和综合培养同步进行”的人才培养政策。公司人才培养体系由“启航工程计划”“育英工程计划”“卓越工程计划”三个部分组成。同时这三个部分共同构成公司战略人才库。

①启航工程计划：该计划旨在对有上进心、乐于学习、积极进取的新入职员工进行培养，使其逐步成长为部门骨干。

②育英工程计划：该计划旨在通过对公司现有的有一年以上工作经验的，有进一步培养潜质的优秀部长进行培养，使其逐步成长为岗位负责人。

③卓越工程计划：该计划旨在通过对驾校现有的后备干部和带头人进行培养，使其逐步成长为全面的人才，为公司今后的战略扩张做好准备。

在甄选各类人才时通过职业生涯规划、科学测评，慎重地甄选，选拔出真正具有领导或专业潜质的后备人才，以树立公司用人及人才晋升理念。

所有领导班子(包含二级领导班子)，任期一年，一年以后重新竞争上岗。

每季度进行一次全员外训，作为选拔人才的依据。

二、壹路的市场营销之路

好的课程+好的营销=成功的驾校。

在驾校营销方面,壹路驾校一改传统的坐商模式,提出了一个名词:“钟摆理论”。

所谓钟摆理论,说的是做营销就像钟摆,只“提品牌”不“提招生”,摆不过今天;只“提招生”不“提品牌”,摆不过明天。

所以市场部门最要紧的就是每月来一次促销,用于“提招生”;每月造一次事件用于“提品牌”。

1.提品牌

品牌可不是花大价钱做一个 logo,然后花巨资做做广告就完事儿,它是从课程研发开始经过营销包装,把报名、拿证服务一整套的执行方案整合起来才能形成品牌的基础。

品牌最大的价值体现在差异化上,差异体现在市场上原来没人做的或原来没做好的事情上面。

壹路提出的“拿证后付款”就是一个差异化品牌体现,这就倒逼着从报名咨询开始到训练、考试的整个流程,一定要提高服务质量,赢得好的口碑。这也是吸力的一部分,品牌的建设就是打造驾校能吸引人眼球和目光的东西。

2.提招生

招生就是一个张力的过程,让周围都散发着驾校的“气味”。

提升一个品牌的销量首先就要让你的目标及潜在用户经常见到你的品牌,因为品牌价值最终要归结到用户的购买行为上,而要使用户完成购买行为首先就要降低实施这一行为的成本,其中包括心理成本和行为成本,也就是说要让用户比较容易想到你、熟悉你、买你产品的时候少一些不信任和担心,之后在想到你时比较容易地找到你。而要达到这种效果就需要强有力的渠道支持。

壹路驾校成立之初便成立了市场部,努力改变驾培行业原来的招生模式,转坐销为行销。

驾校的市场半径就是方圆十公里范围内。在这个范围内,首先在商场、超市投入户外 LED 大屏,投入电梯内广告,进行地毯式覆盖。

在线上投入:百度排名,优化网站,58 同城,赶集网,大众点评等。

线下投入:地推,DM 单,X 展架和其他商户联盟。

合作的商家都贴有壹路驾校的警示标语(比如提醒拿手机,WIFI 密码等所有店内警示标语都由驾校提供)。

让目标人群都知道,壹路驾校是“先拿证后付款”的经营方式。

结语

当前驾培行业处于低谷期,行业的从业者需要认清驾培的真正本质是什么,它是真正的从事教育教学,不以单纯的拿到驾照为目的。只有做好这样的本质,打造好的课程服务体系，才能真正走出低谷。

邓晓樵，男，汉族，重庆九龙坡杨家坪人，1985 年 12 月生，中国工商职业学院，专科，美国加州大学尔湾分校，肄业，2006 年 4 月参加工作，2014 年 12 月加入民革。现任重庆市壹路驾驶培训有限公司总经理，重庆市九龙坡政协委员。

2016 年 9 月至今，重庆壹路驾驶培训有限公司总经理。

2014 年 6 月至 2016 年 6 月，重庆乔森驾驶培训有限公司总经理。

2013 年 1 月至 2014 年 5 月，重庆凌凯房地产顾问等等公司副总经理。乔治美(重庆)投资咨询有限公司副总经理，投资部部长。注：乔治美(重庆)投资咨询有限公司和重庆凌凯房地产顾问公司为一套管理人员。

2008 年 6 月至 2012 年 6 月，美国加州大学尔湾分校。

2007 年 7 月至 2008 年 5 月 ，重庆(香港)中原营销策划顾问有限公司销售经理。

2006 年 4 月至 2007 年 7 月，和记黄埔地产(重庆)有限公司，销售顾问。

2004 年 6 月至 2006 年 9 月，重庆工商职业学院专科。

破解"低价竞争"难题,靠优质优价占领市场

湖南省衡阳市公交驾校　王砚林

[**摘要**]　驾培行业发展遭遇瓶颈,产能过剩、"价格战"成为常态。低价竞争对行业发展产生严重影响和后果。优质优价占领市场是驾培行业发展的必然选择,成功驾培机构都有共同的特点:一是培训质量高,二是服务质量高,三是学员满意度高。驾培行业健康发展应对措施主要如下:发挥行业协会作用,加强行业自律、规范市场、整合资源、淘汰挂靠车、形成优胜劣汰的市场机制;树立驾培机构主体责任意识和长远战略思维,完善教学条件,规范科学教学,加强人才队伍建设,创新服务;实现以优质的培训质量和优秀的服务水准获得优价的资格和权利,占领市场。

当前,我国驾培行业已进入改革与发展的关键时期,随着驾培行业结构调整和驾考的改革深入,驾培市场也发生了深刻而巨大的变化。

一、驾培行业发展遭遇瓶颈

驾培行业等客上门,坐地生财的黄金时代已一去不复返。因驾培市场全面放开和严重的产能过剩造成行业内部之间的竞争日趋激烈甚至残酷,最简单粗暴的竞争——"价格战"已成为普遍的常态。互相压价,报名返现,报名有奖等各种以价格为核心的竞争形式层出不穷。目前,湖南省长沙市小车培训的价格普遍在3000元左右。衡阳市小车培训物价部门的指导价是不高于5380元,今年部分驾校招收大中专院校学生收费2200元,甚至还有只收1800元的,这些费用还包括培训费和主考费。同样在衡阳今年年初有部分驾校将行业内挂靠车辆招生上缴驾校的管理费和考试指标费由每人平均1700元左右降至几百元。还有少部分驾校出现了免收管理费的行为。培训机构为争抢学员不择手段,价格战激烈残酷,如火如荼。那么出现这种现象的原因是什么? 低价竞争给行业发展又带来什么样的影响和后果？学员又能否从低价学车获得实惠和好处？驾培行业又如何走出低价恶性竞争的误区，以优质优价占领市场实现健康发展呢？这是本文要讨论的问题。

二、低价竞争产生的原因

当前产生低价恶性竞争的根本原因就是驾培机构过度增加和扩张培训造成产能严重过剩。据统计目前全国约有15000所驾校，80多万辆教练车，年培训能力近6500万人，而年培训需求只有2000多万，供求比例达3∶1。造成这种局面有三个原因。一是几年前因为培训需求大，驾校效益好，导致投资驾校数量激增，相关职能部门对于设立驾培机构的门槛过低，把关不严，以市场放开和竞争为由罔顾市场规律缺乏宏观调控，科学规划；二是驾培机构经营者缺乏经营理念和战略思维，自身不具备实力和优势，只能靠低价吸引学员，只顾个人眼前利益不顾行业大局和长远发展，而当地行业协会与职能部门在自律和监管方面缺乏措施手段；三是当前在驾培行业内普遍存在挂靠车经营的现象，不少驾校的车辆几乎都是以挂靠车为主，依靠挂靠车教练员招生来维持经营，挂靠车教练员人数众多，良莠不齐，为招生挣钱不择手段，是当前市场低价竞争的重要原因，驾培机构对挂靠教练员的管理缺少办法和措施。

三、低价竞争造成的影响和后果

低价竞争就是打价格战，都是“杀敌一千，自损八百”，对于任何行业和产品的竞争都是有害无利。即使有句话叫薄利多销也是建立在“有利”的前提下，从占领市场份额出发，当整个行业利润菲薄甚至无利可图时，行业又如何生存和持续发展？驾培机构作为企业追求利润是它的终极目标，也是驾培机构自身存在和发展的前提和基础。价格过低代表着利润减少，价格低于成本就是亏损。在驾培市场收费价格普遍过低的情况下，为了保本和追求利润，无论是驾校还是挂靠车教练员只有以压缩学员学时、搭车收费、重复收费、降低服务成本等手段来降低生产经营成本，解决自身的生存和利润问题。这样做的后果是学员的合法权益受到损害，培训质量下降，造成学员低价进高价出，得不偿失。培训质量、服务水平的降低和中途收费又严重损害驾校和教练员的形象口碑，从而使驾校和教练员失去竞争力丧失市场。即使靠保本经营和微弱盈利招来了大量学员，为了培训送出考生也只能是加班加点，可能是付出了十分努力，只能得到一分回报，事倍功半。低价竞争的恶果就是饿死同行、累死自己、坑死学员。按照市场经济规律和世贸组织的原则，世界上各个经济体对于低价倾销会制定反垄断法则，而我国为提升产品的国际市场的竞争力，防止内耗恶斗，实现正常的利润收益，也将中国南车公司和中国北车公司组合成中国中车也是很好的实例。

四、驾培行业未来发展趋势

优质优价占领市场是驾培行业发展的必然选择。针对驾培市场的严峻形势，如何让驾培行业健康有序地发展，各地行业协会和驾培机构也在进行积极探索和创新，并做出了成绩和榜样。比如河北利安集团秉承“视学员为手足，视学员为生命”的办学理念，弘扬以培训质量求生存，求发展，想学员之所想，急学员之所急，供学员之所需的企业文化，科学管理不断做强做大。北京东方时尚公司始终坚持把向社会输送合格的驾驶人才作为己任，把学员是否满意作为工作的唯一标准，赢得了学员的赞许，通过资本运作、规模经营、优质服务，成为全国驾培行业第一家上市公司。江西婺源的多所驾校“抱团取暖、规范市场、严格教学、先学后付”的模式也获得了成功。上述驾培机构在占领市场获得利润的同时也赢得了口碑，为驾培行业改革发展探索闯出了新路，成为行业的典范，值得所有业内同行学习借鉴。当然以上驾培机构发展和成功的轨迹和经验不一样，各地地方环境和各个驾校的实际情况也有不同，不能生搬硬套，要与当地的情况和自身的条件相结合加以创新。

无论河北利安集团还是北京东方时尚公司，这些成功的驾培机构可谓都是实现了经济效益和社会效益双丰收，但是靠价格占领市场都不是它们的选项。相反，它们普遍价格还要高于当地市场。那么这又是如何做到的？纵观所有的成功驾培机构都有共同的特点：一是培训质量高；二是服务质量高；三是学员满意度高。关键还是靠过硬的培训质量、优质的服务水平，让学员感觉能学到真本事，学得放心、舒心，学有所值。在学员中和社会上拥有很高的知名度和美誉度，才能让学员不嫌远不嫌贵趋之若鹜，这就是优质优价赢得市场。当前，随着我国经济发展水平不断提高，绝大部分老百姓消费水平也不断提高，已从解决温饱上升到追求生活质量和精神享受的层面。苹果手机价格高昂，依然热销，国人出境旅游购物不断增长，都说明了这个问题，同样对于驾培机构，学员也不仅仅是图个便宜学个驾照，学员更在意的是培训的质量、学习的环境和服务的水平。所以只有靠优质的教学服务才能占领市场，也只有优价才能获得良好效益。为什么这么说呢？因为驾培机构只有获得良好的经济效益，才能实现可持续发展，才能稳定优秀人才队伍，才能建设优秀的硬件设施，才能为学员创造良好的服务环境，才能提供优质的培训和优良的服务，才能树立学校的形象扩大学校的美誉度，才能吸引更多的学员，实现良性的循环。所以优质与优价是平行共生、相辅相成的。学员也是消费者，学车也是消费，现今消费者对于任何一种消费品首先在意的是品质，其次是服务，再次才是价格，性价比最重要，这就是为什么市场上名牌产品尽管售价高昂，但市场占有率还很高的根本原因。驾培机构要想高价占领市场，优质是前提和基础。只有提高教学培训质量和服务水平、提升学员满意度，才能保证优价占领市场，实现创收盈利，为学员提供更好的学习条件，走上优质优价可持续健康发展的良性循环轨道，所以说优质优价占领市场是驾培行业发展的必然选择。

五、驾培行业健康稳定发展应对措施

（一）驾培机构如何做到优质优价？大浪淘沙、优胜劣汰是市场的客观规律，在产能过剩，市场发生深刻变革的大环境下，一部分实力不济、经营不善的驾培机构被市场淘汰是必然结果。但是真正致力于驾培事业发展的驾培机构负责人如何面对当前的困难走出困境呢？就是要做到优质优价，做强做优。优质驾培是驾培优价的基础前提，要想驾培优价就必须做到优质驾培。目前大环境下，从行业大的方面来讲，一要发挥行业协会的职能作用，寻求主管部门支持争取政策，控制驾培机构盲目增长的态势，形成优胜劣汰的市场机制；二要整合资源，帮助有实力品牌驾校通过兼并、重组、联合上市经营的方式，促进规模化、品牌化、网络化经营，形成一批主导驾培业发展的大型驾培集团，稳定和引导当地驾培市场秩序。河北利安集团并购驾校，规模发展，北京东方时尚驾校上市，江西婺源驾校的合并联营代表了行业的发展方向，今后几年驾培市场的并购和联营数量将呈上升趋势；三要加强和规范对挂靠车的管理，采取自然淘汰、只出不进和收购的方法逐步清除挂靠车，以规范市场秩序，稳定市场价格；四要加强行业自律，规范市场行为，提升从业人员素质和教学服务质量，惩治不正之风，树立行业形象，促进整个行业健康有序发展。

（二）驾培机构应当树立的主体责任意识和长远的战略思维。作为驾培机构的负责人要有为社会培养合格驾驶人的责任担当意识，不能唯利是图、鼠目寸光。交通安全事关人民生命财产安全和千家万户的幸福，驾校是驾驶人安全走向驾驶道路的起点。驾培机构要持之以恒地在源头上重视驾驶技能的培训和安全文明法规的教育和灌输，培养驾驶人的安全责任和文明意识，科学施教，严格把关，让每一位合法取得驾驶证的驾驶人都成为合格的驾驶人。

建设规范完善的基础设施教学条件是优质驾培的必备硬件。优秀的企业文化、先进的经营理念、科学的管理方法、人性化的服务是锻造优质驾培的基本保障。一切为了学员，维护学员权益，培养合格驾驶人是做优质驾培的核心宗旨。

优秀的人才队伍建设是关键。教练员技能水平、教学方法、责任心与服务态度直接决定驾培的质量和学校的形象。培育一支素质过硬、作风优良的教练员队伍是驾培机构人才队伍建设的关键。

创新服务是行业发展的动力。随着经济和社会的发展，传统的培训模式已经过时落后。现代驾培机构必须适应市场需要，在教学培训的课时、价格、时段、教学方法、服务方式、收费方式和教练员等级等方面为学员提供多样化、差异化、全方位的服务，满足学员多层次学车消费诉求,激发不同层次人群的学车欲望。驾培机构根据提供不同的教学服务收取不同的费用,创造最大的效益。

驾培机构只有适应市场规律,不断地完善自身,创新发展,想学员所想,供学员所需,培养出优质驾驶人才,提供优质服务,才能在激烈的市场竞争中立于不败之地,不断发展壮大,实现以优质的培训质量和优秀的服务水准获得优价的资格和权利,占领市场份额,获取可观的利润和回报。从而破解低价竞争的难题,走上一条健康的可持续发展的良性发展轨道。

王砚林,男,中共党员,1979 年 5 月出生于湖南祁东县,大专学历,现任衡阳市公交驾校校长,湖南省驾培协会副理事长兼副秘书长。曾任衡阳市公交集团车队队长、团支部书记、办公室主任等。

公交驾校多次被评为全国文明诚信驾校,衡阳市三星级文明单位。

驾培业发展困境解析与对策

河北省机动车驾驶员培训行业协会会长　王传伦

[摘要]　本文深刻分析了驾培业面临的困境,提出更新发展理念,增强“开放发展”“有序发展”“优质发展”“融合发展”四个意识,积极应对“四大挑战”,用新理念引导新发展。从驾培业供给侧改革入手,做好“加减法”,推进行业改革创新,走出困境。

近几年,驾培市场持续走低,驾校日子很不好过。一是从市场层面看,培训能力过剩,供大于求近3倍。产能过剩引发价格“跳水”,质量“缩水”,招生下降。二是从驾校层面看,盈利能力大幅下降。许多驾校经营状况恶化,亏损面不断扩大。老驾校亏损严重,新驾校举步维艰。三是从驾培供给层面看,低端供给过剩与高端供给不足并存。低价低质,服务低端,样式重合,同质化竞争普遍。优质化、差异化服务稀缺。四是从监管层面看,市场监管软弱无力。驾校反映,一个县8所驾校,黑培训点多达80多个。“跑马机”到处跑,“电子围栏”围不住,学时造假成风,管理部门束手无策。五是从政策层面看,从规划调控转向开放市场,加剧了盲目发展、无序竞争。“自学直考”推广政策尚不明朗,不确定、不可预测的因素很多。六是从发展预期看,许多驾校信心不足,手足无措,看不到前途。

面对重重困难,驾培行业怎么办?驾校培训经营怎么干?我认为,推进驾培供给侧改革,用改革创新精神重塑传统驾培,是驾校突围的唯一出路。

一、更新发展理念,应对“四大挑战”。

破解发展难题,首先要转变发展理念,用新理念引领新发展。主要是增强“四个意识”,应对“四大挑战”。

1.增强“开放发展”意识,应对驾培市场放开的挑战

过去,我们长期靠规划控制驾校数量,驾校吃得饱,吃得好。现在情况不同了。驾校发展完全交给市场,市场的盲目性导致培训能力增长过剩。2002年河北只有180所驾校,2000多辆教练车,2016年增长到1055所,教练车51850辆,培训能力扩张20倍,供大于求3倍以上。驾校普遍吃不饱,日子难熬。

回顾改革开放30多年历程,我们可以看到,从计划经济到有计划的市场经济,再到市场经济;从市场在资源配置中起“基础性作用”变为“决定性作用”,我国市场经济体制改革一步步走向深化。驾培业同样如此。驾校许可由省下移到县,由总量控制走向市场放开,由卖方市场转向买方市场,政策取向凸显市场化、便民化,大势所趋,不可逆转。从中不难看出,政府与市场博弈,市场是赢家;市场主体与市场需求较劲,赢家一定是市场需求。所以,驾校要丢掉“政策保护”的拐杖,用改革的办法突出重围,靠自身能力搏击市场风浪。

2.增强“有序发展”意识,应对无序竞争的挑战

驾培市场存在乱挂靠,乱设培训点,乱收费的“三乱现象”,驾校抱怨管理部门不作为,管理部门埋怨驾校不自律。事实是,驾培市场乱象的根源在驾校。驾校通过“挂靠”、“设点”牟取一时之利,但从长远看会导致“互害模式”。相当一部分驾校自招自训学员仅占10%~20%,80%以上的生源掌握在挂靠经营者和二道贩子手中。他们开始左右市场定价权,牵着驾校鼻子走,出现了挂靠点“吃肉”,驾校“喝汤”的反常局面,驾校最终自食苦果。所以,规范市场秩序,首先要从驾校做起,强化有序发展意识,依法依规经营,实现有质量、有效益、可持续发展。当然,管理部门也要担当起市场监管的责任,改变不作为、慢作为、软作为的状态,加大市场监管力度,维护公平竞争的市场秩序。

3.增强“优质发展”意识,应对学车需求多样化的挑战

近几年,选择驾校VIP班的学员越来越多,充分反映了学驾消费的升级变化。个性化、品质化渐成学车新潮流。驾培改革的最终目的是满足新需求,主攻方向是提高供给质量,着力解决低端供给过剩与高端供给不足的矛盾。要从低价扩招的动力机制,过渡到优质优价的市场机制。河北利安驾校多年坚持足时培训不造假,规范管理不挂靠,严格考试不作弊,收费高于其他驾校,招生量却居于全市榜首。利安的发展之路证明,质量品牌是驾校最核心的竞争力。别人可以占你的地盘,抢你的生源,但永远抢不走你的品牌高地。关键是坚定优质发展的道路自信。这种道路自信,来自于对发展态势的深刻把握,来自于对驾培市场的高超驾驭,来自于对责任与生命安全的神圣敬畏。

4.增强“融合发展”意识,积极应对“互联网+”的挑战

我国现有网民规模7.31亿,其中手机网民达到6.95亿。互联网已经融入制造、农业、交通运输等各行各业,在改造传统产业的同时,也常常引起新的利益冲突。不少传统

产业对互联网采取排斥态度。一些驾校也极力抵制互联网侵入,生怕抢了“蛋糕”。这种态度是不现实不科学的,它是现实的需要,既符合居民消费的新需求,也符合传统产业转型升级的新取向。前不久,马云与制造业大亨宗庆后有一场隔空论战。针对宗庆后排斥互联网的论点,马云则回应:“企业家切不可活在昨天,抱怨明天。实体经济只有经历住新科技的挑战、转型和创新洗礼,才能面对明天的太阳。”来势汹涌的互联网时代已经到来,我们不能拒绝,不能躲避,而要敞开胸怀,由排斥走向拥抱,由竞争走向融合,共同做大“蛋糕”。还应当清醒地看到,所谓的“互联网驾校”来了,意味着外部资本图谋取代传统驾校。与其让“互联网驾校”举旗抢占驾培市场,还不如驾校自己借助互联网力量,寻找新的生存和发展途径。要加快推进互联网与驾培行业的深度融合。通过互联网技术和思维,强化技术应用,创新服务模式,激发创新活力,培育新兴业态,促进传统驾培转型升级和提质增效。随着驾培与互联网的融合创新,或许在不久的将来,什么人想学车,什么时候练车,练几个学时,学车网就会像闹钟叫醒那样准时提示,服务到位;看看手机就能选择驾校教练;扫扫脸就能交费;穿件装有人体传感器的T恤衫,就能记录学员的生理数据和驾驶动作,并发出警示;智能教练会自动教学,体验人机交互。“互联网+”正在激发新的驾培市场需求,展示新的未来。我们要敢于“触网”,善于“+网”,开启“驾培+互联网”的新征程。

二、做好“加减法”,主攻驾培供给侧

推进驾培业供给侧改革,是走出发展困境的必由之路。主攻驾培供给侧,要重点做好“加”和“减”这两篇大文章。

首先,做好“减法”这篇大文章。

第一,减去过剩产能。去产能的重点对象,可以分为落后培训能力和非法培训能力。对待落后产能,应按照市场出清的原则,优胜劣汰,平衡供给。通过兼并重组整合一批,多元经营转移一批,关门破产淘汰一批,引导落后培训能力退出。对于非法培训能力,主要依靠严格监管,迫使非法培训能力退出市场。

第二,减少培训成本。压减管理层级,精减人员、车辆,缩短培训考试周期,用“减”来提升市场竞争力。

第三,减少行政干预,释放市场主体活力。要切实解决行政职能越位、错位的问题。例如,教练车属于非营运车辆,二级维护取消了,综合性能检测应当相应取消,可参照社会车辆安检,避免重复检测。《培训记录》通过电子签章、传输、保存,还要求驾校重复报送纸质《培训记录》,没有必要。督促落实社会化考场购买服务,尽快改变“政府办事、企业买单”的现象。将凭居住证明约考改为凭身份证约考,让驾校和学驾群众有更多的获得感。

其次，做好加法这篇大文章。

第一，加快优化资源配置。就是使资源更多配置到优质驾校，有竞争力的驾校，有创新精神的驾校。这要靠企业家精神，靠科学管理来实现，更要靠政策支持，让优质驾校享受更多的政策红利。如，对于评为全国、全省诚信和创新品牌的驾校，给予政策倾斜。让其优先建立大型客货车驾驶员培训基地，优先投建社会化考场。还可以借鉴日本、韩国驾驶人考试模式，委托培训服务优质的先进驾校自训自考，既能弥补考试能力不足，又能引导其他驾校规范驾驶培训。

第二，加快优化培训服务。大型客货车驾驶员培训向专业化发展，小车驾驶员培训向个性化、差异化变身，培训服务向精细化和高品质转变，培训资源向合作共享延伸。

第三，发挥新型驾培经营主体的引领作用，打造发展新引擎。新型驾培经营主体是引领行业走出困境的先行军，是未来驾培发展的新希望。要积极发挥新型驾培经营主体的示范带动作用，走出一条创新发展的突围之路。

其一，集团化办学。市场分化催生大型驾培集团。集团融培训与考试于一体，实行标准化收费、统一化管理、规范化培训、高效化服务，能够实现品牌效应和规模收益，具有强大的竞争力、较高的盈利能力和抗风险能力。预计未来几年，随着驾培市场分化步伐加快，集团办学大有迅猛发展之势。

其二，经营权整合重组。选择驾校多、亏损面大的地区，由一所或几所龙头驾校牵头，引入部分社会资本，通过经营权流转、股权合作、代管托管等形式，实现招生、收费、培训、管理“四个统一”。这一模式有利于避免价格战，提高培训服务质量效益。当前的驾培行业低谷期，恰恰是经营权整合重组的良机。

其三，品牌加盟连锁。依托高端品牌优势，发展加盟驾校。品牌驾校输出先进的管理模式，统一品牌标识、经营理念、服务规范、人员培训、市场运作，为加盟驾校创造更多的利润。品牌加盟能够扩大优质品牌的辐射力，创造更多的有效供给，从而在更大范围内促进驾培资源优化配置。河北利安集团领先一步，正在加速推进利安品牌加盟连锁。

其四，智能机器人教学培训示范基地。利安集团研发智能机器人教练，已在全国多地建立智能培训基地。大量的试验数据表明，应用智能机器人教学，比人工教练节约成本60%以上，提高考试合格率10%以上，培训教学更规范、更文明、更安全。

前途虽艰，初心不忘。困难虽大，自信自强。我们的身后，是艰苦卓绝的奋斗历史；我们的面前，是化危为机的振兴曙光。站在新的起点，新的制度改革正在启航，新的发展动能正在积蓄，新的商业模式正在兴起。让我们振奋精神，锐意改革，向着驾培业的伟大复兴，奋勇向前，步履铿锵！

王传伦，河北省机动车驾驶员培训行业协会会长，中国道路运输协会驾工委副主任。多次参与驾驶人培训考试改革顶层设计研讨，围绕培训考试改革、自学直考、取消教练车二级维护、变居住证明约考为身份证约考等重大问题，代表行业向交通运输部、公安部提出50多条政策建议，受到有关领导的重视和吸纳。先后发表驾培改革创新研讨文章20余篇。

增强社会责任意识　推进驾培改革进程

——谈怎样当好驾校经理人

浙江省台州市机动车驾驶员培训行业协会　金吕先

[摘要] 驾驶培训需要“基业长青”的驾校，需要驾校经理人不断提高自身素质修养，努力升华至一种新境界。驾校经理人都应具有相同的“根基”，那就是责任、理智、良知。增强驾培社会责任意识是驾培行业综合竞争力的一个重要方面，也是驾校通向可持续发展的重要途径；推进驾培改革进程，不断变革完善的驾培改革制度，有效保证新驾驶人素质，为新驾驶人群体输入质好品优的新鲜血液，这是我们驾校经理人的天然责任。

驾校是培养合格、安全、文明驾驶人的主阵地，是道路运输业的重要组成部分，它不仅承担保障道路交通安全的社会责任，也承担着保障民生、服务民生，更好地提升人民群众生活品质的社会责任。驾校作为市场经济的组成“细胞”，经理人即是驾校发展的“灵魂”。面对驾培改革的新形势、新变化、新举措，如何适应行业改革和发展新常态？驾校经理人重担在肩，责无旁贷。作为驾校掌舵人，经理人既要保持稳中求进，又要着力提升驾校发展质量；既要保持转型升级定力，又要善于防范和化解各种风险的能力；既要紧抓当前驾培改革契机，又要夯实基础谋划长远。

一、坚持优质服务的意识，着力提升服务能力

驾校是指以培养学员的交通安全意识、文明素养和培训机动车驾驶能力或者以培训道路运输驾驶人从业能力为教学任务，为社会公众提供驾驶培训有偿服务的专业机构。从驾校的属性来看，驾校具有企业的固有服务特性，应当符合规范、及时、高效、统一的服务要求，需要通过友好、和谐和兴趣来激活驾培各方组成要素，并充分体现于驾培服务的

内涵和特征上。驾驶培训就是以培养学员的交通安全意识、文明素养和培训机动车驾驶能力或道路运输驾驶人从业能力的一项特殊活动，是一项与驾培参与人高度接触性的服务行业，并为驾培参与人直接带去某种利益或满足感，这就要求驾培经理人践行《消费者权益保障法》关于“消费者在接受服务时，享有人格尊严得到尊重的权利”的规定。所以说，驾培本质就是服务，其核心内容就是提供优质的驾驶培训服务，要求驾培经理人以优质的教学培训服务作为基点，秉承有心、有爱、有真情；做精、做细、做完美的服务，以赢得驾驶学员和社会的满意来争取更大的市场份额和发展空间。

二、坚持驾培基本原则，落实驾校主体责任

《机动车驾驶员培训管理规定》明确提出：“从事机动车驾驶员培训业务应当依法经营，诚实守信，公平竞争”。这是市场经济的三基石，是驾培经营的三项基本原则。贯彻落实三项基本原则，有利于驾培行业规范、有序、健康发展。一是在依法经营方面，驾校经理人要牢固树立“资质合格、管理精细、服务优良、经营规范、注重质量、确保安全”的科学发展理念，全面正确落实驾培改革各项举措，做到落实、落细、落稳，增强驾校主体责任，如优化教练场地，满足新《大纲》相关规定，提高“起步”“直线行驶”“换挡”等各项培训任务的执行保障能力。二是在诚实守信方面，驾校经理人要积极推行计时培训、计时收费、先培训后付费的服务措施，规范使用全国统一的驾培服务合同示范文本和学员实行电子签证，明确服务收费项目、服务标准和服务学时单价，其中，合同约定的学时收费标准报所在地道路运输管理机构备案，自觉执行计时培训，严格拒绝学时造假行为。三是在公平竞争方面，驾校经理人应当遵循市场竞争通则：便民、服务、规范、公正、廉洁、安全，通过公平竞争，不断提高经营管理能力和服务水平，赢得尽可能大的市场份额，取得良好的经济效益和社会效益。

三、坚守驾培质量底线，为社会输送质好品优驾驶人

驾校应加强素质教育，切实提高培训质量。一是严格按照大纲规定的培训学时、内容进行培训。如每个学员课堂和实际操作学习时间每天不得超过 4 学时；倡导课堂教学与远程网络教学相结合，“道路交通安全法律、法规和相关知识”课堂教学不得低于 4 学时，“安全文明驾驶常识”不得低于 2 学时；“基础和场地驾驶”与“道路驾驶”可交叉训练，培训里程最低不得少于 300 公里；“道路驾驶”中“恶劣条件下的驾驶”、“山区道路驾驶”、“高速公路驾驶”等内容，可采用驾驶模拟设备教学，学时为 4 学时等。培训结业的，驾校应当按照法规规定向驾驶学员颁发结业证书。二要突出安全驾驶、文明驾驶意识、节能驾驶、防御性驾驶和应急情况处置的培养，并贯穿到驾培教学全过程。三要不断创

新驾驶规范教学体系和方法，融知识、技能、意识、安全为一体，尽量使教学内容更规范、培训方法更科学、学习过程更愉悦。在满足应试考试基础上，大力推进素质教育，将每位驾驶学员都培养成为安全文明意识强、驾驶技能熟练、能正确应对突发事件的合格驾驶人，这是驾培行业健康发展的理想状态。

四、坚持队伍素质提升工程，促进驾培质量再提升

教练员是驾校的主力军，是驾培工作的具体实施者，是实现培训目标的主要力量，是驾培学员的良师益友和培训质量的关键因素。因此，驾校经理人要善待教练员，真诚对待，着力提高归属感和忠诚度，践行驾校发展成果惠及教练员，经济效益提高和教练员待遇同步的价值取向，按照《劳动法》要求，和教练员签订劳动合同，缴纳各种社会保险，切实履行企业社会责任。一是加强教练员队伍管理，打造行业“身份证明”。驾校要选聘驾驶和教学经验丰富、安全文明素质高的驾驶人，并经岗前适应性培训和考核合格后担任教练员。聘用前应及时查询受聘人交通违法信息，不得聘用有交通违法记分满分记录、发生交通死亡责任事故、组织或参与考试舞弊、收受或索取学员财物的驾驶人担任教练员。二是要建立考核和退出机制，规范教练员的教学行为，严格教练员教学活动的监督管理，及时清理投诉多、培训质量低和职业道德差的教练员，净化本驾校教练员队伍。三是要转变服务关系，实现“我学车、我快乐”的格局。驾校经理人应当严格要求教练员按照教学大纲要求规范教学，这是每一位教练员的应尽责任和义务。正确处理好教练员和驾驶学员之间的关系定位，改变传统的师徒关系，转变成消费和服务的关系，扭转驾驶学员在传统学驾过程中被动服从的弱势局面，消除教练员粗暴教学、不文明教学行为。根据学员个性化、差异化的培训需求，提供本驾校的特色新型的服务方式，在充分保障驾驶学员有效培训学时的同时，让学员学得舒心、安心、放心，促进驾培质量的再提升。四要扎实开展教练员的继续教育活动，提升职业素质。教练员诸多素质中，知识是基础，技能是核心。决定培训质量的四大基本要素即：教练员、教学手段、教材和学员。教练员担负传道、授业、解惑的神圣职责，必须时刻把安全意识的培养和安全驾驶技能的培训，贯穿到培训全过程作为自己的神圣使命。这就需要对教练员进行知识技能的补充、增新、拓宽和提升。为有效提升教练员素质，驾校经理人可引进和运用网络远程教育对教练员职业道德、心理知识和驾驶新知识、新技术进行继续教育，不断提升教练员队伍素质。

五、坚持驾培宗旨意识，增强安全管控措施

安全是驾培发展的生命线，良好的安全氛围是生命线供养的血液，是安全管理工作的灵魂。驾培工作的宗旨是“安全第一，珍爱生命”。驾校经理人应当牢固树立宗旨意

识,切实做好安全管控措施。一是严格遵守学习驾驶知识和技能的三项规定:“学习机动车驾驶,应当先学习道路交通安全法律、法规和相关知识,考试合格后,再学习机动车驾驶技能;在道路上学习驾驶,应当按照公安机关交通管理部门指定的路线、时间进行;在道路上学习机动车驾驶技能应当使用教练车,在教练员随车指导下进行”。二是注重教育宣贯。古人云:“防为上,救次之,诫为下”。安全教育是驾培安全管理的重要组成部分,是提高安全素质的必要手段,是预防事故的源头性、基础性对策,也是守住生命红线的第一道防线,是实现安全发展的重要保障。因此,驾校经理人应当遵循“松紧适宜”的原则,把好安全教育的度,严控时间关、内容关、形式关和实效关,真正让受教育者获得应有的安全知识,掌握好应有的技能。应当践行“以知促行,以规正行、以行保安”的安全行为观,实现“安融于心、全成于行”的安全观,使安全行为成为驾校教职员工的自觉选择。三是实现风险有效管控。驾校经理人应当全面落实安全主体责任,依法履责,恪尽职守。同时,做到全员知责、全员履责,切实加强安全投入,充分发挥 GPS、场地监控等设备的功能作用,发现不良苗头第一时间做出反应并采取相应措施;充分发挥安全员的现场监管作用,开展经常性的巡查活动,发现问题及时纠正,妥善处理。积极为学驾人投保人身意外险及附加险,规避风险,实现安保互动,把风险降到最低。

六、坚持善学勤思习惯,注入驾培改革发展新动能

当前,驾培行业从市场主体上看,小、弱、散等问题依然存在,大部分驾校缺乏自我发展的能力;从经营模式上看,粗放型经营为主,存在着以包代管、挂靠等形式,抗风险能力低。同时,驾培市场当前“僧多粥少”,增量趋缓,供需失衡,成本居高不下。面对新形势、新机遇,驾校经理人要精准定位,抓住机遇。促进发展新动能。一是在认识上。重新认识自我,明确自身优点、劣势,如何尊重规律,顺应和引领市场,能不能适应新形势下的新环境来准确判断行业未来发展走势。专家认为:今后十年,驾培行业将是调整、规范、提高的十年,这就要求驾校经理人要学会观察规律、研究趋势、做到内外兼修,掌握规避风险和解决问题的方法,切记“能解决问题就能生存,能解决更难的问题就能发展”。二是在去产能上。去产能事关驾培行业供给侧结构性改革之关键。两部文(公交管〔2016〕50 号)指出:“允许驾校按国家标准核定的培训能力,自主确定招生数量、调整教练车”和“优化考场布局,方便群众就近考试”等改革举措。因此,驾校经理人应清楚认识到:驾校的成长是自外到内,变革却是从内到外。为什么有些驾校如此优秀?他们绝不是靠关系、靠天赋,而是选择了正确的战略变革,做到了体系科学、控制合理、功能完备、角色清晰、执行有力、治理全面,降本增效。三是在调结构上。国家鼓励实行规模化、集约化经营。驾校应遵循以自愿联合,依法实施集中,扩大经营规模,提高竞争力的原则,形成优势互补、提质增量、降本增效。强化合作意识,走联合发展共赢的驾培新格局,

是驾培行业发展的大势所趋。所以,驾校间要放下身段,顾大局,顺势而为,做到目标一致、求同存异,实现同欲者胜。同时,争取政府支持,推动行业资源整合,提高整合利益,开启驾培行业转型升级新速度,注入驾培改革发展新动能。

金吕先,现任浙江省台州市机动车驾驶员培训行业协会秘书长。1986 年至 2012 年从事交通行业和驾驶培训管理工作。2013 年至今,从事驾培协会工作。曾在省、部级和市级刊物发表 13 篇文章,参与驾培教材和管理撰写工作等。

浅谈新时期驾校教练员的综合素质提升之路

北京通安信息技术有限公司　董相勇

[摘要]　教练员是驾驶员的启蒙老师，其综合素质直接决定着所培养驾驶员驾驶技术的高低、文明意识的有无，进而影响交通安全。目前，教练员队伍在综合素质方面还存在一定的问题，驾培行业转型升级的新时期，对教练员的综合素质提出了更高的要求，文章通过分析教练员综合素质现状以及新时期对教练员的要求，从制定管理制度、开展培训、完善监管等角度探讨教练员综合素质提升之路。

随着汽车保有量持续快速增长，驾驶员数量也呈现迅猛增长趋势，截至 2017 年 6 月底，全国汽车保有量达 2.05 亿辆，汽车驾驶员达 3.28 亿人。汽车行业的蓬勃发展带动了驾培行业快速发展，但由于驾培行业管理不规范，部分教练员的综合素质偏低，阻碍了驾培市场良性发展，尤其是不能为社会培养完全合格的驾驶员，导致“马路杀手”频现，给道路交通安全带来了很大的隐患，教练员综合素质急需进一步提升。

一、教练员的素质现状

从专业知识、驾驶技能、道德素质、教学能力、教学态度五个方面分析当前教练员队伍的综合素质情况。

1. 专业知识水平较高

教练员应该掌握并精通与汽车驾驶相关的理论和知识，不仅包括道路交通法规、车辆构造、安全驾驶等专业知识，还应该了解心理学、急救知识等。

目前，绝大部分教练员都能满足《机动车驾驶员培训管理规定》规定的任职条件，通常已经掌握了驾驶理论、法律法规、车辆构造等专业知识，驾驶方面的专业知识水平普遍较高，但对教育学、教育心理学和伤员急救等方面知识的掌握程度不够，无法真正满足驾驶培训教学和突发状况下应急处置需要。

2. 驾驶技能水平良好

驾驶技能是教练员应该具备的根本条件和基本素质，绝大部分教练员都有较长时间的驾驶经历，驾驶技术水平较高，驾驶经验丰富，在培训过程中能够解决常见的汽车故障，给驾驶培训提供了最基本的教学保障。然而，教练员的自主学习积极性不够。目前，教练员职业技能分为四级，但大部分教练员只获得了较低等级的资格证，没有主动加强学习相关技能，争取获得较高等级的资格证。

3. 道德素质普遍偏低

目前教练员的道德素质水平普遍偏低，部分教练员的道德素质严重缺失，主要体现在以下几个方面：

第一，职业认知不够，责任心不强。驾校将学员安排给教练员后，一些教练员对学员漠不关心，不关注学员的学习情况，盲目给学员安排考试，导致很多学员连考多次都考不过，甚至因为操作不当在考场发生交通事故。

第二，"吃拿卡要"现象存在，廉洁性欠缺。教练员"吃拿卡要"的潜规则普遍存在，虽然一直以来管理部门不断推出相关的管理办法，各驾校和各大媒体也共同努力监督，但是依然难以杜绝，有的教练员以各种名义收取学员的钱，甚至出现了"保过费"，还有教练员以各种方式暗示学员送礼，学员为了早日拿到驾照只能妥协。

4. 教学能力有待提高

教学能力的好坏体现了教练员的教学专业度，对驾驶培训质量起着决定性作用。然而，部分教练员教学不规范，教学方法运用不当，教学安排不尽合理。

一是教学语言相对匮乏，不规范。规范化的教学语言和生动的表达方法，在教学过程中可以达到事半功倍的效果。但目前部分教练员教学语言表达能力不强，往往不能清晰表达教学内容，也没有形成系统的教学方法和体系，给学员驾驶基本理论知识掌握带来了一些难度。

二是教学方法单一、落后。随着互联网技术的发展，越来越多的新技术开始应用在驾培中，但教练员由于自身文化水平有限或个人不追求进步，普遍不具备使用先进教学设备的能力，使得先进教学设备形同虚设。

5. 教学态度普遍较差

教练员教学态度不端正、不认真现象普遍存在，部分教练员在教学过程中存在讲粗话、暴力教学等不良现象，尤其是当学员出现错误操作、不规范驾驶情况时，部分教练员缺乏耐心，粗暴对待。此外，很多教练员不注意个人的仪容仪表，经常穿着短裤、无袖上衣等进行培训，严重影响了培训的严肃性。

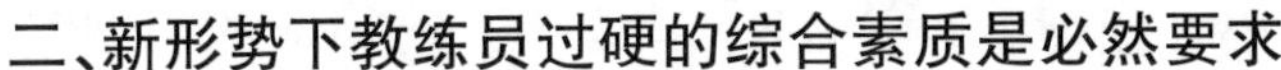

二、新形势下教练员过硬的综合素质是必然要求

近些年来，随着“互联网＋”的提出，新技术逐渐应用在驾培行业，驾培行业正处于转型升级时期，教练员拥有过硬的综合素质也成为必然要求。

1. 先培后付，培训质量成关键

“先培后付”驾培模式下，学员可对驾校和教练员进行评价，如果教练员没有完成培训内容或培训过程中态度恶劣等导致学员对培训不满意，可以给差评并拒付培训费用，这对于教练员的综合素质有极高的要求，只有保证培训质量，为学员提供优质的培训服务，才能够获得学员的好评，驾校才能健康发展。

2. 新技术运用，驾培服务多元化

随着科技的进步和“互联网＋”的深入，驾培服务逐渐多元化，学员通过互联网在线上便可完成学车报名、预约培训、签到、预约考试等一系列操作，培训过程也突破了以往的“师傅带徒弟”模式，实现了多元化教学，一方面学员可在网络远程学习平台上学习驾培理论知识，学习过程中还能与专家、教练员进行交流；另一方面，学员在进行实际驾驶前，可通过汽车驾驶模拟器进行模拟驾驶。此外，有的驾校将 VR 技术运用于醉驾、疲劳驾驶等驾驶体验，给学员以直观的感受，有的驾校还研发了智能机器人教练员，教练员必须详细了解并掌握这些新技术新设备的使用方法，才能在培训过程中实现多元化教学，满足不同学员、不同教学内容的教学需求。

3. 生源减少，教练员素质是关键

第一，自学直考政策的出台，学员学车有了多种方式，不再必须去驾校学车。第二，由于我国人口老龄化速度加快，驾培机构学员报名增速逐渐放缓。第三，全国大部分驾培机构均出现了产能过剩的状态，以台州市为例，驾驶学员报名量同比增长率从最高2012 年的 96.35% 下降到 2015 年的 8.85%，年均降幅近 30%，2016 年报名量仅比 2015 年增长了 9.9%；按每辆教练车年培训量为 60 人计算，台州市驾培行业的年培训率仅为 50%，教练车使用率仅为 70% 左右。因此，驾培市场将逐渐由卖方市场转变为买方市场，学员在选择驾校的过程中，教练员综合素质将会起决定性作用，影响驾校招生数量。

4. 责任倒查，培训与考试并重

“马路杀手”的产生与驾考的“应试教育”密切相关，许多刚领取驾照的新手，等到上路驾驶后才发现面临的实际问题与培训时的内容完全两样，因而不知所措，交通事故由此而生。2016 年，有关部门开始实行交通事故责任倒查制度，这要求驾培行业转变理念，从“应试教育”转化为“素质教育”，培训与考试并重，教练员自身具有良好的素质，具备较高的教学能力和认真负责的教学态度，才能真正负起责任，为社会培养出合格的驾驶员。

三、教练员综合素质的提升建议

新时期,教练员的综合素质高低将影响到驾校的生源数量,甚至对驾培行业健康良性发展有着重要影响。因此,针对教练员综合素质普遍偏低的现状,提出以下几点建议。

1. 建立规范的职业培训考核体系

培训考核是提升教练员综合素质的有效途径,因此,应首先建立规范的教练员职业培训考核体系,主要内容包括:

一是制定科学的教练员培训计划。行业管理部门应进一步细化教练员培训有关规定,明确教练员培训的周期、内容,通过编写培训教材,研发多媒体培训课程等,规范教练员培训内容。驾校应结合行业有关文件要求,科学制定自己的教练员培训计划,形成行业管理部门、驾校培训和教练员自身学习三级体系。

二是开展教练员全员培训活动。强化教练员继续教育,组织开展在岗教练员全员培训活动,以职业道德修养、驾培专业知识、教学能力和态度、驾培新模式新技术应用等为主要内容,其中专业知识的培训内容包括安全驾驶知识、教育心理学、急救知识等。通过培训,使教练员全面掌握《机动车驾驶培训教学与考试大纲》,了解机动车驾驶培训新理念、新技术的应用,增强教练员的安全文明驾驶意识、职业道德修养,规范教学行为。对参加培训的教练员进行统一考试,未通过考试的,暂停上岗教学,重新进行培训。

三是驾校做好教练员的日常培训。驾校作为教练员管理的直接主体,首先应制定并落实教练员定期培训计划,并根据学员评价和意见反馈、日常检查情况等,有针对性地开展不定期培训。其次,加强教练员之间的教学交流,定期开展教学演示、讨论和交流活动,让教练员之间形成一种相互竞争、相互学习提升的氛围。

四是激励教练员自觉提升素质。驾校、行业管理部门组织开展教练员比武、优秀教练员评选等活动,对优秀的教练员进行奖励,增强教练员提高自身素质的积极性和主动性。

2. 建立科学完善的监督处罚机制

目前,关于教练员的监督管理和处罚规定存在真空区,因此,应建立科学、合理的教练员监督处罚机制。在教练员的监督管理机制建立时,驾校、运管部门和公安交管部门应共同参与,综合采用定期检查、随机抽查、教学评价等形式,让教练员在明确的制度中完成教学任务,将监督检查结果记录保存到教练员档案中,对于出现违反驾校及行业有关规定的教练员给予相应的处罚。

一是完善教练员日常行为监督。对教练员日常培训行为进行随机抽查,主要包括教练员的仪容仪表、教学态度、教学内容、职业道德等方面,对培训期间衣着不整、教学态度恶劣、向学员索取或收受钱物等违规行为严肃处理。

二是建立完善的教学评分系统。学员在培训结束后可以随时对教练员和驾校进行评价，并按照一定的周期将评分排名对外开放，使新学员可以依据评分情况选择驾校和教练员，并将教练员的评分情况记录到档案中。

三是行业管理部门定期开展教练员评优活动。根据随时抽查和学员评价情况，结合教练员知识和技能竞赛活动，定期开展教练员评优活动，对于优秀的教练员给予相应的奖励，以此来激励教练员不断提升自身素质，文明规范教学。

四是使处罚真正落实。对于监督检查中发现的违规违纪的教练员决不姑息，将处罚规定真正落到实处，使教练员一旦在培训过程中出现违规便要承担相应的责任。对于教练员缩短培训学时、减少培训项目、索取或收受财物等违法违规情况，进行严厉的处罚和惩戒。对于有严重违纪违规行为的教练员，可将其纳入黑名单，不能再从事教练员的工作，让教练员的违规成本增加，抑制不正之风的蔓延。对于违规教练员的处罚决定要公开化、透明化，让其他教练员引以为戒。

董相勇，就职于北京通安信息技术有限公司，是"道路运输行业网络远程培训"事业的追梦者，组织研发的"江苏省道路运输行业网上学习平台"(即"江苏交通学习网")获2014年度中国公路学会科学技术奖三等奖，可供机动车驾驶理论培训、道路从业人员从业资格培训和继续教育、机动车驾驶人违法记分满分教育和审验教育、道路运输企业内部培训等道路运输全行业教育培训使用，在2015年中国(小谷围)"互联网+"运输服务创客大赛中，荣获十大优秀在用项目金奖；参与编制了全国首个道路运输行业网上学习平台地方标准《道路运输行业网络远程教学平台技术规范》。

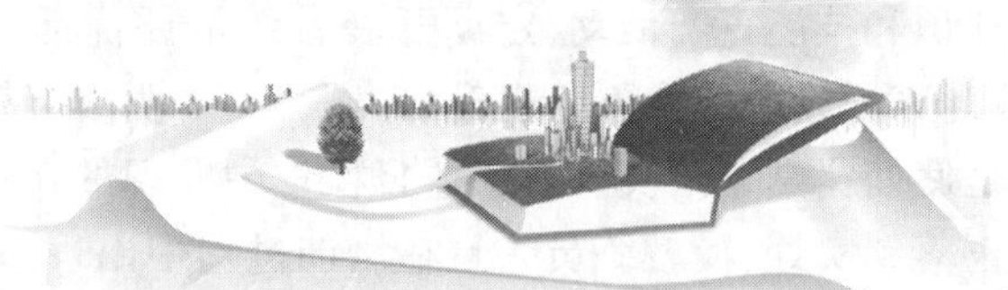

依教育之水行驾培之舟，以安全之本治交通之痛

常州曼特智驾网络科技有限公司　张　俊

［**摘要**］ 目前交通安全形势日趋严峻，驾培行业供大于求，看似相辅促成的两件事却成了矛盾体。根源在于驾培的教育功能的缺失。本文从设计理念、设计思路、教学内容生产、教学方法与手段开发、教学环境建设、师资队伍建设等方面，借鉴德国职业教育课程开发理念对驾培教学体系进行了教育学重构。

驾培教育究竟教什么，育什么？我们要把它放到交通大环境来考虑，而这个环境中最重要的因素是人。根据马斯洛需求层次理论，除了吃喝，安全满足是人类低层次的需求。因此驾驶员培训不仅仅是做驾驶技能培训，更要做大交通中的安全需求的教育。这就提出了从教育学的角度重构驾培教学体系的问题。

一、设计理念

国家领导层面高瞻远瞩，对我国交通安全水平的提升途径早已了然于胸。借用公安部交通管理局王强同志的话，新的驾培体系的设计理念是：紧扣"安全到达"之驾培本质，建立一套融安全文明驾驶的知识、技能、意识、思维为一体的规范化教学体系，创造一批理论与实操相结合，线上与线下相结合，模拟与实际相结合的多元化教学模式，建设一支正规化、专业化、职业化的高素质教学队伍，开设一批交通安全教育公共课程。

二、设计思路

1. 找痛点

借鉴德国职业教育课程开发流程，召开驾培行业专家座谈会，分析驾培教学全过程，找到如下痛点：

（1）车祸多，文化少。我国汽车保有量约占世界汽车保有量的3%，但交通事故死亡人数占世界的15.6%。我国目前万车每年的死亡人数是法国的3倍，是美国的4倍，是德国的5.5倍，是日本的6.4倍。交通事故形势十分严峻。

汽车保有量暴增，可是汽车的文化却不是一朝一夕能营造出来的。有的人把汽车作为一种炫耀品，有的人把汽车作为满足个人刺激的工具，有的人开着车对行人无礼等等，这些现象说明中国的汽车文化还处于起步阶段。

（2）应试多，素质少。以上交通形势的严峻多半要归咎于驾校的培训质量。驾校经营者对驾培与道路交通安全的关联性、重要性认识不深，一味追求经济效益，忽视承担的社会责任。以考试合格率为工作目标，忽视安全素质教育。

（3）文件多，执行少。国家各个主管部门出台了驾培的文件和大纲，这些文件和大纲水平较高，但缺乏监管手段，执行难以到位。

（4）训斥多，方法少。驾培中主体之一——教练员群体，其入职门槛低、整体素质不高是整个驾培行业乱象的根源所在。绝大多数教练员自身未接受过正规的教育，不对学员进行心智技能的训练，经常训斥、体罚学员，态度蛮横。

以上痛点依靠纯粹的技能培训无法解决，而只有用教育学的理念和方法才可能逐步解决。

2. 学先进

国际上的发达国家给驾培行业做出了先进的示范。通过学习日本、德国、美国等国际先进驾培经验，强化汽车驾培理论教育，推进行业主管部门改革。

3. 磕大纲

研究行管部门新政（国办发〔2015〕88号《关于推进机动车驾驶人培训考试制度改革的意见》、交运发〔2016〕128号《机动车驾驶培训教学与考试大纲》等文件），死磕大纲。

4. 系统化

从教学目标、教学内容、教学方法与手段、教学评价四个方面对驾培四个部分进行整体和单元教学的系统化设计。

5. 优师资

根据教学理念与设计需求，倒逼强化教练员队伍建设。

三、教学内容生产

在大纲规定的内容基础上，突出危险源辨识、防御性驾驶、自救急救知识等内容。以江苏常州的小白乐驾为例，公司花巨资开发制作了《小白课堂》在线教育影片。

《小白课堂》具有四个特色：

(1)先进性。国内首家运用 AR 虚拟增强现实技术、全方位三维动画演示表现手法。

(2)有趣性。采用小白卡通人物和名叫一飞的教练互动.

(3)体验性。合理设置每一个知识点内容及时长,通俗易懂、生动有趣,让学员快速掌握安全驾驶理论、专业急救防护知识及防御性驾驶技能.

(4)方法论。专业性,参考了《公路安全生命防护工程实施技术指南》、《道路交通标志和标线》国家标准、《公路安全保障工程建设技术指南》等文件。

同时,营运驾驶员的再教育也不容忽视,小白乐驾客货危职业驾驶员继续再教育产品也已上线。小白乐驾决定把交通安全教育挪前,正在酝酿开发学生版的安全教育课堂。

四、教学方法运用

好的教学方法的采用能大大提高教学效果与教学效率,减轻教练员工作量,降低驾校成本。在大纲精神之“两个交叉”的基础上:即“安全文明驾驶常识”教学应与“道路驾驶”教学交叉融合;“基础和场地驾驶”与“道路驾驶”可交叉训练,灵活采用以下教学方法:

√ 互教法/梯队法

√ 自我建构法

√ 启发引导法

√ 情景模拟法

√ 实验/体验法

五、教学手段研发

在移动互联网时代运用科技手段能大大提高教学效率和改善教学效果,可采用手机 APP 在线教育平台,上传各部分的知识和技能训练视频,学员可以在手机上模拟考试。比如,小白乐驾 APP 在线教育平台,含视频、测试、人脸识别、计时功能等。也可以利用微信公众平台,定期推送交通安全和驾驶技术知识,使学员和驾驶员都能利用碎片化时间学习。

除了常见的视频教学手段,目前比较先进的有“VR + 驾培”。采用先进的沉浸感极强的虚拟现实(VR)模拟驾驶技术,可减少实车练习时间,增强学习乐趣。通过反复训练,促进驾驶习惯和安全意识养成。如小白乐驾开发的 VR 驾驶模拟机能完成第二部分、第三部分的大部分练习,大大降低了学车成本,提高了培训效率。

六、教学环境建设

1. 研发实验室/专业教室

根据驾培各单元设计需要，开发了实验器材，建设驾驶理论专业教室。除了无线网络、多媒体设备等常规配置，教室中还摆放了二十多种教具，如表 1 所示。该教室可用于全民安全教育。

教 具 清 单　　表 1

1	安全带体验模拟器	Seat belt experience simulator
2	骨折夹板	Fracture plywood
3	纱布	Gauze
4	绷带	Bandage
5	三角巾	Triangular bandage
6	一次性人工呼吸纱布	One-time artificial respiration gauze
7	三角警示牌	Warning Triangle
8	车载灭火器	On-board fire extinguisher
9	千斤顶	Jack
10	安全反光背心	Reflective safety vest
11	安全锤	Safety hammer
12	轮胎扳手	Tire wrench
13	机油	Engine oil
14	汽油	Gas
15	冷却液	Cooling fluid
16	制动液	Brake fluid
17	齿轮油(变速箱油)	Gear oil
18	电瓶	Battery
19	汽滤	Fuel filter
20	机滤	Oil filter
21	空滤	Air filter
22	刹车片	Brake pads
23	车辆保养清单	List of vehicle maintenance
24	心肺复苏模拟假人	Cardiopulmonary resuscitation (CPR) dummies

2. 建立高校安全体验馆

比如，与高校合作，《小白课堂》纳入高校选修课，在各院校建设 VR 安全体验馆和驾驶理论专业教室。该课程的硬件和软件可作为一个模式复制入驻各类学校。

3. 驾校 VR 模拟机房

方便学员快速掌握“基础和场地驾驶”中“操纵装置的规范操作”和“起步前车辆检

查与调整”教学内容、“道路驾驶”中“恶劣条件下的驾驶”“山区道路驾驶”“高速公路驾驶”等内容。

七、教学队伍建设

驾培体系的教育学重构，少不了驾培行业资深专家、职业教育专家共同参与，组成师资建设团队，并且需得到驾工委等行管部门的帮助和指导。比如，小白乐驾按德国职业教育理论，制定了教练员培训框架计划，如表2所示，一举变教练员为教师。

框　架　计　划　　表2

(Driver instructor's training)

(常州曼特智驾2016年9月3日颁布)

编号	培　训　内　容	参考学时	备　　注
D1	发达国家驾培理念和经验学习讨论	4	
D2	国家驾驶教学与考试新大纲解读	4	
D3	车辆与驾驶理论知识再学习	8	
D4	驾驶操作技术训练(含模拟机教学)	24	针对B类对象
D5	交通事故处置和自救急救知识	8	
D6	防御性驾驶意识和技术	8	
D7	教学方法训练	8	
D8	教学设计及教案的编写	4	
D9	教师礼仪和职业道德修养	4	
D10	020思维训练	4	
D11	个人主页建设及自媒体运营	4	

中国要想有完善的道路交通秩序和几乎零交通事故率，就一定需要中国好驾驶人和好行人。如果说教练员是合格驾驶人的源头，则源头的源头是教练员培训，那么培训教练员的师资则成了源头的源头的源头，如图1所示。最大瓶水的获得，无疑必须对驾培体系加以教育学的重构。

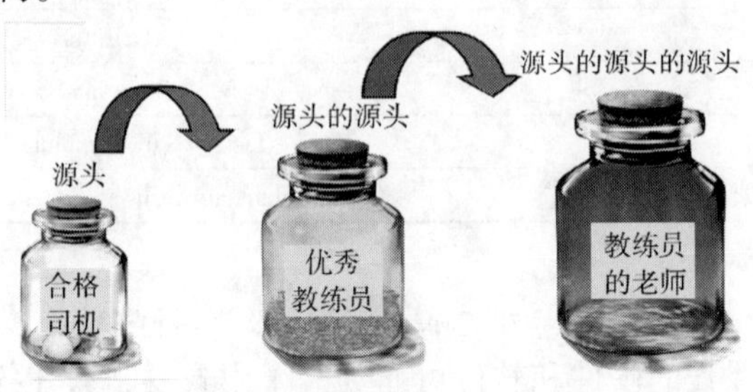

图1　交通安全教育之水哪里来

八、驾培教学体系重构

把原来单一注重技能培训的驾培教学体系解构，重构多维度一体化的新体系，如图 2 所示。

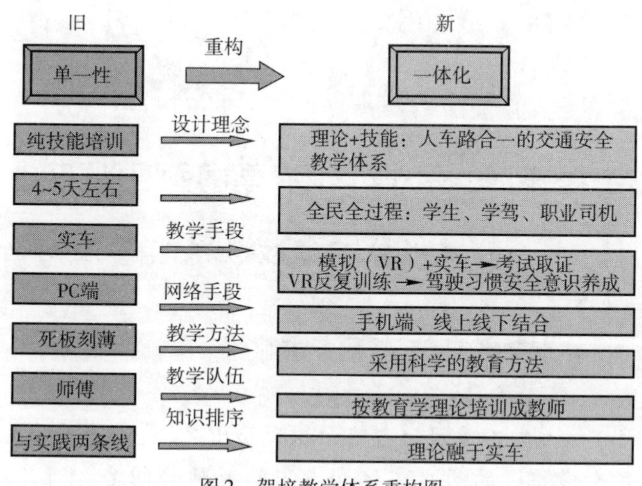

图 2　驾培教学体系重构图

结束语

陶行知说“生活即教育。”我们说：“汽车生活即驾培教育，驾培教育即安全教育，驾培行业应当成为全民公共素质教育的基地。”驾培行业将坚守驾培本质，深耕用户价值，回归价值创造。唯有依教育之水行驾培之舟，才能以安全之本治交通之痛。

张俊，现就职于常州曼特智驾网络科技有限公司，曾长期在交通系统工作，见证了中国快速进入汽车社会的历程。2015 年创立了“小白乐驾”，以“互联网 + 驾培”的理念，运用 VR 技术，立足驾培，创新培训模式和安全知识与技能的学习。

驾校教练员真的不需要门槛吗?

——新形势下驾校教练员管理的新思路

合肥手把手汽车服务有限公司　朱虎亚

[摘要]　一所好的大学不是因为占地面积大而出名,更不是因为大学大门盖得气势磅礴,而是因为这所大学悠久的历史文化和杰出的教师而闻名。同样,作为驾培学校的发展,核心竞争力也不是单纯的以驾校场地和车辆来衡量,而是有一群优秀的管理者与教练员团队在默默付出才能突显其价值所在。未来的教练管理应该让教练员有归属感和成就感,不再单纯地以利润来驱动驾培的前进。

2017 年,有几件关于驾培行业的事件与新闻让笔者有所感触,也是这次投稿的原因。

第一件事情:6 月 16 日至 17 日,第二届《机动车驾驶和道路交通安全国际论坛》在北京宽沟会议中心举行,与会人数近 500 人。

第二件事情:2017 年各种网络和媒体报道的各类关于驾校以及教练员带来的负面新闻层出不穷。

第三件事情:7 月 12 日,交通运输部职业资格中心在北京海淀驾校组织开展了机动车驾驶教练员国家职业标准修订统稿工作。

作为与汽车发展衍生的业务自然包含了驾培机构中的驾校与教练员,保有量上升趋势明显,各地的驾校和教练员数量以及教练车数量自然也是水涨船高。

由中国道路运输协会驾驶员工作委员会发布的数据可看出,全国驾培机构数量从 2006 年到 2016 年的十年间快速增长,预计到 2020 年将达到两万多家,驾校数量增加必然会导致教练员数量的增加,教练员十年间增加约 47%,增长率更是达到了 224%。

短时间增加的数字背后其实难免会有很多衔接上的社会问题,本文结合当前实际,着眼于新形势来探讨一下,新形势下驾校教练员管理的新思路。

一、教练员行业在什么样的新形势下发展

通读去年《务实创新话驾培》文集，我们了解了各种建议与发展，主要包括驾校建设、行业改革、行业管理经验以及教学方法等实务，很多文章都提到了教练员的管理方式，笔者试图单独把教练员从驾校整体拿出来分析个体教练员的管理思路。

首先，大的国家环境来说，新形势应该是指党的十八大以后，国家层面其实是在全国深化改革，自然也就有交通运输行业，由交通运输部、公安部联合发布《机动车驾驶培训教学与考试大纲》；2015 年 12 月《关于推进机动车驾驶人培训考试改革制度的意见》（国办发〔2015〕88）；2016 年 02 月 19 日，《国务院关于第二批取消 152 项中央指定地方实施行政审批事项的决定》（国发〔2016〕9 号）。这些文件为后续的新环境改革提供了可靠依据，其中国发〔2016〕9 号涉及取消了机动车驾驶教练员从业资格的认定工作。

其次，教练员从业资格从 2006 年开始到取消走过近十个年头，培养和塑造了很多优秀教练员，为早期的驾校管理和主管部门管理提供了力量，新形势下取消了这个门槛会发生哪些变化呢？是主管部门轻松了吗？是驾校校长欢喜了吗？还是准备干教练员以及一直在岗的教练员拍手叫好了呢？其实经过一年多的发展，结果表明大家都不轻松。

1. 主管部门不轻松

取消初期，各地运管部门以及道路运输机构可谓是窗口咨询和电话咨询不断，门户网站咨询教练员和教练员从业资格证的数量日益增多。这些都突显了管理部门并不轻松。

2. 驾校校长不欢喜

在没有取消教练员从业资格之前，教练员要凭借从业资格证才能上岗教学的，校长对于一些不合适干教练员的亲戚可以以此为理由推托。教练员从业资格证取消后，校长很难拒绝亲朋好友推荐来的形形色色的“教练员”。虽然说上岗发现违规可以找到具体事由开除这个“教练员”，但是这个没有通过审核的教练员其实已经对驾校造成了无法挽回的损失，学员之间通过现代网络可以几秒钟传开这个教练员的品行，对驾校的口碑造成了恶劣的影响。

3. 在岗教练员及意见大

取消了教练员从业资格后，部分驾校为了快速扩张及开设分支训练场，短时间只能用老驾驶员带学员，昨天还是驾驶员，今天就是为人师表的新教练员。新教练员白天带学员只能说是“看护学员练车”晚上下班自己还要找老教练员教新入职教练员，真是“现烧热卖”的突击教学。对于通过自己学习考试获得从业资格的教练员来说是不妥当和不公平的。

二、新形势下教练员面临的突出问题

这个部分我们来分析一下新形势下教练员存在的问题,这里其实是包含一些教练员存在的老问题以及教练员的定义。

1. 教练员的定义

其实各行各业都有对有一定经验的前辈称为"师傅""老师""教练";在传承手艺类大部分称为师傅,在知识学习过程中大部分称为老师,似乎对某种行业技能传授的人员才称为教练。比如,游泳教练、健身教练、健美操教练等,对比驾校教练,瞬间有一种高大上的感觉,虽然带不出国际赛事的参赛选手,但是普通驾校教练员却是中国道路上99%驾驶员的启蒙老师。

国际教练联盟定义教练:专业教练作为一个长期伙伴,旨在帮助客户成为生活和事业上的赢家。教练帮助他们提升个人表现,提高生活质量。教练经过专业的训练,来聆听,观察,并按客户个人需求而定制训练方式。他们激发客户自身寻求解决办法和对策的能力,因为他们相信客户是生来就富于创意与智慧的。教练的职责是提供支持,以增强客户已有的技能,资源和创造力。当主客双方关于学习的互动关系形成的时候,就形成了"教练"。

国家职业资格中规定,机动车驾驶教练员的主要工作内容有:

(1)利用多媒体教学设备、汽车驾驶模拟器、互动教学磁板、驾驶培训计时管理系统、考试自动化系统等教学手段进行理论教学活动;

(2)利用各种机动教学车辆、教练场地、公共道路及交通设施进行实际驾驶教学活动;

(3)制定并组织实施教学计划,讲授机动车驾驶知识,传授驾驶技能,提高培训教学管理水平。

2. 教练员的老问题

机动车驾驶培训教练员长期以来一直存在一些问题,主要包括以下几个方面:

(1)教练员吃、拿、卡、要、玩;

(2)教学粗暴、易怒;

(3)场地驾驶常常让学员自己练习,教练员们聊天甚至打牌消磨时间;

(4)实际道路驾驶中突击夜间练车,增加学员模拟次数;

(5)教练车普遍脏乱差,异味异响严重。

这些问题的存在严重影响了教练员在学员心目中的形象。

3. 新形势下的新问题

(1)新问题一:职业道德缺失。

教练员职业特点之一是为人师表,以身作则。但是现在很多没有经过门槛进入驾培行业的"教练"本质上不能称为教练。现在各地采取的是运管部门备案即可。问题在于备案没有管理与审核评价的标准,即便备案要求开具无事故证明或者是无犯罪记录等,实际上涉嫌酒驾或者犯罪的审核并没有专门的联网调查。当然,笔者也不能保证所有经过考核取得过教练员从业资格的教练员都不会酒驾,但是我们需要表达的是这种动态监测不够,事后监管可以加强。

很显然,教练员吃喝都是违背一个教练员的为人师表行为,那么喝酒后驾驶车辆更是对法律的淡漠与无视。这类人在现在的制度里不需要经过考取从业资格走入教练员岗位,更是缺少了一次学习与考核的机会,让他们忘记了自己还是教练员的身份,上路驾驶被交警抓住的只是少数,能上电视报纸更是少数,但是这样的教练员喝酒开车的群体,笔者可以说在当前新形势下还是存在的。

(2)新问题二:新手带新人。

新闻链接:

实习司机当教练　驾车撞墙致4名学员受伤

驾校教练一直有"老司机"之称,意味着车技好、开车稳。但在今年5月25日,永春荣达驾校教练员郑培伟载着闽南科技学院的4名大学生,在去练车的路上却撞墙了。4名学员均有不同程度的受伤,昨日,经过协商,受伤学员已得到相应的赔偿,而这一撞也撞出了很多问题,给驾校和学员敲了一记警钟。

这一场车祸也撞出了不少问题。郑婷婷表示,她是去年9月底报名学车的,当时教练郑培伟告诉她,练车场地就在学校附近,可就在她考完科目一后,教练却带她去永春练车,而让郑婷婷更为气愤的是,教她们练车的教练竟然是个新手。

郑婷婷表示,事故发生后,他们看到教练的驾驶证到2017年5月17日才过实习期,也就是说教练在教他们的时候还是个"实习司机"。

昨日,就这一点,记者也咨询了教练郑培伟,他告诉记者:"虽然才拿到驾照不久,但技术还不错,这一点学员可以证明"。

据诗山派出所民警介绍,教练员须取得相应的机动车驾驶证,符合安全驾驶经历5年以上,以及相应车型驾驶经历3年以上等要求。"像郑培伟这样的新手显然不具备教学资质,而从事故责任认定上,他也该负全责。"

驾校存在监管不当

那么问题来了,不具备教学资质的郑培伟怎么当上教练员的?

据永春荣达驾校相关负责人吴先生介绍,原本郑培伟和一些有资质的教练一起挂靠在他们驾校,"我们以为郑培伟只是负责招生和接送学生,事发后才知道郑培伟和那名有资质教练散伙了,他分到了几名学员,就当起了教练。"

郑培伟告诉记者,他手上只有几名学生,最近并没有再招收新学员,原本打算这几名学员考试通过后就转行,没想到会发生这样的事故。

吴先生表示,他们驾校确实存在监管不当,也要负一定的责任,考虑到郑培伟目前无力给学员作赔偿,驾校就先垫付这部分赔偿款,将这件事处理清楚。

听起来很多人觉得不可能,但是新闻报道出来大家才恍然大悟,原来现在驾校教练员已经发展到这种地步了,是个人都能干了。既然报道出来的毕竟是少数,也是出事了才报道,可想而知,如果不出事,这样的"教练就在你身边"你会放心吗?一个医生给病人手术,成功了则皆大欢喜,假如失败了,又经过调查说此人没有任何资质,你还会淡定吗?作为技能型传授经验与驾驶技能,本人都没有实际道路驾驶经验,说的都是纸上谈兵,更有甚者,"教练"自己驾驶证还在考试中就带学员了,大家不要觉得匪夷所思,这种事情确有发生,只是没有报道而已。

(3)新问题三:教练卷款、低价报名,后续加价。

近两年,各地驾校增长明显,就拿笔者所在的省会城市来说,一个学员想报名,出门方圆3公里就能找到报名点或者训练点。市场没放开之前,一共三十多所驾校,放开市场后,目前已经注册有130多所驾校,每个驾校平均有五个分校,加上各种黑驾校,可想而知竞争自然存在了。

新增的驾校90%以上都是三级驾校,挂靠模式导致教练员们各自为营,出现新闻中的收钱后跑路,去找总校吧,总校负责人说这个是挂靠教练员个人行为,按照总校要求,缴费应该去总校缴费,私人收费跑路只能自己去找收费的教练,作为学员,他们只是认可驾校,一个好教练员才是一个驾校最好的口碑。

(4)新问题四:知法犯法,承诺"包过"。

由于市场竞争的压力所在,教练员们大部分又是挂靠,生死掌握在自己手里,如果想增加收入,就需要采用各种方式招生。我们鼓励合法合规的激励招生模式,但是不是所有"教练"都知道营销模式。粗放的招生就是低价报名、科目包过、上门接送。这些都是教练的撒手锏,实际上低价的后果是学完费用根本不低,科目包过就是加钱和替考,上门接送就是开始的两三天接送。

三、新形势下驾校教练员的问题分析

(1)当前市场下,教练员之所以出现这样那样的问题,主要表现年龄偏大,文化程度低,综合能力与学识不足。同时,受经济利益的驱使,驾培机构对教练员的脱岗培训根本没有落到实处。他们通过学习提高的条件不具备,形成了一大批教练员会开车不会教学的现象直接影响着教学质量的提升。

(2)没有具体从业资格考核门槛的教练员以及教练员再教育知识匮乏,对于新知识、新政策、新技术的发展都不了解,缺少一个让教练员及时掌握新知识的渠道。

(3)驾校对于教练员的管理不够严格。很多时候驾校对于教练员的一些不负责的行为总是睁一只眼闭一只眼,不能及时指出。驾校只注重学员的通过率,对教练的教学方法、教学态度和行为不重视、不关心。

(4)国家取消了教练员从业资格后,大批量家族式、亲戚式"教练"上岗,他们不具备任何理论能力与实际教学经验就直接上岗。驾校管理方单纯地为扩张或者只是为了盈利,多一个教练员就多一个招生渠道与收入,管理者不断地发展下线,只为盈利。

(5)驾校教练员薪资问题不明确,教练员发展空间不明确或很迷茫,似乎干教练员就是为了挣钱,而且是快速挣钱,许多准备从事这个行业的朋友问笔者最多的问题就是干教练员能不能挣大钱,有没有"油水",似乎忘记了教练员的教书育人属性。

四、新形势下教练员管理建议

本文所提的新形势下教练员管理主要是针对正规驾校聘用教练员,对于挂靠或者黑驾校的不一定适用,严格来说,教练员挂靠与黑驾校模式不应该存在。

1. 新形势下教练员薪资结构管理

按照传统方式,教练员工资主要是底薪加提成构成,这样的机构系统过于简单,不具备类似 KPI 量化考核标准,根据当前形势,驾校可以拟指定出一个更加细化和灵活的方案。例如:工资 = 学时工资 + 职业等级 + 训练评分 + 招生 + 安全训练 + 其他的模式

(1)学时工资代表了国家最新改革学时收费模式,指导教练员保质保量完成培训任务,避免学时造假。

(2)职业等级代表各地响应职业化发展需求,鼓励参加全国统考《机动车驾驶教练员》考试,从四级教练员、三级教练员、二级教练员到一级教练员发展,鼓励教练员与时俱进,不断提升个人学习能力。

(3)训练评分可以采用驾校负责教学的领导随机对教练所带班级学员进行问卷方式获得,进而给予不同的薪资。

(4)招生量是一项鼓励教练员做好本职工作,依靠教学与口碑带动起来的良性循环招生策略,驾校可以给予不同时期不同招生名额计划。

(5)教学安全是永恒主题,新闻报道可以看到很多科目二和科目三教学事故,代价惨痛,这些事故分析都与教练员的管理疏忽有直接关系,其中教练不在副驾驶是主要原因。

2. 新形势下教练员职业化团队管理

当前驾校教练员团队总体比较松散,有的小驾校根本谈不上教练员团队。所谓"职

业化”就是职业化的标准业务能力与技能、职业化的工作要求与形象、职业化的服务态度与工作道德。职业化可以通过内部组织系统培训与学习,也可以通过参加主管部门举办的各类技能培训与学习得到逐步完善,也可以通过参加机动车驾驶教练员职业资格等级考评与学习获得。各省从业资格取消后,《机动车驾驶教练员》职业资格证,是国家职业资格体系的组成部分,采用职业技能鉴定的方式组织实施。该职业资格分为四、三、二、一4个等级,分别对应中级工、高级工、技师和高级技师,鉴定合格人员由人力资源社会保障部和交通运输部颁发国家职业资格证书,具体工作由交通运输部职业资格中心负责。该证书全国通用,是对证书持有者专业技能水平的一种证明。教练员证取消后,该职业资格是目前驾培行业唯一合法合规的国家职业资格。

3. 新形势下教练员在职继续教育管理

机动车驾驶教练员继续教育,是根据《机动车驾驶培训机构管理规定》(交通运输部令2016年第51号)“加强教练员职业道德教育和驾驶新知识、新技术的再教育,对教练员每年进行至少一周的脱岗培训,提高教练员的职业素质”的要求。但是当前各地执行有的是形式上走走过场,组织上课,或者观看视频,或者直接写写试卷即可,已经不能与时俱进。

继续抓好教练员素质提升工程建设和网络继续教育发展。定期或者不定期组织教练员进行培训、比赛、不断提升教练员教学水平,并积极参加各种机构职业技能大赛。这里推荐使用由交通运输部职业资格中心开发的继续教育平台。平台特点如下:

①为教练员提供方便、快捷、经济的在线学习,学习完成经过考核合格后可以打印合格证书。

②方便各地道路运输管理机构和驾培机构随时掌握本地区教练员再教育培训情况。

③实现网络继续教育数据与职业技能鉴定、质量信誉考核、星级评定业务衔接。

④授课老师来自行业主管及专家团队,内容与当前形势吻合,一次缴费,随时在线学习。

4. 新形势下教练员黑名单制度管理

黑名单即为行业内通报,让这样的教练离开驾培行业,而不是换一个驾校继续干。通过黑名单达到约束教练员行为的目的。通过主管机构与驾校数据联合,形成一套在册教练员与执教过程监管,建立起教练员考核和退出机制,清退学员投诉多,培训质量和职业道德低下的教练员列入行业黑名单。

黑名单的确定指标应该包含两个数据来源。第一部分是驾校及主管机构对教练常规的考核得到相应的服务质量得分。第二部分数据应该来源于教练所带学员的信息反馈。学员可以在培训中或者培训后,对教练员服务质量和教学质量进行无记名评价,倒逼教练员提高教学质量和提升服务意识。依托行业协会制定服务质量投诉、记录、奖惩、公示制度,建立稳定的教练员黑名单制度和星级评定制度。这一部分考核也可以通过后

面的互联网 + 模式达到考核。

5. 新形势下教练员的互联网思维建设

当前的互联网 + 与共享经济发展有目共睹，交通行业相关的产品有网约车的出现改变了大众出行方式（代表企业有滴滴出行、神州租车、一嗨租车）；共享单车的出现改变了人们最后一公里的出行问题（代表企业有摩拜单车、OFO 小黄车、小蓝车）；共享汽车的出现改变了人们租车的习惯，很少的押金就可以体验租车的快乐（代表企业有 Car2Go、一步用车、Gofun）。

通过互联网发展 O2O 模式以后，学员整个学车过程可观可控，对于主管部门和驾校教练员都有双向评价服务过程。说到滴滴打车大家都知道，每次行程结束，都会提醒乘客对本次服务各项指标打分，这种无记名打分与评判转化为服务分，直接影响驾驶员后续的接单量，也就是影响驾驶员的收入了。这种模式可以通过驾培行业 O2O 建立起来，学员每个阶段的练习结束也会对驾校服务、教练服务、考试中心服务给予综合打分与改进建议，通过汇总分析就得到了驾校的质量服务分。进而判断年终驾校、教练员、主管部门的各项得分。

同样，滴滴打车中乘客可以选择档次高的专车服务，也可以选择价格实惠的快车和顺风车等。作为驾培，通过建立教练员职业化的不同级别职业资格，让学员在报名之初就可以选择不同等级的教练员提供不同的服务。

6. 新形势下教练员的“去挂靠”管理

驾培行业多年来挂靠现象已经在全国都存在的现象了。新管理方式中，道路运输管理部门应该严查挂靠模式，报考招生点、训练点、教练车等不规范，发现一起严查一起，同时追究总校责任，直至吊销许可为止。

（1）直营驾校。教练一般以“带教人数”考核为主，车辆归驾校所有。驾校管理严格，各项工作分工明确，人员配置齐全，工作效率高。直营驾校均匀分配学员，保证每个教练员车上学员在车人数合理，均匀，便于控制管理，保证服务质量。

（2）挂靠模式。挂靠驾校的教练员都是个体老板，很难做到学员均匀合理分配，为了个人利益，招生也不均匀，价格乱象丛生，学员多的教练员，忙不过来，但影响服务和培训质量；招生少的教练，没有事情做，没有经济效益，有些教练员就指望歪门邪道赚钱。挂靠驾校的教练员，经济利益最大化，谁都不会让利，影响服务质量和整体口碑。

朱虎亚，2009 年合肥工业大学本科毕业，毕业后就职于北方汽车专修学校。2013 年创业专注于汽车教练员培训辅导、新手上路实战培训，为更多想从事驾培行业的教练员提供实际场地教学服务、再教育服务。

互联网时期驾校的口碑营销策略研究

北京通安信息技术有限公司　高海燕

[摘要]　互联网时代,学员对驾校的评价会成为新学员择校的参考因素,也是驾校教学服务水平的直观表现,因此,开展口碑营销的成效直接影响到驾校的市场形象和市场效益。本文介绍了什么是新时期的口碑营销,对驾校口碑营销的环境因素运用SWOT矩阵分析方法,通过分析得出目前驾校口碑营销的可选择对策是扭转型战略,即:提升培训质量,不断积累口碑;善于适应潮流,积极打造口碑。

一、互联网时期的口碑营销

在互联网时期下,人们非常便利的就可以获得海量信息,传统的通过贩卖不对称的信息开展营销的形式不再有效,驾校服务被置于开阔的自由竞争市场下,犹如日常用品一样被摆在货架上任人挑选。如此一来,口碑作为人们评价驾校服务的重要标准,口碑营销也将成为驾校营销的重要手段。

口碑营销是指由企业及潜在客户以外的第三方,尤其是老客户通过明示或暗示的方式,传递品牌、产品及服务信息,从而使潜在的客户获得其所需要的相关信息,进而影响潜在客户购买行为的双向式、互动化的营销策略。驾培行业具有教育产业的属性,学员的学习具有持续性,对学员的服务具有专属性,据学员服务满意度调查,驾校的口碑是除价格以外学员择校时最重要的参考因素,而口碑的传播往往通过周围学车群体来完成。因此,相较于其他营销模式,口碑营销在驾培行业更具优势。

二、驾校口碑营销的 SWOT 分析

1. 环境因素分析

(1)优势(strengths)。

①降低驾校的宣传费用。口碑营销不需要使用巨资投入广告、开展活动等营销方式来吸引潜在学员的目光,基本上只需要驾校的智力团队支持,成本主要集中于培训服务和刺激小部分传播样本人群上,即教育、开发口碑意见领袖,因此,成本比其他广告、活动等形式要低得多。

②提高驾校的信任度和忠诚度。口碑传播一般发生在关系较为亲近的群体之间,传播者是消费者,与卖方没有任何关系,因此,口碑传播的信息是客观和独立的,可信度高。通过口碑营销策略,早期学员向他人推荐驾校,劝服他人在驾校报名,形成更多的"信息播种机"、"意见领袖",获得更多学员对于驾校品牌的忠诚。

③提升驾校的良好形象。口碑传播不同于广告宣传,它是人们对于驾校服务有较高满意度的表现,当驾校赢得了一种好的口碑之后,其知名度和美誉度往往就会非常高,驾校就拥有了良好的形象。

④扩大驾校的市场份额。驾校以良好的口碑获得知名度和美誉度后,相应的投资也会开始增加,投资商及企业开始进入驾培行业,扩大了驾校的市场份额。

⑤吸引优秀的师资力量。在驾校人员招聘的过程中,口碑起着很重要的作用。当驾校具有良好的口碑后,不仅会吸引到优秀的教练员,还会吸引优秀的企业管理者,从而不断提高驾校的管理、培训和服务水平。

(2)劣势(weaknesses)。

①增加驾校管理费用。口碑营销虽然不需要使用巨资投入广告等方式来吸引潜在消费者的目光,但需要驾校的智力团队支持和管理者制定营销策略,教育和刺激小部分传播样本人群,且形成良好口碑的周期长,增加了人力管理成本和额外的教育费用支出。

②口碑的真实性不足。口碑传播的内容就是人们对于驾校服务和培训内容所发表的意见,往往局限在自己的所见、所闻、所记等范围内,极易带有个人的感情色彩,且一些信息经过二次传播后,使信息的一些细节失真。

③口碑传播范围受限。口碑营销具有很强的针对性,不像广告传播范围广,信息的传播者和被传播者之间一般有着某种联系,传播范围一般是自己的交际圈、生活圈,因此限制了驾校口碑的传播广度。

④口碑传播渠道不完善。目前,口碑传播没有形成多渠道的互联网传播,驾校与学员之间信息沟通渠道如短信平台回访、对外公布的投诉电话回访、意见箱等建立不完善,

驾校网站学员留言、在线联系咨询和评价转载传播较少。

⑤不易形成驾校传播口碑点。驾校是专门培训机动车驾驶员的企业,属于教育性质企业,不易形成组合式、长期化的口碑点,较难主动打动学员,赢得学员对驾校核心传播主张的认可。

(3)机会(opportunities)。

①政策支持。《关于做好机动车驾驶人培训考试制度改革工作的通知》《机动车驾驶培训教学与考试大纲》等驾培相关文件提出推广应用网络远程培训、计时培训、先学后付、试点自学直考等,这些驾培新模式的运用都需借助于互联网技术,这为口碑营销提供了支持。

②互联网技术飞速发展。互联网技术的飞速发展有助于加快推进驾培行业转型升级,也为学员交流提供了平台,为口碑营销提供了渠道和传播媒介。

③口碑市场需求增加。新时代下人们每天都会不可避免的接触到各类广告、媒体的推广信息,但据调查,“在市民有相应需求时,他们往往先通过身边的亲朋了解某相关产品或公司的口碑,而且亲朋的建议对最终决策起到了很大的作用”,人们对口碑传播的可信度逐渐上升,口碑市场需求不断增加。

(4)威胁(threats)。

①行业竞争加大。驾校信息、价格更加透明,其他行业也可转型进入驾培行业,并利用各种周期短、见效快的营销方式抢占市场,对原有驾校增加了瓜分驾培市场的威胁,加剧了市场竞争。

②可替代性营销方式增多。营销理论由原来的4PS发展到4CS理论,营销方式也出现了新媒体营销、直播营销等多种营销方式,驾校管理者对口碑营销的注重减弱,投入更少的人力去研究和使用口碑营销。

③好口碑定性较难。一个好的驾校口碑形成往往需要较长的时间,但一起交通事故就会导致驾校的培训质量受到质疑。在形成驾校口碑的过程中,驾校需要及时宣扬好的口碑,对不好的口碑及时控制,减少负面影响。

2. 构造SWOT矩阵

如表1所示,为SWOT分析矩阵。

在完成环境因素分析和SWOT矩阵的构建后,便可以制定出相应的营销策略,发挥优势因素,克服弱点因素,利用机会因素,化解威胁因素;考虑过去,立足当前,着眼未来。运用系统分析的综合分析方法,得出驾校口碑营销的可选择对策是扭转型战略,如图1所示,即提升培训质量,不断积累口碑;善于适应潮流,积极打造口碑。

SWOT 分析矩阵 表 1

内部能力 / 外部因素	优势(strengths)	劣势(weaknesses)
	1. 降低驾校的宣传费用 2. 提高驾校的信任度和忠诚度 3. 提升驾校的良好形象 4. 扩大驾校的市场份额 5. 吸引优秀的师资力量	1. 增加驾校管理费用 2. 口碑的真实性不足 3. 口碑传播范围受限 4. 口碑传播渠道不完善 5. 不易形成驾校传播口碑点
机会(opportunities)	SO	WO
1. 政策支持 2. 互联网飞速发展 3. 口碑市场需求增加	1. 以互联网为基础,积极开展口碑营销 2. 运用先进技术提升教学质量,从而实现优质培训	1. 结合相关政策不断积累和形成驾校传播口碑点 2. 利用互联网技术扩大口碑传播渠道
威胁(threats)	ST	WT
1. 行业竞争加大 2. 可替代性营销方式增多 3. 好口碑定性较难	1. 开展学员意见调研,开展教学互评,利用互联网及时解决问题,不断制定新的口碑营销策略 2. 针对不良口碑及时调整,积极向好口碑转化	1. 有效利用自身优势,提供个性化服务和优质培训 2. 分析市场需求变化,提前准备,迅速反应

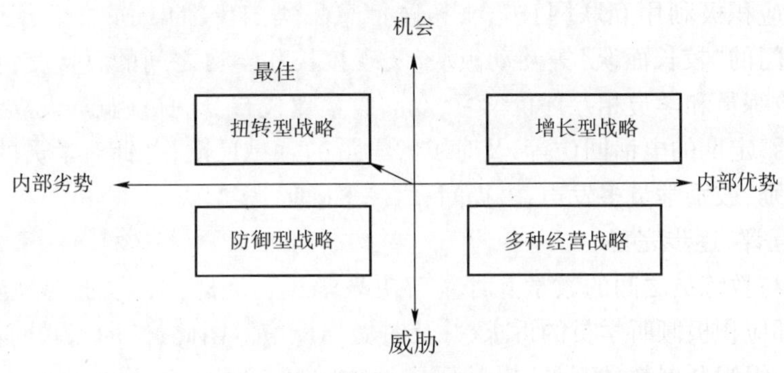

图 1 SWOT 战略分析图

三、互联网时代下的驾校口碑营销策略

根据第二章的 SWOT 分析结果,结合目前驾培行业的实际问题,驾校采取扭转型战略应从以下两个方面来开展口碑营销。

1. 提升培训质量,不断积累口碑

驾校营销是建立在以发展内涵、提高培训质量基础之上的,脱离发展内涵、提高培训质量的任何营销,都不能称之为驾校营销,口碑营销也不例外。

对驾校而言,开展口碑营销的关键是寻找学员的最大利益点,首先要做到驾校与学员之间的信息沟通顺畅,在学员学习过程中,持续挖掘每一个关键点的信息反馈并及时处理,对于评价好的方面驾校继续保持、不断优化,让好的口碑传播起来;对于投诉、反对的建议也要放低姿态去倾听并及时修正完善,尽量避免不良口碑形成,减少负面影响。

(1)注重质量,获得口碑。

每一所驾校都有在服务、通过率、价格等某方面的优势,但教育行业的本质在于教学成果,因此,培训质量是驾校至关重要的口碑优势,从培训质量方面有计划地去塑造最佳口碑点,有利于开展长期的口碑传播。驾校的口碑体现在培训质量、服务、价格、文化、通过率等多个方面,短期看来,瞬间提高服务可以获得的“服务周到”、“教练员亲切”等口碑;改善驾校文化,获得“一切为了学员”、“真正办学”的口碑;优化价格机制,获得“物有所值”、“良心驾校”的口碑,但培训质量才是广大学员的真正利益点,提升培训质量,获得“能真正学到技术”、“拿到证就可以真正开车”的口碑,从学员最关心、社会最需求的“安全文明驾驶”点建立的口碑营销才是最有效的。

(2)意见调研,发现问题。

学员是驾校口碑营销的主要力量,学员的意见直接反映了驾校对学员培训过程中的点点滴滴,也是未来市场上潜在学员的需求和心声,收集他们的建议与意见,及时改善不足之处,不仅积累了驾校内学员的口碑,还可以及时了解市场需求,面对市场变化更加得心应手。驾校应积极利用互联网技术来拓宽信息采集与反馈渠道,在驾校可在官网或APP上设立专门的“校长面谈”等互动板块,实现校长和学员之间的直接交流;设立教学互评模块,即教练员和学员相互评价学习,双向收集驾校自身的口碑点;设立畅通的投诉信箱、投诉电话,定期的电话回访等,及时了解学员的意见反馈,并针对学员的有效建议,给予一定的奖励,鼓励学员多发声、多提问,驾校多倾听、多解决。

(3)教学互评,逐步完善。

开展学员与教练员之间的教学互评是解决教学过程问题、难题的有效途径,驾校的校长、教练员都应积极倾听学员的诉求,并及时做出反应。因此,借助互联网信息反馈及时的优势,驾校组织开展教学互评,提升驾校教学质量,让学员获得更好的学习效果,从而提升驾校的品牌形象;解决实际问题,改善驾校形象;针对学员的诉求定期开展服务质量改善研讨会;成立纠察小组对学员建议及时落实;在网上积极回答学员的问题,及时反馈驾校的处理意见等方法来解决学员诉求不及时解决的问题,让每一位学员的诉求得以解决,从而实现“口口相传”,达到口碑营销的真正目的。

2.善于适应潮流,积极打造口碑

口碑的形成不仅要在通过改善学习质量来累积口碑点,在达到口碑点以后要善于分析市场需求,结合自身优势来积极打造口碑,让口碑具有长期性、稳定性,真正实现口碑营销的优势。

(1)个性服务,迎合市场。

在驾培行业,固定的驾驶培训内容是大量驾培产品同质化的主要原因,优质的驾培服务成为学员的关注点,从报名到考试结束拿到驾照的每一刻都能体现出驾校对学员的用心。首先要建立完善的服务制度来指导服务,其次是要为每一位学员设计独立的教学计划,针对不同年龄、性别、性格的学员配备不同的性格特征的教练员,提供个性化的教学服务,例如,在理论教学部分可以针对不同年龄的学员总结出多个记忆理解的方法,在实操部分,对不同性别、文化程度的学员采用不同的驾驶技巧训练模式,真正实现因材施教。同时,对不同的教学内容分类打包,让擅长特定内容的教练员专业教学,迅速提升教学效果。这也正是打造驾校口碑的关键着力点,通过个性化、优质的服务去让每一位学员满意,通过获得学员的口碑,缔造学员的忠诚度。

(2)高效培训,任重道远。

传统驾培行业"重考试,轻培训"来帮助学员快速通过考试取得驾照,这种一味求量而不关注质的发展给驾校带来了隐患。教学质量是学校发展的生命线,真正学好驾驶技能,不仅是对学员本人负责,也是驾校承担社会责任的一种表现。在追求快速的同时,保障教学质量也是打造口碑的重要渠道。

针对市场上求量不求质的现状,驾校要注重驾驶理论培训和实际操作培训交叉教学的方式,在实践中检验理论,并让理论来指导实践;使用具有交互功能的课件,将概念性的理论知识形象地展示给学员,让教学内容更加直观高效;技能或技巧性的实际操作培训可采用学员分组讨论学习和教练员、学员相互示范教学的方式,实现相互监督、相互学习、相互促进;积极采用互联网设备、将 VR 虚拟设备应用在表现一些空间立体化的知识,如车辆机械的运动,车辆行驶的实际状况等,用三维的展现形式使学习过程形象化;建立高效培训打卡机制,驾校记录跟踪学员培训情况,培训后及时检验培训的成效,做好培训工作的后续跟踪和调整反馈,评估培训效果,增强培训效果的转化率,使拿到驾照的人真正能开车。

高海燕,现就职于北京通安信息技术有限公司,交通运输规划与管理专业硕士研究生。在读研和工作期间,参与编写书籍 3 本,发表学术论文多篇;参加过多个省部级项目,如《长途客运节点运输信息管理系统关键技术研究》《机动车驾驶网上理论培训研究》《"江苏省道路运输行业网上学习平台"推广应用》《道路危险货物运输从业人员继续教育》《道路运输企业主要负责人和安全生产管理人员安全培训研究》《道路运输企业主要负责人和安全生产管理人员考核管理研究》等,参与编制江苏地标《道路运输行业网络远程教学平台技术规范》,为道路运输行业推广应用网络远程培训和从业人员素质提升、促进行业发展做出了一定贡献。

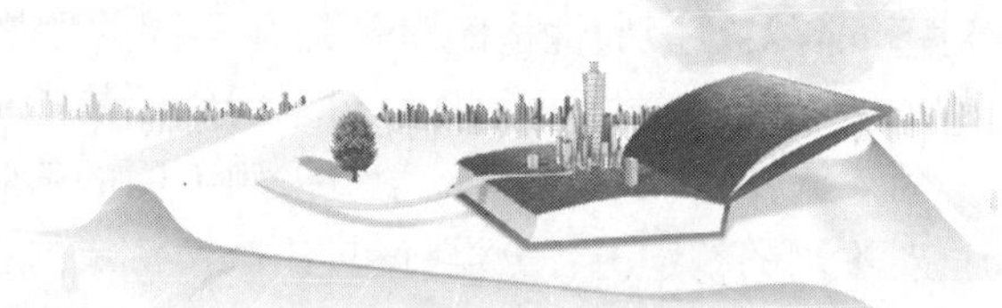

驾驶培训市场投资预警分析

人民交通出版社股份有限公司　孟　虎

一、机动车驾培市场背景

1. 旺盛的市场需求

近年来，随着社会经济的持续发展，人们学习驾驶的需求持续旺盛。近五年，我国机动车保有量年均增量为1500多万辆，驾驶人数量年均增量为2500多万人。从公安部交管局公布的数据可以看到，截至2017年6月底，全国机动车保有量达3.04亿辆，与2016年年底相比，增加938万辆，增长率为3.18%；2017年上半年机动车新注册登记量达1594万辆，略高于2016年同期水平，机动车保有量持续增长；机动车驾驶人达3.71亿人。全国有49个城市的汽车保有量超过100万辆，23个城市超200万辆，6个城市超300万辆。其中，以个人名义登记的小型载客汽车（私家车）达1.56亿辆，占汽车总量的76.32%，2016年下半年以来月均增加164万辆，呈持续快速增长趋势。

2. 不断激烈的市场竞争

针对经济社会快速发展和人民群众生活水平提升带来的驾驶培训需求的快速增长，驾驶员培训行业不断向社会化、多样化和规范化发展，服务社会需求的能力得到不断提升。尤其是2015年以来，申办驾培机构的审批流程由之前的先得到道路运输管理机构的行政审批许可再获取营业执照，改为先获得营业执照再取得道路运输管理机构的行政许可（即改为"先照后证"），使得驾培市场放开，社会资本大批进入驾培市场，大大增加了驾驶培训能力，但也出现了一些地方驾培机构数量增长过快，驾培市场竞争无序等问题，给驾培行业健康发展带来了负面影响，如恶意降价竞争、乱收费、教练员"吃拿卡要"现象等。

为了解决因为驾培市场进一步全面放开所可能导致的驾培市场激烈无序竞争问题，

2015 年 12 月，国务院办公厅转发了公安部、交通运输部关于推进机动车驾驶人培训考试制度改革意见的通知(国办发〔2015〕88 号)，通知中“(二)加强培训管理，促进驾驶培训行业健康发展”任务中明确提出“4. 进一步开放驾驶培训市场。严格按照国家相关法律法规实施驾驶培训机构准入许可制度。对符合法定条件的申请人，道路运输管理机构不得以任何理由拖延或者禁止准入，不得增设任何额外条件。定期发布驾驶培训市场供求信息，引导社会资金理性进入，推动市场良性发展。”全国很多省市都根据 88 号文的要求发布了驾驶培训市场供求信息，以市场投资预警的形式描述驾培市场现状，给社会资本进入驾培市场明确了投资风险。

二、驾培市场投资风险分析

驾培市场的布局受多方面因素影响，有的来自驾培市场内部，如市场需求；有的来自外部经济市场，如市场投资成本；有的来自行业主管部门，如一些政策性因素。这些因素综合作用于驾培市场，并深刻影响着驾培市场布局，如何综合分析这些因素的变化，准确地进行投资，是每一位投资人首要思考的问题，也是驾培行业管理部门规范驾培市场、营造自由和谐的市场投资环境的首要影响因素。各因素有其自身不同的特点，又相互制约影响，只有对所有因素进行系统化的通盘分析才能准确掌握市场的脉搏，进行准确的投资。

1. 政策性因素分析

驾培行业是一个受政策性影响比较大的行业，政策的来源不仅仅来自于行业主管部门，同时也受到驾驶证考试部门和工商管理等部门的影响。

对于驾培机构的审批，影响最大的政策就是《国务院关于取消和调整一批行政审批项目等事项的决定》(国发〔2014〕27 号)。根据《国务院关于取消和调整一批行政审批项目等事项的决定》(国发〔2014〕27 号)，公共场所卫生许可、娱乐场所设立、互联网上网服务等 31 项前置许可审批改为后置许可审批，各地工商部门一律不再将其作为登记前置，申请人可以直接申请相关经营范围登记，办理营业执照，取得营业执照后再到相关审批部门办理许可手续。也就是大家常说的“先照后证”政策。

随着社会主义市场经济体制的不断完善，“先证后照”制度下，工商登记前置审批事项多而不清，影响市场准入效率，市场监管效能较低等弊端凸显。由前置改为后置、由“先证后照”改为“先照后证”，很多问题就会迎刃而解，最大好处就是大大加快了创业者和投资者取得市场主体资格的速度。

也因为这样，社会资本大批进入驾培市场，使驾驶培训能力大增，但也出现了一些地方培训机构数量增长过快、驾培机构分布不合理、驾培市场竞争无序等问题，给行业健康发展带来了负面影响。驾培机构的盲目扩张容易使驾培行业的发展重数量而轻质量，驾

培机构“小散乱”现象严重。这样不但导致驾培市场供求关系的矛盾日益凸显，而且使驾培机构在利益驱使下忽视培训质量和服务质量，使学员掌握的安全文明驾驶知识和驾驶技能既不全面又不扎实，为道路交通安全埋下严重的潜在隐患。

除了对于驾培机构的审批政策外，还有对教学环节、学时等方面提出要求的政策，如近期的驾考改革政策，就进一步明确了驾培机构在驾驶培训中的教学内容、教学学时、教学方式方法、收费方式等要求，这一政策对于驾培行业投资的成本和盈利方式都有很大的影响。对于投资人来说，准确的政策评估信息对其投资的决策十分重要。

2. 市场需求分析

市场需求是投资中一个最重要的因素，供给和需求的动态变化决定了投资的规模和形式的变化。驾培市场供给和需求的变化分为几个不同的阶段。在驾培发展初期，市场求大于供，学车名额考试名额受限，迅速增长的学车群体更关心是否可以快速考取驾照，对培训的方式没有很高的要求。通过粗放式教学管理方式就能够获得较高收益，驾培机构缺乏精细化管理的动力。在这一阶段驾培机构负责人的精力主要集中在如何获得教练车指标资源、考试名额资源，学员则因为驾培资源的供不应求以能成功报名、尽快考取驾照为目标。驾培市场呈现出供求比远小于1的现象。

随着社会的不断发展，学员对驾驶安全的需求不断提高，大量有考证需求的库存人口已经基本消失，目前需要考取驾照的主要是适龄青年。两项国标与驾考新政以及“先照后证”政策颁布以来，投资人只要达到驾培机构准入门槛就可以进入行业，甚至很多驾培机构在取得工商营业执照后就先行营业。很多地方学员只要达到考试部门要求就可以随时约考。驾培市场供求比已经远大于1，行业已经进入了市场化竞争，单纯靠政策生存的驾培机构逐渐或退出市场或尽早转型。

因此，投资人在试图进入驾培领域之前，要明确市场的需求，不仅仅是将要投入多少资金，更重要的是明确市场需要一个什么档次的服务以及自己是否有能力和意愿提供与之配套的服务，而不是仅仅从投资和成本回收的角度思考问题。

3. 市场投资成本分析

驾培行业投资成本主要来源于人工成本、用地成本和经营成本三类，其中用地成本从很大程度上提升了驾培行业投资的准入门槛。交通运输部要求驾培机构训练场地要按新国标（GB/T30340—2013 和 GB/T30341—2013）的要求设计和使用，但是到目前为止，全国大多数各级政府及相关部门没有按城市人口比例、学员人数和分布，规划出相应的交通设施用地。这一问题就对新建驾培机构提出了更高的要求，需要支付更多的商业用地成本。

三、总结

作为保证道路安全第一道关卡的驾培机构，有公共服务的性质，对道路交通安全至关重要，有很大的社会责任，要同时兼顾实效性和长效性。而驾培市场投资预警一方面可以解决驾培机构盲目投资导致市场“小散乱”和恶性竞争的问题，更重要的是它应当指明驾培市场发展的方向，并不是市场饱和了就不再需要新鲜血液进入驾培行业。驾培市场投资预警的作用也不是阻挡投资者进入市场，驾培市场永远需要实力雄厚、综合素质强、管理规范，采用集约化、集团化、品牌化发展策略的驾培机构在市场内充分竞争，从而引领行业更好地发展。

孟虎，博士研究生，人民交通出版社股份公司，研发专员。

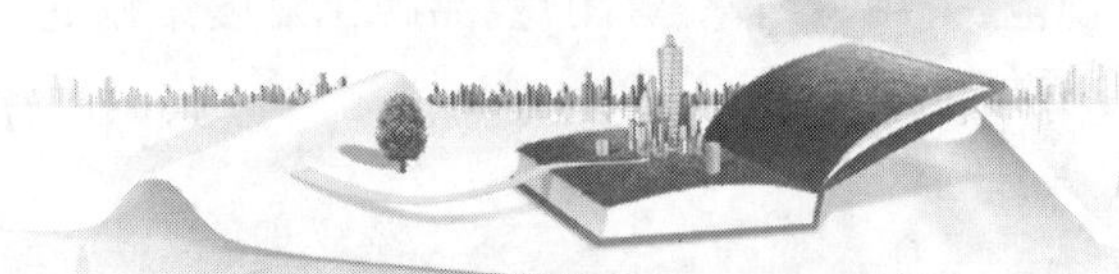

为驾驶员素质教育工程保驾护航

——《机动车驾驶培训教学与考试大纲》规范驾驶教学

人民交通出版社股份有限公司　张　琼　邵京京　王金霞

驾驶员的安全文明素质是道路交通安全的第一道防线，直接关系到全社会道路交通安全水平和文明程度。机动车驾驶培训机构（以下简称驾培机构）在培养安全文明的高素质驾驶员的过程中，起着至关重要的作用。在社会群众学驾需求日益增长的刺激下，驾培行业从初期的"拜师学艺"开始，历经职业驾驶员培训、驾驶培训市场的萌芽、驾驶培训市场的动荡，发展到现在的驾培市场社会化，在数量、规模以及培训人数方面都得到迅速增长。截至2016年底，全国共有驾培机构16325所，年培训量已超2680万人次，与2009年相比，驾培机构增加了91%，培训人数增加了96%，如图1所示。众多研究表明，驾龄在3年及以下的新驾驶员比其他驾驶员更容易出现违法违规驾驶行为，这就意味着提升驾培机构的培训质量能很大程度上提升道路交通安全。

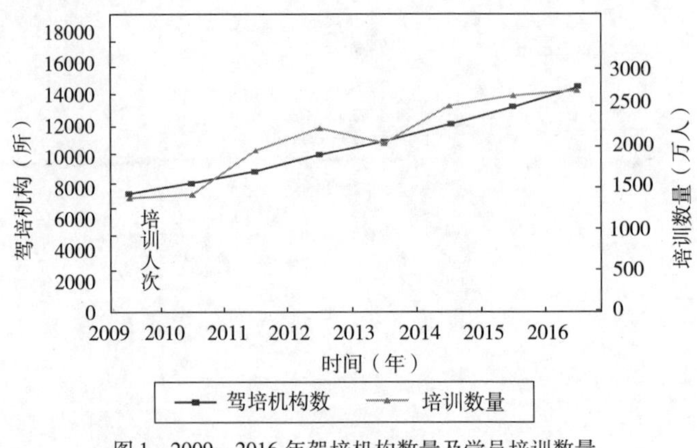

图1　2009—2016年驾培机构数量及学员培训数量

一、制定教学大纲是各行各业的普遍做法

在驾驶培训过程中,机动车驾驶培训教学与考试大纲(以下简称教学大纲)作为规范教学行为、保障教学质量的重要基本纲领性文件,在养成和提升新驾驶员安全文明行车综合素质方面发挥着重要作用。教学大纲是国家对教育课程的基本规范和质量要求。任何行业的培训教学过程中,都以教学大纲为依据进行教材编写和授课,如义务教育、中高等教育、会计行业、危险品行业、医学等行业。无论是教育部颁发的指导性教学大纲,还是各行业管理部门制定的实施性教学大纲,都以纲要的形式规定了课程的性质、教学项目、教学内容、教学目标及学时安排等,能对教学起到指导与规范作用,能有效保障教学质量。

为了做好驾驶员素质教育工作,加强驾培行业管理工作,规范教学行为,提高培训质量,交通部自 1996 年推出全国统一的培训教学大纲后的 20 多年中,持续跟踪发现教学大纲在使用过程中存在的问题,组织专家进行了多次修订,不断对教学大纲的内容和学时规定进行完善和修改。

二、教学大纲的发展历程

(1)1996 年版——强调基础驾驶技能。《中华人民共和国机动车驾驶员培训管理规定》(交通部令 1996 年第 11 号)要求学员在培训期间必须按照交通部颁发的教学计划和教学大纲完成相应的学习内容。1996 年发布的《汽车驾驶员培训教学计划和教学大纲》(交公路发〔1996〕767 号)首次规范了机动车驾驶培训的内容、教学目标、学时要求等内容。

(2)2004 年版——开始注重培养规范驾驶和文明行车的意识。从 2004 年开始,交通管理部门和公安机关考试部门逐渐开始协调、配合,培训与考试制度逐渐完善,出现考培分离的格局。2004 年 12 月,交通部制定出台了《中华人民共和国机动车驾驶员培训教学大纲》(交公路发〔2004〕778 号(以下简称 2004 年版《教学大纲》),2004 年版《教学大纲》将整个教学过程分成四个阶段,更注重培养驾驶员规范驾驶和文明行车的意识,增加了大量驾驶常识和素质教育内容,使驾驶员培训从以往的"应试教育"向"素质教育"转变,并开始推行"计时制"驾驶培训和驾驶模拟教学。

(3)2007 年版——引入安全礼让、文明驾驶的理念。2007 年,交通部对 2004 年版《教学大纲》进行了修订,发布了《中华人民共和国机动车驾驶员培训教学大纲》(交公路发〔2007〕477 号)(以下简称 2007 年版《教学大纲》)。2007 年版《教学大纲》延续 2004 年版《教学大纲》的风格,适当增加了第一阶段的学时长度,增加内容包括安全礼让、文明

驾驶的驾驶道德,典型道路、恶劣气象条件下的安全驾驶知识及紧急情况的应急处置知识,伤员急救知识,危险物品知识等。

(4)2012 年版——全程贯穿素质教育理念。2012 年,交通运输部、公安部联合印发了《机动车驾驶员培训教学与考试大纲》(交运发〔2012〕729 号)(以下简称 2012 年版《教学大纲》)和《交通运输部公安部关于认真贯彻〈机动车驾驶培训教学与考试大纲〉的通知》(交运发〔2012〕730 号)。2012 年版《教学大纲》贯穿素质教育理念,更注重安全文明驾驶意识的培训、实际道路驾驶能力的培训以及职业驾驶员素质的养成,在培训与考试内容上更注重实用性。2012 年版《教学大纲》首次增加了"安全文明驾驶常识"部分,优化了小型汽车第二阶段(科目二)的培训与考试项目,增大了大中型客货车考试难度。

(5)2016 年版——调整培训学时,倡导差异化教学。2016 年,为解决 2012 年版《教学大纲》实施过程中存在的问题,以及适应驾考制度改革对大纲提出的新要求,交通运输部、公安部联合修订并印发《机动车驾驶培训教学与考试大纲》(交运发〔2016〕128 号)(以下简称 2016 年版《教学大纲》)。此次修订,取消了阶段的概念,将培训教学大纲调整为四部分,弱化教学先后顺序,使驾培机构能灵活组织教学,能将理论教学与实操训练交叉融合;明确大纲中培训学时为各车型基本学时要求,并且缩减了多种车型的培训学时要求,取消了大纲中每个教学项目的学时限制要求,而提出每部分的总学时要求;首次倡导课堂教学与远程网络教学相结合,倡导驾培机构根据学员特点进行差异化教学。

各版《教学大纲》规定的学时情况 表 1

车型或类别 总学时版本	C1	C2	C3	C4	D、E、F	C5	B2	A3	A1、B1	A2
2004 年版	86	86	60	60	53	—	96	98	86	90
2007 年版	86	86	60	60	53	—	96	98	86	90
2012 年版	78	78	56	48	48	78	118	120	82	88
2016 年版	62	60	50	38	38	62	118	120	82	88

三、国内外《教学大纲》的基本要求对比

发达国家由于较早进入汽车社会,机动车的普及相对较早且普及率较高,对于驾驶培训的内容及方法也就拥有更多的经验,我国的《教学大纲》在制定和修订过程中充分借鉴和吸收了这些经验,并结合我国国情进行了完善和调整。以日本、德国、美国和新西兰为例,来分析小型汽车驾驶培训学习时教学大纲要求的差异性。

(1)日本。驾驶培训分为两个阶段,分别为理论及场地驾驶培训和理论及实际道路驾驶。学员进入驾培机构后需通过适应性检测后才能进行理论及场地驾驶培训。第一阶段的理论培训至少 10 个学时(1 个学时为 50 分钟),包括学驾的思想准备、交通法规

等,培训完成后需通过理论测试,再参加至少 15 个学时的场地驾驶培训,主要是培训车辆的基本操作方法以及驾驶的基本原则等。第一阶段培训结束后,学员需要参加技能(驾驶操作)结业考试,通过后可获得允许在实际道路练习的临时驾照,才能进入第二阶段的培训。第二阶段的理论培训为 16 个学时,主要包括高速公路驾驶、路线规划、交通事故预防、应急处置方法等,通过理论测试后可进入实际道路驾驶培训,而实际道路驾驶培训部分至少需要 19 个学时。可以看出,在日本申请小型车驾照,学员共需参加至少 60 个学时的培训。

(2)德国。培训分为三部分,分别为急救课程、理论知识和道路驾驶。在参加驾培机构的理论培训之前,学员需要先参加急救培训并取得培训证明。急救课的培训由红十字会承担,培训时间为 8 个学时(1 个学时为 45 分钟),主要培训内容包括人工呼吸、心脏复苏、止血等简单的急救知识。理论知识培训主要包括交规学习。通行规则、应急处置、考试题目的讲解等,学时安排分为两部分,一部分为所有车型都需要接受的基本课程,为 12 节课(每节课 90 分钟),即 24 个学时,另一部分为根据不同车型特点所安排的特殊课程,小型车为 2 节课 4 个学时。通过理论考试的学员可以参加道路驾驶培训,道路驾驶培训包括两部分,一部分为基础驾驶,无学时限制,由教练根据实际学习情况判定培训是否合格;另一部分为特殊驾驶,包括 5 个学时的公路驾驶、4 个学时的高速公路驾驶和 3 个学时的夜间驾驶。可以看出,在德国申请小型车驾照。学员共需参加至少 48 个学时的培训。

(3)新西兰。学员报名并经过视力测试后可预约理论考试,对于理论学习时间和形式没有具体规定,可自学也可通过驾培机构学习。理论考试通过后可取得初学驾照,可在符合条件的随车指导人员陪同下在实际道路上学习驾驶,学习半年后可参加实际道路考试,考试通过后取得限制级驾照,持有限制级驾照一年半以上方可申请正式驾照。如果参加了认证的驾驶课程,则可以在持有限制级驾照半年后即可申请正式驾照。自 2013 年开始实行的新交规,规定了学员进行实际道路驾驶的训练时间不得少于 120 个学时。

(4)美国。关于驾驶培训的规定各个州不同,大部分州驾培机构并非必经环节,个人可直接向车辆管理部门预约考取驾照,有些州则存在部分特殊规定,例如纽约州规定每个参加路考的学员必须接受 5 个小时的课堂交通安全教育;佛罗里达州规定 18 岁以下青少年驾驶学员需在驾培机构参加 50 小时的强制性“督导驾驶”。

从以上 4 个国家的介绍可以看出,驾驶培训大多包含理论和实际驾驶两部分,其中德国特别强调了学员在开始学习驾驶之前,首先要接受救护相关知识的培训,德国从法律层面上规定碰到伤员公民有义务提供救助,在必要情况下如果因善意救助造成二次伤害则提供救助者可以免责,充分体现了西方国家对人道主义精神的重视。从内容上看,在理论培训部分,各个国家都要求学员首先掌握交通法律法规的相关知识,并且在接受相关测试后才能上车练习。我国现有《教学大纲》的内容与国际上主流培训内容基本一致，涵盖了发达国家从上百年汽车社会中总结出来的经验与教训。对于培训学时，大部分国家都有十分明确的规定，因为足够的培训时间是保证驾驶培训效果的必要条件。我国的学时规定和其他国家相比，基本属于中等水平，既保证了学员有足够的时间来练习《教学大纲》要求的各项内容，也不存在过度要求时长，导致一个学员的学习周期过长，或驾培机构培训能力不能达到合理高效发挥的问题。

四、《教学大纲》是规范教学的重要依据

通过对历年交通事故的分析发现，交通违法行为是造成道路交通事故的极大隐患，但违法行为仅仅是一些表面现象，隐藏在这一系列危险行为下更深层的原因是驾驶员的安全意识淡薄，这一特点在驾驶员实习期尤为明显。因此，良好的交通安全意识、熟悉的驾驶环境、过硬的驾驶技术是安全驾驶的三大关键因素，三者缺一不可，相互促进和补充，《教学大纲》就是基于实现这三个目标而制定的。在教学内容和学时分配方面，《教学大纲》以安全意识和驾驶技能的形成规律为理论基础，更加注重对学员安全意识的培养，并合理引导驾培机构，使其不仅仅注重考试通过率，更加注重教学效果和学员取得驾照后能安全文明驾驶。通过按照《教学大纲》规范驾培机构教学行为，强化学员的安全意识养成，使其在通过考试的同时，建立正确的道路交通安全意识并能在复杂的道路交通环境中灵活运用驾驶技术，安全行车。

《教学大纲》规定了基本学时要求，并从配套管理政策上明确了计时培训要求，给驾培机构留有足够的空间自行决定教学细节，做到因材施教，按需施教。驾培机构可以在遵守《教学大纲》的前提下，对《教学大纲》内容进行细化，优化教学环节，提高培训效率，这不仅仅能使学员受益，对驾培机构节能减排也有很大的贡献。驾培机构可以在《教学大纲》的基础上针对不同学员的个人条件和需求提供不同类别的教学计划，提供个性化服务，对提高学员的培训质量和驾驶安全性都有很大的帮助，对减少道路交通事故也具有非常重要的意义。也只有在驾培机构真正落实和实施培训教学大纲的前提下，按照大纲教学内容和培训学时要求开展教学活动，才能强化学员安全文明意识养成，从源头上培养高素质的新驾驶员。

张琼，博士研究生，人民交通出版社股份有限公司，研发主管。

邵京京，硕士研究生，人民交通出版社股份有限公司，研发专员。

王金霞，硕士研究生，人民交通出版社股份有限公司，高级研发员。